Andreas Dullo

Gebiet, Geschichte und Charakter des Seehandels der größten deutschen Ostseeplätze seit der Mitte dieses Jahrhunderts

Andreas Dullo

Gebiet, Geschichte und Charakter des Seehandels der größten deutschen Ostseeplätze seit der Mitte dieses Jahrhunderts

ISBN/EAN: 9783743447059

Hergestellt in Europa, USA, Kanada, Australien, Japan

Cover: Foto ©Suzi / pixelio.de

Weitere Bücher finden Sie auf **www.hansebooks.com**

Staatswissenschaftliche Studien.

In Verbindung mit

Geh.-Rat Prof. Dr. **Baumstark** in Greifswald, Prof. Dr. **Böhm von Bawerk** in Innsbruck, Prof. Dr. **Gustav Cohn** in Göttingen, Prof. Dr. **Eheberg** in Erlangen, Hofrat Prof. Dr. **Helferich** in München, Hofrat Prof. Dr. **von Inama-Sternegg** in Wien, Geh.-Rat Prof. Dr. **Laspeyres** in Giefsen, Prof. Dr. **Lexis** in Göttingen, Prof. Dr. **Carl Menger** in Wien, Prof. Dr. **von Miaskowski** in Breslau, Prof. Dr. **J. Neumann** in Tübingen, Hofrat Prof. Dr. **F. X. von Neumann-Spallart** in Wien, Prof. Dr. **Paasche** in Marburg, Prof. Dr. **Pierstorff** in Jena, Geh.-Rat Prof. Dr. **Roscher** in Leipzig, Hofrat Prof. Dr. **Schanz** in Würzburg, Prof. Dr. **von Schönberg** in Tübingen, Prof. Dr. **Stieda** in Rostock, Prof. Dr. **Umpfenbach** in Königsberg, Geh.-Rat Prof. Dr. **Ad. Wagner** in Berlin

herausgegeben

von

Dr. Ludwig Elster,
Professor an der Universität Königsberg i/Pr.

2. Band, 3. Heft.

Dr. A. Dullo, Gebiet, Geschichte und Charakter des Seehandels der gröfsten deutschen Ostseeplätze.

Jena,
Verlag von Gustav Fischer.
1888.

Gebiet, Geschichte und Charakter

des

Seehandels

der

gröfsten deutschen Ostseeplätze

seit der Mitte dieses Jahrhunderts.

Von

Dr. A. Dullo.

Jena,
Verlag von Gustav Fischer.
1888.

Die nachstehende Abhandlung, hervorgegangen aus den volkswirtschaftlichen und statistischen Übungen an der Universität Königsberg, wurde als Doktordissertation der philosophischen Fakultät genannter Universität unterbreitet.

Vorgelegt von Prof. Dr. Elster.

1138995

Inhalt.

Vorwort IX

I. Stettin.

1. Das Handelsgebiet Stettins.

A. Bis zur Aufhebung des Sundzolls, 1857. Stettin wesentlich nur im Besitz des Oderhandels. — Hamburgs Konkurrenz: in Sachsen und Österreich (der Sund- und der Elbzoll); in Schlesien (Oderschiffahrt; Bahnverbindung) 1

B. Von der Aufhebung des Sundzolls bis zur Wirkung des Krachs, 1857—1875. Die Blütezeit Stettins und des nach dem Fortfall der schutzzöllnerischen Schranken von allen Seiten entbrennenden Konkurrenzkampfes: in Schlesien (Hamburg, die oberschlesische Bahn), in Österreich (Hamburg, die Elbzölle; Triest, die Semmeringbahn), in Sachsen (Hamburg, die anhaltische Bahn). — Erfolge im Südosten: Ungarn, Galizien, Polen, Banat. Hamburg auch hier. — Rotterdam und Amsterdam. Triest und Venedig (Suezkanal) 6

C. Seit dem Krach. Zeit des Rückganges; die ausserdeutschen Teile des Handelsgebietes gehen wieder verloren. Die schutzzöllnerische Tarifpolitik der Bahnen (Verkehr mit Galizien und Rumänien erschwert). Schutzzölle in Österreich. Hamburgs Elbumschlagsverkehr: Böhmen, Österreich, Ungarn, Galizien für Stettin verloren. Alle Gegenanstrengungen scheitern (Oderumschlagsverkehr). — Konkurrenz Danzigs und Königsbergs in Süd-Russland und Rumänien. — 13

Kurze Zusammenfassung des augenblicklichen Bestandes 21

2. Charakteristik und Geschichte des Stettiner Handels.

Stettin aus einem Rohprodukte (namentlich Getreide) exportierenden, Industrieprodukte importierenden, jetzt umgekehrt ein Rohprodukte und Kolonialwaren importierender, Industrieprodukte exportierender Platz geworden. — Daher seine Ausfuhr kleiner als seine Einfuhr. — 22

Geschichte des Stettiner Handels seit 1850. Die Stagnation bis zum Krimkrieg. Der Aufschwung und seine Ursachen. Stettins Handel wird Welthandel. Die Krisis der sechziger Jahre. Die Gründerzeit. Der Krach und seine Folgen. Die Zeit der amerikanischen Eisen-Hausse, 1878—1880. 25

Der Wert der Ein- und Ausfuhr. Der Schiffsverkehr im Stettiner Hafen. Das Verhältnis der Ballastschiffe beim Ein- und Ausgang und seine Folge für die Frachten. Der Dampferverkehr 30

Der Speditionshandel. Die Bedingungen seines Gedeihens: Centralisation von Konsumtion oder Produktion. Der auswärtige Speditionshandel Deutschlands 37

Charakter und Entwickelung des Stettiner Speditionshandels 42

II. Danzig.

1. Das Handelsgebiet Danzigs.

A. **Bis zum ersten Bahnanschluſs an Polen, 1862.** Danzig zum Verkehr mit dem Hinterlande nur im Besitz der Weichselstraſse. Diese durch die polnische Zollgrenze gesperrt. Späte und für den Groſshandel wenig wertvolle Bahnverbindung mit Berlin. Konkurrenz Stettins und Hamburgs in Polen (Weichsel schlecht reguliert; Bahnverbindungen der Konkurrenzhäfen; der Sundzoll; die Durchfuhrzölle des Zollvereins; Verbot der Salzeinfuhr in Polen). Projekte zur Besserung der Lage. 47

B. **Vom ersten Bahnanschluſs an Polen bis zur Eröffnung der Marienburg-Mlawaer Bahn, 1862–1877.** Periode gröſserer Blüte des Danziger Handels. Groſse Hoffnungen. Der Bahnweg doch sehr weit. Die Thorn-Insterburger Bahn. Pillau-Königsberg-Lyck. Die Bemühungen, nach Galizien vorzudringen, vergeblich. Die Konkurrenz überall siegreich: Königsbergs Anschluſs an Polen in Grajewo; Stettin in Galizien und Posen 55

C. **Seit der Eröffnung der Marienburg-Mlawaer Bahn, 1877.** Zeit des Konkurrenzkampfes zwischen Königsberg und Danzig. Schwierigkeiten der Tarifbildung auf der neuen Bahn. Die Fusionierung der russischen Südwestbahnen und ihre Folgen: Begünstigung Königsbergs zu Ungunsten Danzigs (Ministerielles Verbot der Differentialtarife, Gebot der Annahme des Reformtarifs; projektierter Verbandverkehr via Kowel-Grajewo-Königsberg-Marienburg-Danzig. Kontingentierung seitens der russischen Südwestbahn). Versuch, über Marienburg-Güldenboden-Allenstein-Lyck nach Polen zu gelangen. — 59

Kurze Zusammenfassung des augenblicklichen Bestandes 64

2. Charakteristik und Geschichte des Danziger Handels.

Danzig, ein Rohprodukte exportierender, Industrieprodukte importierender Platz. — Daher seine Ausfuhr gröſser als seine Einfuhr. — 65

Geschichte des Danziger Handels seit 1850. Die Entwickelung abweichend von derjenigen Stettins. Gründe (Provinz Preuſsen wirtschaftlich zurückgeblieben. Das weitere Hinterland nicht Deutschland, mit dem nur geringer Zusammenhang, sondern Ruſsland). Danzig von Ruſsland abhängig. Aufschwung beim Beginn der Regierung Alexanders II. Krisis der sechziger Jahre. Unbedeutende Besserung in der Gründerzeit. Der russisch-türkische Krieg. Stillstand in der Zeit der unfreundlichen russisch-deutschen Beziehungen 68

VII

Seite

Die Zahl der Ballastschiffe im Hafen und ihr Einfluſs auf die Frachten.
Der Dampferverkehr. Der Speditionshandel. Geringe Entwickelung von
Durchfracht- und Tourdampfer-Verkehr 76

III. Königsberg.

1. Das Handelsgebiet Königsbergs.

A. Bis zum ersten Bahnanschluſs an Ruſsland, 1861/62. Königsberg im Mitbesitz des Niemenhandels. Ungünstige geographische Lage.
Gründe, weshalb trotzdem bis zum Beginn des Jahrhunderts Memel
überflügelt. Seitdem Konkurrenzkampf für Memel glücklicher. Der
Winterverkehr mit Ruſsland und seine Ausdehnung während des Krimkrieges. 82

B. Vom ersten Bahnanschluſs an Ruſsland bis zur Fusion
der Libau-Romnyer Bahn, 1862—1876. Blütezeit Königsbergs.
Memel wieder gänzlich geschlagen. Ungeheure Ausdehnung des Winterverkehrs nach Ruſsland, wo das Handelsgebiet sich durch neue Bahnen
immer mehr erweitert. — Konkurrenz Hamburgs und des Landweges
per Bahn. — Kleiner Rückgang durch die Konkurrenz Revals (die
Bahnen Baltischport-Reval-Petersburg und Moskau-Smolensk. Neue
Wege nach Moskau). — Die Südbahn. Kolossale Erweiterungen infolge
ihres Anschlusses an die russische Südwestbahn in Prostken-Grajewo.
Das Handelsgebiet dadurch gänzlich verändert, nach dem Süden verlegt.
Moskau wiedererobert 87

C. Seit der Fusion der Libau-Romnyer Bahn, 1876. Zeit des
Stillstandes und Rückganges. Tarifbildung auf der fusionierten Bahn.
Kontingentierung Königsbergs in Südruſsland. Aufblühen Libaus. —
Konkurrenz Rigas und Revals. Das innere Ruſsland z. T. verloren.
(Die Markfrachten der Verbandverkehre und ihre Folgen.) — Die Konkurrenz Danzigs auf den Südwestbahnen und ihre Beseitigung. — Die
Bahn Wilna-Rowno und ihre Folgen (Differentialtarife; Konkurrenz
Odessas auf den Südwestbahnen). — Projekte im Anschluſs an die
Linie Kobbelbude-Allenstein-Illowo. (Gewinnung Warschaus). . . . 94
Kurze Zusammenfassung des augenblicklichen Bestandes 101

2. Charakteristik und Geschichte des Königsberger Handels.

Königsbergs Hinterland anders geartet als das Danziger. Zwei sehr
verschiedenartige Hälften. Königsberg importiert Rohmaterialien für die
Industrie, Industrieprodukte und Kolonialwaren, exportiert Rohprodukte der
Land- und Forstwirtschaft. Der Export gröſser als der Import 102
Kurze Vorgeschichte des Königsberger Handels seit der napoleonischen
Zeit. (Verhältnis zu Ruſsland und England; Aufhebung des Kornzolles in
letzterem Lande.) Der Krimkrieg. Die auf ihn folgende innere Entwickelung
Ruſslands mit ihren unmittelbaren und mittelbaren Folgen. (Geringe Bedeutung der deutschen, groſse der ruſsischen Verhältnisse für den Königsberger Handel.) Die Krisis der sechsziger Jahre und ihre besonderen Ur-

sachen in Königsberg. Kolossaler Aufschwung nach dem Bahnanschlufs in Grajewo. Ebenso während des rufsisch-türkischen Krieges. Rückgang infolge der Konkurrenz der russischen Häfen, der schlechten politischen Beziehungen zu Rufsland und der traurigen Wirtschaftsverhältnisse in diesem Lande selbst. Kurze Besserung während der afghanischen Krisis, 1885. Abermaliger Rückgang. — Wieder nur geringer Einflufs der deutschen Verhältnisse 106

Die Einfuhr wertvoller als die Ausfuhr. — Charakter des Schiffsverkehrs im Hafen (Ballastschiffe) und seine Folge für die Frachten. Der Speditionshandel (Tourdampfer; Durchfrachtverkehre; Flufsschiffahrt) 117

IV. Lübeck.

1. Das Handelsgebiet Lübecks.

Lübeck kein selbständiges Handelsemporium. Sein Handelsgebiet nur eine Provinz des Hamburger. Konkurrenz Stettins im Osten, Rotterdams, Amsterdams im Westen. In der Mitte Lübecks Herrschaft. — Statistische Beläge dafür 124

2. Charakteristik und Geschichte des lübeckischen Handels.

Lübecks Handel fast nur Ostseehandel. Daher importiert es Rohprodukte der Bodenbenutzung, exportiert Industrieprodukte. Der Export viel kleiner aber viel wertvoller als der Import 129

Geschichte des lübeckischen Handels seit 1850. Die Freigabe des Sundes fast wirkungslos, wenn nicht schädlich. Die Krisis von 1857. Aufschwung im Beginn der sechziger Jahre. Keine Krisis in den sechziger Jahren. Ursachen dieser Erscheinung. Geringe Wirkung des Krieges von 1870/71, grofse der Gründerzeit. Der Krach. Die Besserung 1878—1880. Erneuerter Rückgang und folgende Stagnation 131

Charakter des Schiffsverkehrs im Lübecker Hafen (Ballastschiffe). Die Frachten von und auf Lübeck. — Der Dampferverkehr. — Der Speditionshandel (Hamburg, die dänischen Inseln, Kollispedition). Durchfrachtverkehre. Tourdampfer 137

Tabellen 142

Vorwort.

Die vorliegende Arbeit bildet nach ihrem ursprünglichen Plan nur den kleineren Teil eines gröfseren Werkes, das den gesamten deutschen Ostseehandel nach allen seinen Beziehungen darstellen sollte.

Auf die hier vorliegenden Abschnitte hätte einer zu folgen gehabt, der die transmarinen Handelsgegner der deutschen Ostseeplätze, die Länder, nach denen ihr Seehandel sich richtet, behandelte, und daran sollten sich ausführliche Darstellungen verschiedener spezieller Branchen desselben anschliefsen: des Getreide- und des Holzhandels, des Eisen- und Steinkohlenhandels, des Handels mit Kolonialwaren und vielleicht noch dieses oder jenes anderen Artikels. Eine Erörterung der Verhältnisse und der Entwickelung der Ostsee-Reederei sollte den Schlufs bilden, und an die vier gröfsten Plätze würden sich die kleineren und kleinsten angeschlossen haben: Memel, Kiel, Flensburg, Rostock, Wismar, Stralsund u. a.

Aber indem Notizen dazu gesammelt, statistisches Material herbeigeschafft, Tabellen zusammengestellt und so Substruktionen gelegt wurden, die einen soliden Bau tragen könnten, stellte es sich heraus, dafs dieser Dimensionen annehmen würde, die seine Vollendung erst nach Verlauf einiger Jahre gestatteten. Es ist deshalb zunächst nur erst der vorliegende Teil, der ein einigermafsen selbständiges Ganze für sich bildet, fertig gestellt, und sollen ihm die anderen bei einiger Mufse allmählich folgen.

Was nun die Arbeit selbst betrifft, so war dabei zunächst das fast gänzliche Fehlen von Vorgängern sehr zu bedauern. Die in umfassenderen Werken sich vorfindenden Notizen über den deutschen Ostseehandel sind sehr spärlich, wenn nicht geradezu irreführend (vergl. z. B. u. S. 22 Note 1), Speziallitteratur ist überhaupt kaum vorhanden.

Adolf Wagners Aufsatz, Deutschlands See- und Welthandel zu gegenwärtiger Zeit — in den längst verschollenen „Stimmen der Zeit", 1860 II S. 117 ff., der mir durch gütige Privatvermittelung zugänglich war, ist seiner ganzen Anlage nach zu skizzenhaft, stützt sich überdies auch nur auf die Handelskammerberichte, und reicht schliefslich nur bis zum Beginn der sechziger Jahre, also gerade bis zu dem Zeitpunkt, wo der Ostseehandel sich recht eigentlich erst zu entwickeln anfängt. Th. Schmidt, zur Geschichte des Handels und der Schiffahrt Stettins, Stettin 1875, geht zwar mit liebenswürdigster, fast altväterischer Sorgfalt auf die Praxis des Stettiner Handels ein, schildert alle Lokal-Usancen und Gewohnheiten, alle Gattungen und Sorten der gehandelten Waren, ohne doch die Geschichte und Entwickelung des Handels im ganzen genügend klarzustellen. — Anderes, das benutzt wurde, ist gehörigen Orts vollständig citiert.

Das hauptsächlichste Quellenmaterial bildeten die Kaufmannschaftsberichte der betreffenden Städte, die aber nur bis höchstens zur Mitte dieses Jahrhunderts zurückreichen. Schon dadurch empfahl es sich, auch die vorliegende Darstellung nur bis zu demselben Zeitpunkt zurückzuführen, der ja ohnehin in der wirtschaftlichen Entwickelung Europas, und nicht zum geringsten speziell Deutschlands, einen entschiedenen Wendepunkt bezeichnet. Ein weiteres Zurückgehen auf entferntere Zeitabschnitte bleibt vorbehalten.

Die Kaufmannschaftsberichte sind nun freilich von sehr verschiedenem Wert. Die lübeckischen geben in einem separaten Heft eine Statistik von einer umfassenden Ausführlichkeit, die wohl kaum noch etwas zu wünschen übrig, kaum eine Frage, die man an sie stellen könnte, unbeantwortet läfst. Dafür ist hier der Text sehr dürftig, fast gleich Null. Die Stettiner Berichte bringen schon von Anbeginn an einen äufserst gediegenen Text, der über alles Wissenswerte sich mit hervorragender Sachkenntnis verbreitet. Dafür gibt die Statistik hier bisweilen nur disiecta membra, läfst die nötige Verarbeitung vermissen und tritt überhaupt erst später auf. Danzigs Berichte enthalten zwar einen sehr ausführlichen eingehenden Text, aber ihre statistischen Angaben — ohnedies nicht sehr umfangreich — sind von der äufsersten Unzuverlässigkeit, voll von Druckfehlern und den offenbarsten Versehen und Widersprüchen. Auch Königsberg bringt reichlichen Text, der an eingehender

Gründlichkeit der Erörterung allen Anforderungen genügt, aber die statistischen Angaben sind noch dürftiger, wenn auch zuverlässiger als in Danzig.

Durch diese Verschiedenartigkeit der Berichte war es sehr erschwert, homogenes Material für alle Plätze zu erlangen. Freundlichst gestattete Einsicht der Archive und Akten der verschiedenen Kaufmannschaften im Verein mit ebenso bereitwillig erteilter persönlicher Auskunft konnte hier wohl manches, aber auch nicht alles ergänzen, und mögen hierin die vorhandenen Lücken der Arbeit ihre Erklärung und Entschuldigung finden.

Zu der Citierweise mag noch bemerkt werden, dafs eine einfache Jahres- mit einer daneben gesetzten Seitenzahl (z. B. 1850 S. 3) den für das betreffende Jahr von der Kaufmannschaft derjenigen Stadt, deren Handel gerade besprochen wird, erstatteten Bericht bezeichnet; ist eine andere Stadt gemeint, so ist dies ausdrücklich hinzugefügt.

Königsberg (Pr.) im Dezember 1887.

Der Verfasser.

I. Stettin.

1. Das Handelsgebiet Stettins.

Stettins Lage an der Mündung eines der gröfsten deutschen Ströme, des gröfsten der preufsischen Monarchie, deren Grenzen er kaum, in seinem schiffbaren Teile gar nicht verläfst, weist ihm als natürliches Handelsgebiet die Ufer dieses Stromes und seiner schiffbaren Nebenflüsse zu.

Die Handelsscheide gegen die benachbarten beiden grofsen Stromgebiete, gegen Danzigs Weichsel- und Hamburgs Elbhandel, wird etwa in die Mitte zwischen die ziemlich parallel verlaufenden Flufsläufe fallen. Bei der östlichen Grenze wenigstens ist das thatsächlich der Fall.

So gravitieren Schlesien, Brandenburg, Posen, Pommern in handelspolitischer Beziehung zunächst nach Stettin. Auch im Zeitalter der die natürlichen Handelswege ersetzenden Eisenbahnen ist das nicht anders geworden, vielmehr hat Stettin das Glück gehabt, durch die Eisenbahnen die naturgemäfs ihm zugehörigen Gegenden nur fester an sich geknüpft, neue fast konkurrenzlos sich erschlossen zu sehen.

Schon 1843[1]) wurde die Bahn Berlin-Stettin eröffnet und damit Stettin an die zahlreichen Bahnen angeschlossen, die die wichtigen Industriebezirke von Halle, Wittenberg, Magdeburg, Braunschweig und Hannover bereits durchzogen, vor allem aber kam es in Bahnverbindung mit dem Zentralplatz Leipzig und stand damit,

---

[1]) Diese, wie die folgenden Angaben über die Eröffnung von deutschen Bahnen sind der Statistik des Reichs-Eisenbahnamts Bd. I (Berlin 1882) Tab. I entnommen.

was Verbindungen mit dem Inlande betrifft, vollständig auf der Höhe seiner Zeit, hinter der damals andere Handelsplätze leider noch zurückgeblieben waren. 1845 trat dazu das wichtige Zwickau, 1846 wurde auch eine Bahn von Berlin bis in den äufsersten südöstlichen Winkel von Stettins alter Hauptprovinz, Schlesien, eröffnet, 1847 von hier aus sogar Galizien erschlossen, 1848 Mähren, und gleichzeitig wurden diese Gebiete durch die Bahn Stettin-Posen in nähere Verbindung mit Stettin gebracht, als die Route über Berlin sie gewährte. 1849 wurde dann auf der anderen Seite Thüringen bis Kassel hinauf angeschlossen; 1851 von Sachsen aus Böhmen. So tritt Stettin das sechste Dezennium unseres Jahrhunderts schon im Besitz eines ausgedehnten, durch Bahnen enge mit ihm verbundenen Hinterlandes an.

Um dieses Verhältnis aber wirklich nutzbringend zu gestalten, bedurfte es freilich noch langwieriger und oft sehr harter Kämpfe.

Hamburg, für alle Ostseehäfen ohnehin ein furchtbarer Rivale, war es am meisten für Stettin, welches, Hamburg am nächsten gelegen (wenn man Lübeck nicht in Betracht zieht, das gewissermafsen nur ein Teil Hamburgs ist),[1]) den ganzen Sturm dieser Konkurrenz zumeist und aus nächster Nähe zu bestehen hatte.

Die bedeutenden lokalen Vorteile, die der Handel Hamburgs vor den Ostseehäfen voraushatte, die Wirkungen des Sundzolles, unter denen alle Ostseeplätze gleichmäfsig zu leiden hatten, sollen bei Besprechung der inländischen Verkehrsbeziehungen Danzigs, gegen das Hamburg in der Hauptsache nur diese Vorzüge einzusetzen hatte, dargestellt werden. Gegen Stettin aber kämpft es noch mit anderen Waffen: hier gibt es, wie das bei Nachbarn zu sein pflegt, fortwährende Grenzstreitigkeiten und Reibereien, da jeder sich auf Kosten des Nachbars auszudehnen sucht, und diese Kämpfe um die Grenze finden natürlich da statt, wo das Interesse an derselben am stärksten ist, d. h. im Kampfe zweier Handelsplätze auf den verbindenden Eisenbahnlinien. Hier, auf den Bahnen sucht vermittelst aller Tarifkünste der Neuzeit jeder seine Grenze soweit als möglich gegen den Nachbar vorzuschieben, und so ist der Tarifkrieg, wie später viel heftiger und darum für den unbeteiligten Beobachter interessanter zwischen Stettin und Danzig und Danzig und Königsberg, so jetzt schon zwischen Stettin und Hamburg in Permanenz erklärt.

---

[1]) Vergl. weiter unten Abschnitt IV.

Zunächst freilich bleiben die Wasserstrafsen neben den Eisenbahnen von der höchsten Bedeutung. Unter diesen kommt in erster Linie die Elbe in Betracht, die Hamburg auf dem bequemen und billigen Wasserwege mit Ländern verbindet, die Stettin mittels neuer Bahnlinien in seinen Bereich zu ziehen anfing: mit Sachsen, Böhmen und Österreich.

Freilich war sie mit Zöllen belastet, aber diese waren vielfach bedeutend niedriger als die vom Zollverein in Stettin erhobenen Ein- oder Durchfuhrzölle, namentlich seitdem sie 1847[1]) ermäfsigt waren. Diese Differenz drückt schwer auf den Import englischer Soda von Stettin nach Österreich, während Hamburg ihn elbaufwärts schwunghaft betrieb,[2]) und ebenso verhält es sich bei dem wichtigen Artikel „Brucheisen", bezüglich dessen der Stettiner Bericht von 1853 Seite 11 die folgende interessante Berechnung der Unkosten für den Transport eines Zentners von England nach Böhmen auf den beiden konkurrierenden Routen aufstellt:

via Hamburg.

Fracht bis Harburg	5 Sgr.	3 Pf.
„ „ Tetschen	11 „	3 „
Assekuranz	— „	6 „
Elbzoll	2 „	6 „
Kosten bis Tetschen	19 Sgr.	6 Pf.

via Stettin.

Fracht bis Stettin	6 Sgr.	3 Pf.
Sundzoll	1 „	3 „
Stromfracht bis Berlin und Assekurranz	2 „	6 „
„ von Berlin bis Tetschen	8 „	6 „
Transitzoll	3 „	6 „
Kosten bis Tetschen	22 Sgr.	— Pf.

Die vorhandene Differenz von 2 Sgr. 6 Pf. zu Ungunsten Stettins wird in der That fast allein dargestellt durch den Sundzoll und durch das Plus des Transitzolls gegenüber dem Elbzoll: wäre der Sundzoll nicht und wäre der Transitzoll auch nur ebenso hoch wie der Elbzoll, so würden die Kosten beider Routen fast gleich sein.

---

[1]) 1850 S. 3 heifst es, die Ermäfsigung sei seit 3 Jahren in Kraft.
[2]) 1851 S. 12.

Angesichts dieser Zahlen aber ist es wohl nicht wunderbar, wenn 1852 60000 Zentner Eisen anstatt über Stettin über Hamburg nach Österreich befördert wurden.[1]

Die Einfuhr von Baumwolle ist 1852[2]) bis auf 74, 1853 auf 57 Zentner reduziert, während 1852 in Bremen 23820, in Hamburg 26302 Ballen importiert wurden, über Hamburg transitierend noch fernere 74354 Ballen. Damit kann der Baumwollenhandel Stettins als für einige Zeit vernichtet gelten. Aber auch andere Artikel, deren Import nach Österreich für Stettin wichtig war, rifs Hamburg mehr und mehr an sich, wie Heringe, Leinsaat, Talg u. a. Von Farbeholz erhob der Zollverein einen hohen Ausgangszoll, der den Import des Artikels nach Österreich von Stettin aus per Bahn unmöglich machte, während er auf der Elbstrafse transito nur den Elbzoll zahlte und daher von Hamburg lebhaft gehandelt wurde.[3])

Ja, da in Stettin bei der Erhebung des Eingangszolles des Zollvereins mit Rücksicht auf die von den Waren schon bezahlte Sundabgabe in gewissen Fällen ein Steuerrabatt gewährt wurde, während beim Import von Hamburg aus an der zollvereinsländischen Grenze der volle Zoll bezahlt werden mufste, so wirkte selbst jede Zollbefreiung an der deutschen Zollgrenze, so erwünscht sie sonst dem Handel an und für sich sein mufste, für Stettin schädlich, da sie diesen Vorzug vernichtete: mit dem Zoll fiel natürlich auch der Rabatt fort, und während vorher der Artikel beim Eingange von Hamburg denselben oder doch annähernd denselben Zoll wie beim Eingang in Stettin bezahlt hatte, hatte er jetzt beim Eingang über Hamburg gar keinen, beim Eingang über Stettin immer noch den Sundzoll zu tragen.

Namentlich der Import von Heringen, — ein für diese Gegenden mit ihrer starken Arbeiterbevölkerung sehr wichtiger Artikel, — litt unter der Konkurrenz Hamburgs auf der Elbstrafse.[4])

Wird man nun auch zugeben, dafs Stettin in Böhmen und sicherlich in Sachsen auf fremder Jagd sich befand, da die Elbufer naturgemäfs Hamburg zugehörten, so lagen die Dinge denn doch ganz anders in Schlesien, dessen Handel, von der Natur entschieden Stettin zugewiesen, gleichfalls sehr stark nach Hamburg abgelenkt

---

[1]) 1852 S. 4, wonach für 1853 dasselbe bezüglich 80000 Ztr. erwartet wurde.
[2]) 1852 S. 15, 1853 S. 20.
[3]) 1850 S. 8.
[4]) 1854 S. 30. 1860 S. 25. — 1856 S. 15 scheinen die Elbhäfen in diesem Artikel allerdings schon ziemlich aus dem Felde geschlagen.

wurde. Hatte bei der Konkurrenz nach Sachsen und Böhmen Stettin den Bahnweg, Hamburg den billigeren Flufsweg gehabt, so hatte nach Schlesien umgekehrt Hamburg den Bahn-, Stettin den Flufsweg, aber — er war hier nicht billiger! Die Oder befand sich in einem so unglaublichen Zustande, dafs die an und für sich flachgehenden Schiffe der Stettiner Dampf-Schleppschiffahrt-Gesellschaft im Jahre 1852 bei 131 Reisen nur 59 Mal Frankfurt a. d. O. erreichen konnten,[1]) und dafs noch später Fahrzeuge, welche bereits im Herbste 1861 von Oberschlesien abgegangen waren, im ganzen Lauf des Jahres 1862[2]) nicht nach Stettin zu gelangen vermochten! Es ist danach sehr erklärlich, dafs die nach dem Beispiele der Elbschleppschiffahrt zur Erleichterung des Verkehrs eingerichtete Oderschleppschiffahrt, wie der Bericht von 1851[3]) versichert, gegen die hamburgische Konkurrenz auch nicht viel half. Denn Hamburg hatte mit Schlesien direkte Bahnverbindung seit 1846. Stettin hatte sie zwar in dem gleichen Jahre auch erhalten, aber da sie über Berlin ging, war sie nur um 20 Meilen kürzer als diejenige Hamburgs, und diese Differenz beseitigte Hamburg durch billigere Tarife völlig. So in der Verbindung mit dem Hinterlande gleichgestellt, trat es in den Konkurrenzkampf im Besitz seiner lokalen Vorzüge ein, und es zeigte sich wieder das frühere Schauspiel, dafs Schlesiens ganzer „Warenhandel" (im engeren kaufmännischen Sinne, d. h. der Handel mit Kaffee, Reis, Gewürzen, Heringen, Baumwolle und ähnl.), sich Hamburg zuwandte.[4]) Aber mehr noch: selbst von dem dann noch übrig bleibenden wichtigen Teil des schlesischen Handels, selbst von der Ausfuhr der Landesprodukte, rifs Hamburg mehrere Zweige an sich: so namentlich den Handel mit Zink, einem Artikel, der wegen seines relativ geringen Wertes darauf angewiesen ist, billige Frachten zu suchen, der Reederei aber dennoch sehr willkommen ist.[5]) Viel Zink wurde auch jenseits der Grenze gewonnen, und

[1]) 1852 S. 8. Vergl. auch 1850 S. 3, wonach viele Kähne für die Reise von Schlesien nach Stettin fünf Monate gebraucht hatten.

[2]) 1862 S. 4.

[3]) S. 4.

[4]) A. a. O. 1852 S. 5. Wenn 1853 S. 20 aus dem bedeutend gestiegenen Kaffeekonsum gefolgert wird, „dafs auch von anderen ausländischen Produkten der Verbrauch bei uns fortwährend im Steigen ist, und dafs aus bekannten Ursachen diese Waren, statt direkt einzugehen, aus den Nordseehäfen in unser Gebiet übergeführt werden," so ist dieser Schlufs zwar nicht zwingend, erscheint aber doch nicht ganz unstatthaft.

[5]) A. a. O. 1850 S. 11.

auf diesem polnischen oder Krakauer Zink lastete in Deutschland ein Durchfuhrzoll, der einer vollständigeren Entwickelung des Handels mit diesem Artikel fortwährend hinderlich war,[1] wozu freilich später noch andere Verhältnisse beitrugen. Durch seine billigeren Frachten und einige weitere Vorteile zog Hamburg ihn zu sich heran: seitdem der Bau auf Zink in den Händen einiger weniger großser Kapitalistengesellschaften vereinigt war, wurde der Zinkhandel mehr und mehr zur Spekulation und erforderte Kapitalien, wie sie wohl in Hamburg, nicht aber in Stettin dafür disponibel waren.[2]

Das Hauptübel, durch das diese traurigen Konkurrenzverhältnisse hervorgerufen waren, den Sundzoll, suchte eine englische Gesellschaft zu beseitigen, indem sie eine auf Umgehung des Sundzolles berechnete Dampferlinie von Flensburg, wohin die englischen Waren per Fuhre quer über den schleswig-holsteinischen Landrücken geschafft wurden, nach Stettin einrichtete. Aber das verursachte auch viele Kosten: die Kur war ebenso schmerzlich wie das Leiden und wurde deshalb bald aufgegeben.[3]

Gegen das zweite Übel, die mangelhafte Verbindung mit Schlesien, versuchte Stettin das einzig richtige Mittel: fort und fort drang die Kaufmannschaft auf den Bau einer Bahn von Posen nach Breslau, um so über Stargardt-Posen-Breslau mit Schlesien eine 38 Meilen kürzere Verbindung als Hamburg zu haben, eine Differenz, die für dieses wohl nicht so leicht zu überwinden war, wie jene von 20 Meilen.[4] Ende 1856 wurde diese Bahn in der That eröffnet.

Am 1. April 1857 aber trat ein Ereignis ein, das in allen Ostseehäfen, und nicht zum wenigsten in Stettin, mit der denkbar größsten Freude begrüßst sein dürfte: der Sundzoll wurde aufgehoben. Die Wirkung dieser Maßsregel zeigt sich in dem unvergleichlichen Aufschwung, den die nachstehenden Zahlen illustrieren, und der zweifellos noch bedeutender gewesen wäre, wenn nicht die Befreiung der Ostsee mit dem Ausbruch der großsen Geldkrisis in England und Hamburg zeitlich zusammengefallen wäre, bei der auch Stettin stark in Mitleidenschaft gezogen wurde.

---

[1] 1851 S. 16, 1854 S. 21.
[2] 1856 S. 15.
[3] 1856 S. 4.
[4] 1852 S. 5.

Es wurden nach Stettin seewärts importirt:

Zentner.

	Baumwolle	Baumwollengarn	Kupfer	Farbholz	Harz	Palmöl	Soda	Kaffee	Eisen
1853	57	?	44 008	70 059	?	81 156	90 974	106 530	448 760
1854	?	?	5 054	?	?	129 156	?	56 942	444 838
1855	?	?	?	92 311	37 573	88 537	98 543	86 711	767 044
1856	75	0	44 290	66 813	20 632	71 043	90 714	71 206	1 086 102
1857	37 705	28 700	51 801	131 463	76 735	119 918	125 737	96 600	2 036 094

Bei Kupfer findet sich 1856 die Notiz, daſs die Einfuhr die gröſste bis jetzt dagewesene sei; es wird dadurch also die an und für sich ja nicht so grofse Zunahme in 1857 in der That bedeutsam, namentlich wenn man erwägt, daſs in diesem Jahre durch den befreiten Sund zum erstenmal 16 000 Zentner Kupfer aus England kamen, während sonst nur die binnen-ostseeischen Länder: Ruſsland, Schweden, Dänemark Kupfer nach Stettin lieferten. Ebenso findet sich bei Kaffee 1855 die Notiz, daſs dieses Jahr die gröſste je dagewesene Einfuhr, auſser 1853, gebracht habe, und es wird dadurch die Steigerung in 1857 auch wieder bedeutend. Bei Eisen ist zu bemerken,[1]) daſs im Jahre 1844 die Einfuhr 205 557 Zentner betrug, infolge der Zollmaſsregeln dieses Jahres[2]) 1845 auf 73 981 Zentner sank und sich seitdem nur langsam wieder hob. Um so erfreulicher ist die gewaltige Zunahme um rund das doppelte im Jahre 1857.

Gleichzeitig wurde durch die immer gröſsere Ausdehnung, die die Dampfschiffahrt erfuhr, die Differenz, um die Hamburg den englischen und transoceanischen Häfen näher war als Stettin, beträchtlich vermindert.[3])

Die zeitlich so nahe zusammenfallende Eröffnung der Bahnstrecke Posen-Breslau einerseits und des Sundes anderseits hat Stettin sein altes Hauptland Schlesien wieder zurückgegeben. Die Konkurrenz Hamburgs in Schlesien hat seitdem an Gefahr für Stettin bedeutend verloren, und wenn auch speziell der Zinkhandel aus den schon oben dargestellten Gründen von Hamburg nicht wieder zu-

---

[1]) 1856 S. 15.

[2]) Bis dahin war Roheisen zollfrei; Schmiedeeisen und Stahl zahlte 1 Thlr. pro Ztr. Seit dem 1. Septbr. 1844 wurde für Roheisen ein Zoll von 3$^{1}/_{3}$ Thlr., für Schmiedeeisen von 1$^{1}/_{2}$ und 2$^{1}/_{2}$ Thlr. eingeführt.

[3]) 1856 S. 4, 1858 S. 3.

rückerobert wurde, so ging doch wenigstens der Transport der in Hamburg gehandelten Ware über Stettin und kam so dem dortigen Speditionshandel zu gute.¹) Wenn Hamburg in Schlesien immer noch mehr dominierte, als man hätte erwarten sollen, so schreiben das die Stettiner Berichte einer irrationellen Tarifpolitik namentlich der oberschlesischen Eisenbahn zu. Diese nützt im Verkehre mit Hamburg höchstens ihre kurze Strecke Oderberg-Breslau, im Verkehr mit Stettin ihre vielmal längere Strecke Oderberg-Breslau-Posen-Stargardt aus. Nichtsdestoweniger hatte sie im Hamburger Verkehr niedrigere Einheitssätze erstellt, als im Stettiner, obgleich sie infolge dessen die Güter in Breslau z. T. an die Niederschles.-Märkische-Eisenbahn und die Hamburger Route abtreten mufste und so ihre Strecke Breslau-Stargardt schädigte.²) Immerhin war die Differenz nicht so bedeutend, dafs sie Stettin, was Schlesien betrifft, bedeutenden Schaden zugefügt hätte. Empfindlicher wurde sie aber dadurch, dafs sie auch den Verkehr mit dem entfernteren Hinterlande über dieselben Bahnen traf, namentlich mit Ungarn, das damals gerade anfing für Stettins Handel besondere Bedeutung zu gewinnen.

Auch das Geschäft nach Österreich nahm sofort einen ungeahnten Aufschwung: 1857 gingen **mehr als dreiviertel** des ganzen Transits nach Österreich,³) 1858 **dreimal so viel als im Vorjahre**.⁴) Eine schlimme Fessel dieses Verkehrs waren jedoch noch die Durchgangszölle.

Österreich gehörte bekanntlich nicht zum Zollverein, und dieser erhob deshalb von allen durch sein Gebiet dorthin gehenden Waren Durchgangszölle, auf der Elbe jedoch nur den gewöhnlichen Elbzoll. Jm Jahre 1860 wurden endlich auch die veralteten Durchgangszölle aufgehoben. Damit hing es jedoch auf der anderen Seite zusammen, wenn bald darauf auch die Elbzölle auf ein Minimum reduziert wurden, und dadurch war wieder eine gefährliche Konkurrenz Hamburgs in Böhmen gegeben. Eine schlimmere aber trat bald von Süden her auf.

Durch den Gürtel der Alpen waren die österreichischen Länder lange Zeit von der ihnen zunächst gelegenen Küste, der des Adriatischen Meeres, fern gehalten, und so war es Stettin möglich geworden,

---

¹) 1860 S. 25, 1867 S. 80.
²) Vgl. 1867 S. 17 ff., 1868 S. 71, 1869 S. 12, 1870 S. 8.
³) 1857 S. 4.
⁴) 1858 S. 4.

ihre Versorgung mit überseeischen Produkten weit von Norden her über das deutsche Tiefland an sich zu bringen.

Jetzt aber überwand die weiter vorschreitende Eisenbahn-Technik das natürliche Hindernis der Alpen. Die Semmering-Bahn wurde gebaut, und 1858 trat Wien in direkte Eisenbahnverbindung mit Triest. Dadurch war mit einem Male die Handelsscheide zwischen Nord und Süd, zwischen Ostsee und Mittelmeer wieder weit hinauf nach Norden geschoben, wo sie in früheren Jahrhunderten gewesen war.

Die eingetretene Veränderung wird natürlich im Handel mit denjenigen Artikeln zuerst bemerkbar, die Naturprodukte der Mittelmeerländer sind: bei den Südfrüchten, die früher aus diesen Gegenden selbst nach Österreich über Stettin eingeführt wurden, da der Landweg per Fuhre über die Alpen ungeheuer teuer war, teurer selbst als der Seeweg nach Stettin und der Landweg per Bahn von da aus. Die Einfuhr von Südfrüchten (Rosinen, Korinthen, Mandeln) seewärts in Stettin betrug nun:

1853	27 188	Zentner
1854	15 506	,,
1855	15 952	,,
1856	20 907	,,
1857	27 495	,,
1858	5 838	,,
1859	10 689	,,
1860	12 722	,,
1861	21 912	,,

Indessen konnte Stettin den Konkurrenzkampf mit Triest wie mit Hamburg in Österreich doch immer noch mit einigem Erfolg führen.

Schlimmer lagen die Dinge schon in den sächsischen Gegenden, dem Königreich wie der Provinz Sachsen, sowie in den thüringischen Staaten. Sind diese Gegenden auch durch die Elbe Hamburg zugewiesen, so liegen sie doch als Ganzes betrachtet in der Luftlinie, und so auch in der sich ja immer möglichst an diese anschliefsenden Bahnlinie, Stettin mindestens ebenso nahe als Hamburg. Die Bodenformation Norddeutschlands, dessen Hauptströme in der Richtung von Südosten nach Nordwesten fliefsen, während die Seeküste im allgemeinen nicht rechtwinkelig zu dieser Richtung, sondern von Osten nach Westen verläuft, bringt es mit sich, dafs gewisse

Gegenden handelspolitisch immer nach zwei verschiedenen Richtungen gravitieren, nämlich einerseits vermöge ihrer Lage an einem "Hauptstrom" nach der an der Mündung desselben belegenen Handelsstadt, anderseits vermöge ihrer geographischen Lage nach der an der Küste entlang östlich nächsten. So liegt an der Elbe alles sächsische Land südöstlich etwa von Dessau Stettin in der That etwas näher als Hamburg, und sein Handel müfste daher eben sogut nach jenem wie nach diesem Platz sich wenden.

Dies machte jedoch die Berlin-Anhaltische Bahn dadurch unmöglich, dafs sie für ihre Strecke Leipzig- (resp. Dresden-) Berlin im Verbandverkehre Stettin-Berlin-Leipzig und vice versa höhere Frachten erhob als im Verbandverkehre Hamburg-Berlin-Leipzig und vice versa, so dafs auf dem Anhalter Bahnhof in Berlin ein und dieselbe Warensendung, wenn sie vom Stettiner Bahnhof kam, für den Transport nach Leipzig z. B. mehr Fracht zahlen mufste, als wenn sie vom Hamburger gekommen wäre.[1]

Seit dem Jahre 1860 schon erscheinen alljährlich in den Berichten der Stettiner Kaufmannschaft die heftigsten Beschwerden und dringendsten Aufforderungen, diese Unbilligkeit abzustellen, aber vergebens. Ja, nachdem der Direktion der Anhaltischen Bahn

---

[1] 1866 S. 13 f. Zur Erläuterung teilen wir noch den folgenden Auszug aus einer Tabelle mit, die der Bericht von 1861 S. 7 bringt:

Nach	Dresden			Magdeburg		
	Bahnmeilen	Normalfracht Sgr.	Ermäfsigte Klassen Sgr.	Bahnmeilen	Normalfracht Sgr.	Ermäfsigte Klassen Sgr.
Von Bremen	$68^{3}/_{4}$	$20^{1}/_{2}$	$17^{1}/_{4}-14^{1}/_{2}$	$37^{1}/_{4}$	$12^{1}/_{4}$	$9^{1}/_{2}-8$
„ Hamburg	$62^{1}/_{2}$	$18^{9}/_{10}$	$17-13^{1}/_{2}$	$36^{1}/_{4}$	9	$7^{1}/_{2}-5^{1}/_{2}$
„ Lübeck	63	$26^{5}/_{6}$	$22^{1}/_{2}-11^{3}/_{4}$	$35^{1}/_{2}$	$10^{7}/_{10}$	$8^{1}/_{4}$
„ Stettin	$43^{1}/_{2}$	22	$15^{1}/_{2}-11^{3}/_{4}$	38	19	$14-9^{5}/_{6}$

Nach	Halle			Leipzig		
	Bahnmeilen	Normalfracht Sgr.	Ermäfsigte Klassen Sgr.	Bahnmeilen	Normalfracht Sgr.	Ermäfsigte Klassen Sgr.
Von Bremen	$48^{2}/_{4}$	$16^{1}/_{4}$	$12^{1}/_{4}-10^{1}/_{4}$	$53^{1}/_{4}$	17	$13^{1}/_{4}-11^{1}/_{4}$
„ Hamburg	47	$14^{3}/_{4}$	$12-7^{1}/_{2}$	$51^{1}/_{2}$	16	$13-8^{1}/_{2}$
„ Lübeck	$47^{3}/_{4}$	$18^{1}/_{2}$	$15^{1}/_{2}-12^{1}/_{3}$	$51^{1}/_{2}$	$18^{7}/_{10}$	$14^{1}/_{4}-12^{1}/_{2}$
„ Stettin	$39^{3}/_{4}$	$21^{1}/_{4}$	$15-10^{5}/_{6}$	40	22	$15^{3}/_{4}-10^{5}/_{6}$

die eine Konzession wenigstens abgerungen war, dafs im Verkehr mit dem wichtigen Chemnitz Stettin Hamburg vom 1. Februar 1862 ab gleichgestellt wurde, konnte dieselbe Direktion 1865 nur durch das energische Veto des preufsischen Handelsministers gehindert werden, diese Erleichterung wieder zurückzunehmen.[1])

Während so in dem ungleichen Kampfe gegen das mächtige Hamburg Stettin in den westlichen Teilen seines Handelsgebietes gerade keiner grofsen Erfolge sich zu erfreuen hatte, machte es auf der entgegengesetzten Seite, im Südosten, riesige Fortschritte. Immer weiter drangen die Eisenbahnen nach jenen grofsen und üppig fruchtbaren Gegenden vor, die, tief im Innern des europäischen Festlandes gelegen, ihre Produkte mangels eines Weges an das völkerbindende Meer bisher nicht hatten verwerten können. Früher aber als alle anderen Ostseeplätze, früher als Danzig, als Königsberg, als die russischen Häfen, erhielt Stettin eine Bahnverbindung mit ihnen. Schon im Jahre 1857 kommen grofse Getreidezufuhren aus Böhmen, Mähren, Galizien und den entferntesten Teilen des russischen Polens, 1860 auch aus Ungarn nach dem nun rasch aufblühenden Platz, der 1863 nach Vollendung der Eisenbahn nach Lemberg auch diese Gegenden erobert und in Brody und Jassy unmittelbar an das nächste Hinterland Odessas grenzt.[2])

Deutsche Energie zieht, über russische Indolenz triumphierend, bis von Kiew her Zufuhren heran, bis vom Banat, an der türkischen

---

[1]) Bericht S. 15. Die Schwere dieser Konkurrenz beweisen deutlicher die Zahlen für die Einfuhr von Farbeholz, wovon hauptsächlich für die böhmischen und sächsischen Industriebezirke in Stettin importiert wurden: 1856 66813 Ztr., 1857 131463 Ztr., 1873 31362 Ztr. Man ist also wieder hinter den Standpunkt vor Aufhebung des Sundzolles zurückgesunken.
Vergl. 1873 S. 72.

[2]) Es ist allerdings nicht zu leugnen, dafs Stettins Konkurrenz hier ebenso berechtigte Interessen anderer verletzte, wie anderwärts Hamburg es mit denjenigen Stettins that. Es konnte denn auch nicht ausbleiben, dafs Stettin auf der einen, Königsberg und Danzig auf der anderen Seite sich bald die Güter zu entziehen anfingen. So siedelt die Spedition von Eisenblechen und Platten nach Polen von Stettin nach Danzig und Königsberg über (1869 S. 59). Wenn ferner Stettin (1870 S. 8) billigere Tarife verlangt, um Terespol (Brest-Litewsk) an sich zu ziehen, so wird man dem auch nicht beistimmen können, da Danzig den gröfsten und berechtigtsten Anspruch auf diesen Platz hat. Ebensowenig ist es doch wohl zu rechtfertigen, wenn Stettin direkte Getreidesendungen von Orel via Eydtkuhnen und Tarife verlangt, die dieselben ermöglichen sollen (1873 S. 16). 1873 S. 17 kommt endlich das Geständnis, in Polen und Volhynien von den östlichen Häfen geschlagen zu sein, wie dies auf die Dauer gar nicht anders zu erwarten war.

und serbischen Grenze (1867), und Ungarn wird das wichtigste Hinterland Stettins, seine Kornkammer im weitesten Sinne, versorgt sich aber über Stettin auch mit überseeischen Produkten: über Stettin gehen die Rohstoffe und Halbfabrikate der Industrie bis Temesvar (1867). Wenn der Platz auch nicht lange im alleinigen Besitz dieser Goldgrube bleibt, so ist sie ja doch so ausgiebig, dafs sie auch mehrere Häfen beschäftigen kann. Bald laufen kreuz und quer in den verschiedensten Richtungen neue Bahnen und Verbandverkehre über diesen Kern Europas. Auch hierher dringt Hamburg vor und erlangt von den Bahnen Stettin gegenüber relativ billigere Tarife, kürzere Lieferfristen und andere Vorteile.[1]

In einem immer gröfseren Umkreis, wie sich das durch den immer weiteren Ausbau des Bahnnetzes leicht erklärt, wird nun überhaupt jeder Platz zum Konkurrenten des anderen: so auch Rotterdam und Amsterdam jetzt für Stettin. Auf Veranlassung der Amsterdamer Maatschappy vereinigten sich 1863 mehr als 30 süddeutsche Bahnen zu einem direkten Verbandsverkehr via Amsterdam-Köln-Mainz-Nürnberg-Passau-Wien, der, 176 Meilen lang, unter nur achttägiger Lieferungsgarantie Waren aller Gattung zu dem einzigen unglaublich billigen Satz von $31^{6}/_{10}$ Sgr. pro Zentner beförderte und dadurch Stettin namentlich einen Teil seines Kaffeehandels raubte, für den Amsterdam sowieso das gröfste europäische Handelsemporium ist.[2] Die Linien Rotterdam-Kassel-Aschaffenburg-Wien und Hamburg-Aschaffenburg-Wien waren ebenso gefährlich.[3] Vom Süden her kam anderseits Triest, wo der Österreichische Lloyd durch eine Linie regelmäfsig zwischen London und Triest fahrender Dampfer und die Einrichtung eines an dieselbe sich anschliefsenden Verbandverkehres Triest-Wien-Passau den überseeischen Import der wichtigsten österreichischen Kronländer an sich zu ziehen hoffte.[4] Eine direkte Route Triest-Wien-Warschau-Petersburg entzog Stettin einen Teil des russischen und polnischen Geschäfts, da die Sätze des zur Abwehr hergestellten Verbandverkehrs Triest-Stettin sich als zu hoch erwiesen.[5]

Noch mehr zu Ungunsten Stettins gestalteten sich die Dinge

---

[1] A. a. O. 1867 S. 18 ff., 1868 S. 79.
[2] 1863 S. 9. Als später die Bahnfracht wieder teurer wird, verschwindet auch diese Konkurrenz wieder. 1880 S. 27.
[3] 1866 S. 52.
[4] 1866 S. 53.
[5] 1869 S. 74.

nach Eröffnung des Suez-Kanals. Solange der Weg von Asien nach Europa um das Kap der guten Hoffnung ging, war London der natürliche Stapelplatz für alle Produkte des Orients, da es den nordwärts heraufsegelnden Schiffen gerade im Wurf und am nächsten lag. Von hier aus verteilte sich dann der Strom der Waren nach Europa, und da waren die Nord- und Ostseehäfen — und so auch Stettin — für die Versorgung Österreichs und der zentraleuropäischen Länder mit diesen Waren viel günstiger gelegen als das entfernte Triest, welches immer nur eine relativ gefährliche Konkurrenz machen konnte. Das wurde mit der Eröffnung des Suez-Kanals anders: auf dem neuen Wege lag Triest für diesen Handel günstiger nicht nur als Stettin, sondern selbst als London, und nahm daher einen ungeheuren Aufschwung.

Schon 1872 wird viel ostindische Baumwolle, die früher zuerst nach dem Stapelplatz Liverpool und von da über Stettin nach den österreichischen Fabrikbezirken gegangen war, von Ostindien durch den Suez-Kanal direkt nach Triest und von da per Bahn nach Wien geschickt.[1]

Später wird dieser Weg immer ausschliefslicher benutzt, neben Triest ist Venedig in derselben Weise thätig, und selbst Sachsen ziehen diese Plätze in den Kreis ihrer Handelsverbindungen.[2]

So zeigt der Handel, und speziell sehr deutlich derjenige Stettins, eine Entwickelung, die man vielleicht als derjenigen der Landwirtschaft, die vom extensiven zum intensiven Betrieb fortschritt, entgegengesetzt, derjenigen der vom Kleinbetrieb zur Massenproduktion fortschreitenden Industrie entsprechend bezeichnen kann: früher hatte jede Handelsstadt ihr kleines, relativ eng umgrenztes Handelsgebiet, aber in diesem wenigstens war sie die unumschränkte Herrin, hier wenigstens wurde sie von keiner Konkurrenz bedroht. Jetzt dagegen hat sich das Gebiet ins Ungeheure erweitert, aber die Handelsstadt hat keine Alleinherrschaft mehr darin, sie mufs den Handel desselben mit einem Dutzend näherer und fernerer Nachbarn teilen: Monopole kennt die moderne Volkswirtschaft nicht.

Doch mitten über diese scheinbar so kräftige Entwickelung, die vielen die Morgenröte einer neuen Ära dünkte, brach plötzlich der dies ater von Wien, der verhängnisvolle 9. Mai 1873 herein. Zwar

---

[1] 1872 S. 60.
[2] 1873 S. 87.

wurde noch 1873 mit Ungarn eine neue Bahnverbindung via Kaschau eröffnet, 1874 der Tarif nach diesen Gegenden, um dem Königsberger und Danziger Verbandverkehr gegenüber einigermafsen konkurrenzfähig zu sein, ermäfsigt und eine neue Verbindung mit Oberschlesien via Creuzburg eröffnet, allein das alles waren doch mehr nur Erfolge, die noch aus der vorigen Epoche herrührten, und seitdem hat auch Stettin weder Glück noch Stern gehabt. Es beginnen jetzt überall, anfangs schüchtern, dann immer offener die Versuche, die leidende inländische Landwirtschaft und Industrie vor der Konkurrenz der ausländischen zu schützen. Daraus mufste sich für alle dieser Tendenz huldigenden Staaten das Bestreben ergeben, den internationalen Verkehr möglichst einzuengen und den Handel nur auf das Gebiet des eignen Staates zu beschränken. Unter diesem Bemühen mufsten am meisten die Seeplätze leiden, die ja par excellence die Repräsentanten des internationalen Handels sind. Die kleineren unter ihnen empfanden es weniger, da ihr Handelsgebiet ohnehin die Grenzen des eignen Staates kaum überschreitet, die grofsen, die das ihrige bis tief in die Territorien der benachbarten Staaten ausgedehnt haben, mehr: sie werden durch die Schutzzollpolitik nicht nur im Verkehr mit ihren transmarinen Handelsgegnern behindert, sondern auch auf der anderen Seite noch von einem Teil ihres Hinterlandes abgeschnitten.

Das erfuhr auch Stettin, und zwar gerade da, wo es bisher sich am sichersten gefühlt hatte: im Südosten seines Handelsgebietes.

Schon 1875 wurde ein recht brauchbarer Getreidetarif für den Verkehr zwischen Stettin, Hamburg, Bremen, Bremerhafen, Geestemünde einerseits, sowie Galizien und Rumänien anderseits mit der Bestimmung belastet, dafs er nur auf dasjenige Getreide Anwendung finden solle, dessen von Stettin aus seewärts erfolgte Ausfuhr nachgewiesen werde. Wie das wohl häufig geschieht, wurde der Tarif nach seiner schlimmsten Seite benannt: die Berichte nennen ihn kurz den „Seetarif". Ferner waren durch die fortwährenden Ermäfsigungen infolge der wilden Konkurrenz der letzten Jahre die Eisenbahntarife auf einem unhaltbaren Standpunkt angekommen und wurden deshalb 1874 plötzlich alle um 20 % erhöht. Die Folge war, dafs die Durchfuhr, der internationale Verkehr, namentlich derjenige zwischen Österreich und England, die deutschen Bahnen und Häfen verliefs und nach den holländischen und belgischen, sowie nach Triest übersiedelte.

Bald darauf, 1876, sperrte sich Österreich durch höhere Zollschranken ab: Deutschland genofs dort dieselben Rechte wie die meist begünstigte Nation, England, und verlor daher, als Österreich diesem gegenüber die ihm zugestandenen Begünstigungen zurücknahm, dieselben gleichfalls: für Stettin ein böser Schlag, da ihm dadurch dort die Konkurrenz gegen Triest und Fiume, die beiden österreichischen Seehäfen, sehr erschwert wurde.

Ein im folgenden Jahre, 1877, eingeführter Verbandverkehr zwischen Italien, Triest, resp. levantinischen und selbst ostindischen Plätzen via Triest einerseits und Hamburg, Berlin, Lübeck, Stettin, Breslau anderseits wird für Stettin eine wesentliche praktische Bedeutung kaum gehabt haben.

1879 kam dann das Prinzip des „Schutzes der nationalen Arbeit", das dem Handel immer nur geschadet hat, in dem deutschen Zolltarife zum unverhüllten Durchbruch. Diese Anwendung desselben war für Stettin freilich noch relativ leicht zu ertragen, da das Zollgesetz einem wichtigen, und in Stettin dem wichtigsten Handelszweige, dem Transithandel, die nötige Berücksichtigung in ausreichendem Mafse zu teil werden liefs. Aber bald zeigte sich das Prinzip in einer für Stettin viel gefährlicheren Form.

Um dem oben erwähnten Seetarif, der im Jahre 1877 z. B. allein aus Rumänien 25 000 Tonnen Getreide den Weg nach Stettin gebahnt hatte, ein Paroli zu bieten, bemühte sich Hamburg um einen billigeren Tarif im Verkehr mit diesen Gegenden. Die Versuche, dem gegenüber auch den Seetarif noch mehr zu ermäfsigen, wurden von der preufsischen Aufsichtsbehörde inhibiert, welche dadurch, dafs auf preufsischen Bahnen ausländisches Getreide billiger befördert würde als deutsches, der nationalen Landwirtschaft eine unstatthafte Konkurrenz erstehen zu sehen fürchtete; und genau ebenso wurden die im Hinblick auf die drohende Konkurrenz Hamburgs geforderten Frachtermäfsigungen für böhmischen Rohzucker[1] mit dem Hinweis auf das gefährdete Interesse der heimischen Zuckerindustrie abgeschlagen. Vergeblich weisen die Stettiner Berichte darauf hin, dafs das fremde Getreide (und so auch der fremde Zucker) unter allen Umständen seinen Weg nach England, dem hauptsächlich in Betracht kommenden Konsumtionsmarkt, finden werde, auch wenn ihnen der Schienenweg durch Deutschland versperrt sei. Aber nicht einmal um das ungastliche Deutschland herum, etwa nach Antwerpen oder Amsterdam, wie es ja auch möglich gewesen

---

[1] Schon 1870 S. 45 wird erwähnt, dafs dieser über Hamburg geht.

wäre, sondern mitten durch Deutschland hindurch, ein Hohn für die deutschen Eisenbahnen, denen sie an Fracht Millionen unterschlagen, ziehen die Getreidemassen Ungarns, Galiziens, Rumäniens auf einem Wege nach England, den man, wie es scheint, ganz vergessen hatte, und der in der letzten Zeit allerdings auch weniger im Vordergrund des allgemeinen Interesses gestanden hatte, jetzt aber, unter veränderten Verhältnissen, mit großem Glück wieder aufgenommen wurde.

Bei ihren wütenden Konkurrenzkämpfen waren die Eisenbahnen infolge fortwährender Tarif-Ermäßigungen bei Frachtsätzen angelangt, unter die sie nicht mehr wesentlich heruntergehen konnten. Wollte nun ein Platz dennoch die Konkurrenz durch billigere Verbindungen unterbieten, so mußte er andere Wege als die Eisenbahnen aufsuchen: die Flüsse. Das zu thun, war aber Hamburg am besten in der Lage.

Die Elbe ist bis Tetschen in Böhmen schiffbar und schon lange bestand bis hierher eine regelmäßige Ketten-Schleppschiffahrt.

Diesen Vorteil potenzierte Hamburg im Verkehr mit den österreichischen Ländern aber noch: der Flecken Laube bei Tetschen wurde im Jahre 1880 zu einem sogenannten Umschlagsplatz eingerichtet, d. h. es wurden Vorkehrungen getroffen, die gestatteten, die Güter direkt vom Waggon ins Schiff und umgekehrt zu verladen, und dann wurde (entsprechend den direkten Verkehren und den Durchfrachttarifen über See) mit den österreichisch-ungarischen und galizischen Bahnen, die mit ihrem Anerbieten, einen Verbandstarif über preußische Bahnen nach Stettin zu erstellen, wie oben erwähnt, in Berlin abgewiesen waren, ein Verbandsverkehr eingerichtet, der über Oderberg-Olmütz-Tetschen (also dicht an der preußischen Grenze vorbei!), von da auf der Elbe mitten durch Deutschland hindurch, wieder ohne eine deutsche Schiene zu berühren, nach Hamburg ging und am 10. November 1881 in Kraft trat.

Da die österreichischen Bahnen ihrerseits bis Tetschen außerordentlich billige Sätze erstellt hatten, und der Elbweg noch billiger war, so strömten jetzt die Getreidemassen Ungarns und Galiziens nach Hamburg. Von Hamburg aus wurden aber auch die Länder der österreichischen Krone mit überseeischen Produkten versorgt, so daß der Stettiner Bericht 1882 (S. 5) sagen konnte: „Hamburg ist jetzt ebenso sehr der erste österreichische wie der erste deutsche Hafen."[1])

---
[1]) 1880 S. 27, 1881 S. 3. Auf dem Wege über Hamburg-Dresden konnte

Dieser Wendung gegenüber wurde man denn doch stutzig. Die preufsischen Bahnen versuchten[1]) durch Kündigung sämtlicher direkten Verkehre mit den österreichischen Bahnen einen Druck auf die Nordwestbahn auszuüben, um diese zur Erhöhung ihrer Elbumschlagstarife zu nötigen; aber über einen Erfolg des Manövers verlautet nichts.

Im gleichen Jahre wurde dann auch der Seetarif von Galizien nach Stettin etwas, wenn auch nicht viel, ermäfsigt, so dafs er von den Stationen diesseits Jassy bedingungsweise benutzt werden konnte; aber schon im nächsten Jahre, 1883, erweist er sich als immer noch zu hoch. Darüber kommt Stettin freilich einigermafsen durch ein Mittel hinweg, dessen Anwendung in früheren Zeiten unmöglich gewesen wäre: es bezieht Weizen und Mais aus rumänischen und anderen Häfen des Schwarzen Meeres direkt auf dem weiten Seewege durch die Strafse von Gibraltar, den Kanal und Sund. Das war freilich nur möglich bei den so unglaublich niedrigen Seefrachten der letzten Jahre, die für diese Reisen z. B. inkl. Versicherungsprämie nur ca. 218 M. pro 10000 kg. betrugen.[2]) Indes konnte dieser immerhin schwierige und langwierige Weg dem Stettiner Getreidehandel wesentliche Dienste nicht leisten.

Im Jahre 1882 wird dann auch der „Hamburger Donautarif", von Regensburg (resp. Passau) nach Hamburg, auf den Stettiner Verkehr mit denselben Städten übertragen, mit einer Ausnahme freilich (von Palmkernöl), die wieder ebenso mit dem entgegenstehenden Interesse der nationalen Produktion motiviert wird, wie früher die Ablehnung der billigeren Getreide- und Zuckerfrachten.

So thut man, durch den Elbumschlagstarif geängstigt, alles mögliche für Stettin, nur zu dem einzig Wirksamen, einer genügenden Ermäfsigung des Seetarifs, kann man sich nicht entschliefsen.

Ja, als Stettin nochmals dringend die Übertragung des nach Hamburg schon bestehenden billigen Seeexporttarifs für böhmischen Rohzucker auch auf den Bahnweg von Böhmen nach Stettin erbeten und eine vom Minister angeordnete Konferenz von Eisenbahn- und Handelsinteressenten einstimmig sich für diese Übertragung ausgesprochen hatte, wies der Minister diesen Bescheid zurück und

---

selbst Reichenbach in Schlesien seine Baumwolle billiger beziehen als über Stettin. 1882 S. 30.
[1]) 1882 S. 5.
[2]) 1883 S. 8.

ordnete eine zweite Konferenz unter Zuziehung von Interessenten der Zuckerindustrie an.

Während so von Westen her Hamburg drängte, wurde im Osten die Konkurrenz Danzigs und Königsbergs, die mit Galizien in billigerem direkten Verbandverkehr via Illowo und via Grajewo standen, geradezu tödlich.[1]

---

[1] Zur Erläuterung dieses Konkurrenzkampfes teilen wir die folgenden Tarifsätze aus dem Stettiner Bericht pro 1881 S. 11 mit, die allerdings eine weitgehende Bevorzugung Danzigs darthun, so dafs für Stettin der Getreidebezug von Rumänien und Südrufsland sogar auf dem Umwege über den Konkurrenzhafen selbst und von da über See billiger ist, als der direkte Weg.

	Entfernung km	Fracht per 10 000 km Mk.
Kischineff-Stettin, via Illowo	1860	464,49
" " " Alexandrowo	1829	577,46
" " " Danzig	1570 + 238 Seemeilen	419,49
" " " Podwoloczyska	1566	610,40
Kischineff-Danzig	1570	349,49
Jassy-Danzig	1700	340,63
Jassy-Stettin direkt	1436	526,00
Jassy-Stettin (via Danzig)	1700 + 238 Seemeilen	410,63

Es scheint jedoch, als wenn dies Mifsgeschick gewissermafsen eine Vergeltung für die Unbilligkeit gewesen sei, mit der die Tarife wenige Jahre früher Danzig gegenüber zu Gunsten Stettins normiert waren, worüber die Stettiner Berichte wohlweislich schweigen.

Vergl. aber unten die dort angeführten Danziger Berichte. — Übrigens hat zu diesem Mifsverhältnis der Frachten noch ein anderer Grund mitgewirkt: der nächste Weg von Galizien und Rumänien nach Danzig geht über die galizische Karl-Ludwig-Bahn via Granica-Alexandrowo, ist aber bis Granica resp. Myslowitz derselbe, der auch nach Stettin führt, und zwar ist es auf ihm nach Stettin näher als nach Danzig. Es beträgt z. B. die Entfernung

Jassy-Stettin (via Lemberg) 1436 km
Jassy-Danzig (via Lemberg) 1539 „

Die galizische Bahn hatte mithin früher kein besonderes Interesse daran, Danzig vor Stettin zu bevorzugen, da ihr die Transporte nach beiden Plätzen ohnedies fast für ihre ganze Strecke verbleiben. Danzig hat aber noch eine zweite Verbindung mit denselben Gegenden in den russischen Südwestbahnen via Warschau-Kowel, und diese hatten, nachdem sie 1877 fusioniert waren, ein lebhaftes Interesse daran, die galizischen Getreidetransporte, die, wenn überhaupt, ihre Strecke fast nach deren ganzer Länge durchlaufen mufsten, sich zu erwerben.

Freilich war dieser Weg nach Danzig bedeutend länger als derjenige über Lemberg-Granica; es betrug die Entfernung

Das galizische Getreide, das nicht westlich nach Laube-Tetschen und Hamburg ging, ging nördlich nach Danzig und Königsberg, und für das dazwischen liegende Stettin blieb wenig übrig.

Ein höchst wirksames Mittel versuchte Stettin anzuwenden, aber aus unbekannten Gründen blieb es bei dem Versuch. Die Oder war mittlerweile so vorzüglich reguliert, dafs die regelmäfsige Dampf-Schleppschiffahrt zwischen Stettin und Schlesien, die wir schon früher auf ihr angetroffen haben, sich zu ungeahnter Bedeutung aufschwang. Selbst den nach Schlesien führenden Bahnen machte sie eine äufserst fühlbare Konkurrenz, und mit jedem Jahre wuchs die Menge der durch sie beförderten Güter. Im Anschlufs daran wurde nun in Pöpelwitz bei Breslau eine Oderumschlagsstelle, analog derjenigen an der Elbe bei Laube, angelegt; aber zu einer weiteren Ausbildung dieser verheifsungsvollen Anlage, namentlich zu einem Verbandverkehr mit den österreichischen Bahnen und Vereinbarung eines Oderumschlagstarifs, der mit einem Schlage Stettin Hamburg nahezu ebenbürtig gemacht hätte, kam es nicht. Vermutlich durften die preufsischen Bahnen auch für die kurze Strecke von Pöpelwitz bis zur österreichischen Grenze wieder nicht genügend billige Sätze erstellen.

Zur Illustration der scharfen Konkurrenz zwischen Stettin und den Nordseehäfen bezüglich Österreich-Ungarns und Rumäniens diene

Jassy-Danzig via Lemberg . . 1539 km
„   „   via Ungeni-Kowel 1700 „

Schon deshalb aber mufste die Südwestbahn, um diese Transporte zu erhalten, ihre Tarife weit unter diejenigen der galizischen Bahn herabsetzen, und dadurch kam es, dafs auch die Frachten nach Stettin unterboten wurden. Denn gar nicht dieses, sondern in erster Linie die galizische Route nach Danzig aus dem Felde zu schlagen, war der Zweck des Manövers. — Etwas anders lagen die Dinge bezüglich Kischineffs. Von hier nach Stettin standen zwei Wege offen:

via Ungeni über die ganze galizische Bahn, oder
via Balta-Podwoloczyska über die Südwest- und dann erst auf die galizische Bahn.

Beide waren zufällig genau gleich lang: beide 1566 km. Aber nach Danzig waren über die Südwestbahn nur 4 km mehr, und dabei nützte diese hier ihre längere Strecke Kischineff-Kowel, nach Stettin nur die kürzere Kischineff-Podwoloczyska aus. Dieser Grund war es, der sie auch im Verkehr mit Kischineff die Tarifsätze nach Stettin unterbieten liefs. Die Südwestbahn also, nicht die galizische, ist die für die Tarifbildung jetzt mafsgebende; nicht die hohen Sätze dieser, sondern die aufserordentlich niedrigen jener sind es, die den Verkehr von Stettin fortlenken; die in der obigen Tabelle angegebenen Frachten beziehen sich auf die Route über die Südwestbahn.

die folgende Tabelle, die sich S. 3 des Stettiner Berichts von 1881 findet. Es gingen:

über	nach Österreich-Ungarn und Rumänien [1] Tonnen				aus Österreich-Ungarn und Rumänien [1] Tonnen			
	1878	1879	1880	1881	1878	1879	1880	1881
belgische Häfen . .	4 804	5 023	566	233	6 967	6 882	1 748	238
holländische Häfen .	10 270	9 847	8 571	4 828	18 940	28 116	22 723	14 150
Hamburg	65 115	51 043	41 236	33 000	45 050	39 814	33 587	29 000
Harburg	1 309	1 557	1 124	6 871	118	213	392	6 883
Bremen, Bremerhafen und Geestemünde .	63 179	43 380	69 799	27 587	10 617	7 295	9 949	9 259
Stettin	11 228	9 519	18 021	11 012	29 074	26 928	20 215	13 681
Summa	155 905	120 369	139 317	83 531	110 766	109 248	88 614	72 711

Es betrug ferner Stettins

Ausfuhr nach Österreich etc.:
[2]) 1882   17 513 Tonnen
[3]) 1883   20 556   „

Einfuhr von dorther:
33 807 Tonnen
27 302   „

---

[1]) Daſs in diesen Angaben auch der rumänische Handel mit enthalten ist, ist zwar an dieser Stelle nicht ausdrücklich gesagt, aber sehr wahrscheinlich, da er sonst immer mit dem österreich-ungarischen zusammen genannt wird, auch über dieselben Bahnen geht; für einige Jahre ist es überdies in dem Bericht von 1881 S. 6 Sp. 2 Z. 16 ausdrücklich bemerkt.

[2]) 1882 S. 6. Rumänien und Galizien ausdrücklich eingeschlossen, wie sich auch aus den Tabellen XV, XVI, XIX S. 38, 39, 43 der Statistik ergibt. Die Angabe von 17 523 Tonnen Ausfuhr (S. 6 des Berichts) muſs auf einem Druckfehler beruhen. Die betreffenden Rubriken der genannten Tabellen, die richtig addiert sind, in denen sich also kein Druckfehler befindet, ergeben zusammen nur 17 513 Tonnen für die Ausfuhr.

[3]) Der Bericht von 1883 gibt S. 22 die Einfuhr von Österreich-Ungarn mit Ausschluſs von Galizien und Böhmen auf 13 207 Tonnen, die von Rumänien und Galizien auf 6662 Tonnen, die Gesamteinfuhr aus diesen Ländern auf 19 869 Tonnen an. Das ist ausweislich der Tabellen XIV und XVIII S. 48 und 53 der Statistik richtig, und wenn man aus diesen noch die Einfuhr von Böhmen mit zusammen 7433 Tonnen zuzählt, ergibt das eine Gesamteinfuhr aus Österreich-Ungarn und Rumänien von 27 302 Tonnen. An derselben Stelle (S. 22) ist dann die Ausfuhr nach Österreich-Ungarn mit Ausschluſs derjenigen nach Galizien und Böhmen auf 11 923 Tonnen angegeben, was mit den Zahlen der Tabellen XV und XVIII (S. 49 und 53 der Statistik) übereinstimmt, die Ausfuhr nach Rumänien und Galizien auf 8633 Tonnen, beides zusammen also auf 20 556 Tonnen. In den 8633 Tonnen ist aber, wie ein Vergleich mit den citierten Tabellen er-

Ausfuhr nach Österreich etc.: Einfuhr von dorther:
[1]) 1884 22 815 Tonnen 16 125 Tonnen
[2]) 1885 16 689   „   19 579   „

Vergleichstabellen mit den Nordseehäfen finden sich leider für diese Jahre nicht.

Das Handelsgebiet Stettins umfaſst demnach die beiden Provinzen Pommern und Posen ganz; den Handel Schlesiens muſs es in geringerem, denjenigen der Mark in gröfserem Maſse mit Hamburg teilen. Im Königreich und in der Provinz Sachsen überwiegt Hamburg immer mehr, und eine Linie, die durch Magdeburg und das östliche Thüringen geht, dürfte die äuſserste westliche Grenze des Stettiner Handels bezeichnen. Im Süden und Osten reicht diese Grenze jetzt nicht weit über diejenigen des Deutschen Reiches hinaus, indem nur die südwestlichsten polnischen Bezirke (Kalisch, Petrokow etc.) nach Stettin gravitieren. Im übrigen Ruſsland und Polen aber, sowie in Galizien, Ungarn, Rumänien, Böhmen, Mähren, Österreich sind andere Seeplätze von weit gröfserer Bedeutung als Stettin, das nur den bei weitem kleineren Teil des dortigen Handels an sich zu ziehen vermocht hat.

---

gibt, auch schon die **Ausfuhr nach Böhmen** enthalten, während Böhmen, wie wir sahen, in der **Einfuhr**, wie sie im Text des Berichts angegeben ist, fehlt. Es sind also die Zahlen S. 22 des Berichts zu einem Vergleich untauglich und müssen so geändert werden, wie es oben in unserm Text geschehen ist.

[1]) „Im Bahnverkehr mit Österreich-Ungarn und darüber hinaus" (1884 S. 22), also inkl. Rumänien, Galizien und Böhmen, wie auch die Tabellen XIII, XIV, XV, XVI ergeben. (Es wird bemerkt, daſs seit Ende Juli 1884 die Güterexpedition der Berlin-Stettiner Bahn mit derjenigen der verstaatlichten Breslau-Schweidnitz-Freiburger vereinigt ist und daher der Güterverkehr der letzteren nur bis inkl. Juli separat nachgewiesen ist.) Die Einfuhr von den österreichischen Bahnen ist jedoch hier (S. 22) mit 15 489 Tonnen zu niedrig angegeben. Es sind wahrscheinlich die beiden Spezialtarife der Tabelle XVI, der ungarisch-deutsche Holz-Tarif und der böhmische Braunkohlen-Tarif übersehen, mit deren Einschluſs die Einfuhr 16 125 Tonnen beträgt; so hoch ist sie denn auch 1885 S. 19 angegeben.

[2]) „Österreich-Ungarn und darüber hinaus", 1885 S. 19. Die dort angegebene Höhe der Einfuhr von 19 579 Tonnen stimmt mit der aus Tabelle XI (S. 56 der Statistik) sich ergebenden überein. Für die Ausfuhr ergibt sich aus Tabelle XII, wenn man dort von sämtlichen Posten die Bruchteile einer Tonne fortstreicht, das Quantum von 16 689 Tonnen während S. 19 des Berichtes 16 687 Tonnen angegeben sind, was wohl auf einem Druckfehler beruht.

2. Charakteristik und Geschichte des Stettiner Handels.

Stettins Hinterland ist vornämlich industriell: Brandenburg, Provinz und Königreich Sachsen, Schlesien, Böhmen, Mähren, die nördlichen Teile Österreichs sind schon vor geraumer Zeit aus den Reihen der wesentlich Rohprodukte liefernden in die der Industrie treibenden Länder übergegangen.

Das hat natürlich seinen Einfluſs auf den Stettiner Handel gehabt. Wies dieser früher einen beträchtlichen Getreide-Export auf, so muſste es schlieſslich dahin kommen, daſs Stettin sich genötigt sah, für die immer wachsende Bevölkerung seiner industriellen Hinterländer Getreide zu importieren.[1]

	Getreide und Saaten	
	Einfuhr to.	Ausfuhr to.
1866	33 885	180 732
1867	32 563	214 205
1868	10 985	312 730
1869	16 671	256 894
1870	22 737	82 504
1871	48 490	110 168
1872	121 444	61 603
1873	213 730	62 721
1874	245 015	53 987
1875	110 217	67 118
1876	294 819	23 733
1877	214 453	89 706
1878	127 336	80 916
1879	405 276	87 294
1880	276 729	54 389
1881	165 468	39 449
1882	184 801	44 702
1883	311 074	34 220
1884	347 657	13 121
1885	250 806	32 486

Vorstehende Tabelle illustriert diesen Umschlag trefflich. Schon Anfang der fünfziger Jahre — unsere Tabelle läſst sich leider nur

---

[1] Wenn Beer, Geschichte des Welthandels 3. Abteilung III, 1 S. 196 schreibt: „Bis in die zweite Hälfte der fünfziger Jahre war Stettin ein Getreide importirender Platz; — dies Verhältnis änderte sich. Stettin ist seitdem ein

bis 1866 zurückführen — macht er sich fühlbar, wie aus den Bemerkungen der Berichte hervorgeht, tritt indes wieder in den Hintergrund, als während der sechziger Jahre die Bahntarife das Heranziehen grofser Getreidemassen aus Ungarn gestatteten. Dann aber kommt die Gründerperiode: die inländische Nachfrage nach Cerealien drängt mit aller Gewalt an den Markt, und diesem Anprall kann auch Stettin nicht widerstehen. Mit der Plötzlichkeit und Schärfe eines Verhängnisses vollzieht sich nun seine Verwandlung aus einem Export- in einen Import-Platz, der es seitdem geblieben ist.[1]) Ähnlich verhält es sich mit Holz, dem zweiten wichtigen Rohprodukt des osteuropäischen Flachlandes: auch Stettins früher bedeutende Holzausfuhr hat gegenüber dem Vertrieb nach dem Inlande mehr und mehr an Wichtigkeit verloren. Leider ist es nicht möglich, ganz allgemein die Verteilung der Ein- und Ausfuhr Stettins auf Rohprodukte, Industrieprodukte u. s. w. anzugeben.

Eine Tabelle, die sich eine Zeitlang in den Stettiner Jahresberichten findet, teilt die ganze Aus- und Einfuhr in 5 grofse Abteilungen: „Verzehrungsgegenstände, Rohstoffe (exkl. Holz), Halbfabrikate, Manufakturwaren, andere Industrie-Erzeugnisse". Aber

starker Exportplatz," so erklärt sich das nur durch eine auch sonst in dem Buche zu Tage tretende grofse Nachlässigkeit, die sich bei der Ausarbeitung eines im Jahre 1884 erschienenen Werkes mit statistischem Material aus den sechziger Jahren begnügt, während die erschöpfendsten und zuverlässigsten Angaben in den Handelskammerberichten bequem zur Hand waren. Sogar die Behauptung, dafs „bis zu den fünfziger Jahren" Stettin Getreide importiert habe, ist unrichtig. Bis dahin war Stettin ein Exportplatz gewesen, in den fünfziger Jahren aber stellte sich als Vorläufer des später dauernden Umschlages eine Periode ein, in welcher die Einfuhr an Getreide die Ausfuhr übertraf, worüber die Stettiner selbst sich sehr überrascht und erstaunt aussprechen; vergl. z. B. 1851 S. 15, wo „sogar" eine Einfuhr erwartet wird; 1852 S. 14, wonach Getreide „als ein regelmäfsiger Einfuhrartikel nicht zu betrachten" ist, obgleich für 400 000 Thaler davon eingegangen ist, ähnlich 1853 S. 20, 1854 S. 28: „der Import von Weizen, welcher sonst gleich Null ist, hat im vorigen Jahre 777 Wispel betragen", und gleich darauf die Bemerkung, dafs „wir aller Wahrscheinlichkeit nach für längere Zeit der Zufuhren vom Auslande nicht mehr werden entbehren können" und „dafs unser Getreidehandel weit mehr als sonst auf die Versendung des Getreides von der Küste nach dem Binnenlande angewiesen war, während wir bisher das umgekehrte Verhältnis als das normale zu betrachten pflegten."

Vergl. auch 1855 S. 16. — Ganz allgemein heifst es schon 1854 S. 27: „Während unser Seehandel bedeutend geringer geworden, ist unser Binnenhandel hauptsächlich durch den Eisenbahnverkehr gewachsen."

.[1]) 1876 S. 17 ist diese Umwandlung mit dürren Worten eingeräumt; die dort noch erwartete Rückverwandlung dürfte wohl nicht mehr eintreten.

diese grofsen Rubriken umfassen sehr disparate Artikel, die Rubrik „Verzehrungsgegenstände" z. B. ebenso Getreide wie Kolonialwaren, die auch in nicht zu ignorierenden Mengen ausgeführt werden. Ferner dürften sich unter derselben Rubrik — es ist das genau gar nicht festzustellen — auch Spiritus, Zucker, Mehl befinden, die volkswirtschaftlich in Stettin entschieden mehr als „Industrieprodukte" zu betrachten sind.

Kurz, diese Tabelle gibt ein so falsches Bild, dafs wir darauf verzichten, sie hier mitzuteilen, und nur auf das weiter unten über den Wert der Ein- und Ausfuhr gesagte zum Belege dafür verweisen, dafs Stettins Einfuhr wesentlich aus Rohprodukten, seine Ausfuhr wesentlich aus Industrie-Produkten besteht.

Da aber die deutsche Industrie soweit noch nicht entwickelt ist, um einen **bedeutenden** überseeischen Export ihrer Artikel zu ermöglichen, so ergibt sich daraus, dafs die Ausfuhr Stettins, die mehr als diejenige anderer Häfen von ihr unterhalten wird, im Verhältnis zur Einfuhr klein sein mufs, und das zeigt in der That die nachstehende Tabelle. Es betrug nämlich in Tonnen (à 1000 kg):

	Einfuhr	Ausfuhr	gibt ein Verhältnis
1885	937 236	529 452	1,8 : 1
1884	1 083 242	385 036	2,8 : 1
1883	917 478	384 472	2,4 : 1
1882	692 358	320 384	2,2 : 1
1881	683 608	338 733	2,0 : 1
1880	833 753	406 997	2,0 : 1
1879	793 928	427 589	1,9 : 1
1878	543 019	386 114	1,4 : 1
1877	611 803	317 372	1,9 : 1
1876	706 611	239 911	2,9 : 1
1875	532 179	254 210	2,1 : 1
1874	668 220	233 477	2,8 : 1
1873	735 598	225 103	3,3 : 1
1872	696 430	195 227	3,6 : 1
1871	619 371	205 328	3,0 : 1
1870	396 065	182 940	2,1 : 1
1869	466 539	402 479	1,1 : 1
1868	404 485	326 964	1,2 : 1
1867	325 548	256 593	1,3 : 1
1866	273 991	232 788	1,2 : 1
1865	388 272	156 303	2,5 : 1

	Einfuhr	Ausfuhr	gibt ein Verhältnis
1864	252 374	132 879	1,9 : 1
1863	373 415	248 438	1,5 : 1
1862	347 774	240 655	1,4 : 1
1861	346 096	241 710	1,4 : 1
1860	233 711	170 076	1,3 : 1
1859	249 616	91 831	2,7 : 1
1858	272 643	76 204	3,5 : 1
1857	362 616	216 743	1,6 : 1
1856	316 569	68 194	4,6 : 1
1855	233 813	44 973	5,2 : 1
1854	226 826	60 789	3,7 : 1
1853	211 797	—	—
1852	189 250	—	—
1851	202 119	—.	—
1850	207 533	—	—

Die Einfuhr[1]) hat hier sichtlich eine wachsende Tendenz, an der durch einzelne Rückschläge wie in den drei Kriegsjahren 1864, 1866, 1870 nichts geändert wird, da sie nicht durch äufsere Verhältnisse, sondern durch den Aufschwung hervorgerufen ist; den im Inlande selbst die Industrie nimmt, für welche Stettins Einfuhr die Rohmaterialien herbeischafft. Die Ausfuhr dagegen bleibt, da die deutsche Industrie erst daran arbeitet, sich den eignen, inländischen Markt zu erobern, ziemlich konstant, und so kommt es, dafs die Einfuhr bisweilen dreimal so stark ist als die Ausfuhr.

Charakteristisch ist die Entwickelung der Ausfuhr, für welche Zahlenangaben leider erst seit 1854 in den Berichten erscheinen. 1854, 1855, 1856 gravitiert sie ziemlich aussichtslos um die Summe von 50 000 Tonnen herum, entsprechend dem äufserlich stagnierenden Leben des damaligen Deutschland. Aber schon bereiten sich eine Anzahl von Ereignissen vor, die in dem öffentlichen Leben Europas die wichtigsten Umwälzungen hervorrufen sollten: Rufsland, unter

---

[1]) Einem Rückblick im Bericht von 1884 S. VIII zufolge betrug Stettins Einfuhr um 1835 ca. 76 000 Tonnen, 1838 - 1842 durchschnittlich 146 000 Tonnen, 1842—1847 infolge der Eisenbahnbauten und der Zollreform in England 248 000 Tonnen, 1848—1852 infolge der politischen Wirren wieder nur 199 000 Tonnen.

dessen allgewaltigem Schutz die heilige Allianz seit 1815, aller Entwickelung, allem gedeihlichen Fortschritt abhold, Europa unter dumpfem Druck gehalten hatte, Rufsland, das allein von den Stürmen von 1848, die diesen Druck zu vernichten strebten, völlig unberührt geblieben war, das in den darauf folgenden Jahren sogar diese Hegemonie völlig wiederhergestellt hatte, das, nachdem es die siegreichen Ungarn ihren ohnmächtigen österreichischen Herren geknebelt überliefert und Preufsen in Olmütz gedemütigt hatte, scheinbar unerschütterlich als Hort des alten Systems dastand, — Rufsland war durch den Krimkrieg definitiv von dieser Höhe herabgestürzt, der Kolofs war zerschmettert, den zentraleuropäischen Staaten war ihre Aktionsfreiheit wiedergegeben, und an Stelle Rufslands beherrschten die europäische Konstellation jetzt die beiden Westmächte, welche diesen Umschwung der Dinge herbeigeführt hatten, und die zugleich die Vertreter des fortgeschrittensten Liberalismus, ja der Revolution waren. Erst mit dem Krimkrieg, nicht etwa schon mit dem Jahre 1848 ist die Periode der heiligen Allianz zu Ende. Eine freiere Luft weht jetzt in Europa und kommt bald auch dem Handel zu gute, in Preufsen speziell sich einstellend mit der „neuen Ära" und der Regentschaft des Prinzen von Preufsen.

Überall fallen die alten Schranken. Am 1. April 1857 fährt das erste Schiff zollfrei durch den Sund. In Preufsen selbst wurden die längst verurteilten Durchfuhrzölle aufgehoben, die Elbzölle ermäfsigt; am 23. Januar 1860 wurde der französisch-englische Handelsvertrag abgeschlossen, der in ganz Europa das Signal zur mehr oder weniger entschiedenen Annahme des Freihandels-Systems gab; am 29. März 1862 schlofs auch der Zollverein einen wesentlich freihändlerischen Handelsvertrag mit Frankreich, und während so dem Unternehmungsgeist die nötige Bewegungsfreiheit und -lust gegeben wurde, flossen ihm infolge der unerwartet reichen Goldfunde in Kalifornien und Australien plötzlich auch die zu seinen Unternehmungen nötigen Kapitalien zu. Seit dieser Zeit, um den Beginn des siebenten Dezenniums unseres Jahrhunderts, datiert, in Deutschland wenigstens sicherlich, eine neue Phase in der Entwickelung des Volkswirtschaftlebens, seine eminent moderne Epoche, die, wesentlich durch zwei Krisen, eine unverschuldete und eine verschuldete, unterbrochen, noch jetzt nicht abgeschlossen ist. Stettin, derjenige unter den deutschen Ostseehäfen, dem in erster Linie das Prädikat eines Welthandelsplatzes zukommt, zeigt in unserer obigen Tabelle diese Entwickelung am deutlichsten.

Die Zunahme der Ausfuhr um mehr als das doppelte im Jahre 1857, eine unmittelbare Folge der Freigabe des Sundes, ist wahrhaft imponierend. Dies Gedeihen aber wird sofort durch die schwere Handelskrisis des Jahres 1857 — man kann nicht sagen: unterbrochen, sondern schon im Keime fast mit dem Untergang bedroht, und die beiden folgenden Jahre zeigen daher in der Ausfuhr wieder Zahlen, die sich kaum über das Niveau der Jahre vor 1857 erheben. Dann aber ist die Krisis überwunden, und im Jahre 1860 erhebt sich die Ausfuhr wieder auf über 100 000 Tonnen, eine Grenze, unter die sie nie wieder gesunken ist, wie sie sie früher nie erreicht hat. Stettins Handel wird Welthandel und wächst in den drei folgenden Jahren noch weit über den Umfang des ersten hoffnungsvollen Jahres 1857 hinaus. Es ist die „Zeit der gröfsten Prosperität des Stettiner Eigenhandels und der Reederei", wie der Bericht von 1884 (S. 8) in schmerzlicher Rückerinnerung bemerkt, die Zeit, in der die Ausfuhr die Einfuhr bedeutend überflügelt,[1]) während sie vorher wie

---

[1]) Dies kommt in unserer Tabelle deshalb nicht zum Ausdruck, weil wir bei der Angabe des Gewichts der Ein- und Ausfuhr den Artikel „Holz" haben unberücksichtigt lassen müssen, da derselbe nicht gewogen und daher auch von den Berichten in ihren Angaben ausgeschlossen wird. In der Zeit von 1860 bis 1869 noch von Bedeutung, geht der überseeische Holzhandel später in Stettin sehr zurück, so dafs durch das Fehlen dieses Artikels in unsere Angaben nach 1869 wesentliche Fehler nicht hineingekommen sein dürften. Seit dem neuen Zolltarif wird auch Holz (nachdem es nach Festmetern vermessen ist und diese à 600 kg in Gewichtsangaben umgerechnet sind) in die Zahlen für Einfuhr und Ausfuhr, die gleich der Anfang des Berichts bringt, aufgenommen und betragen diese dann:

	1885	1884	1883	1882	1881	1880	1879	1878 *)
Einfuhr . . .	1 006 257	1 123 772	953 303	723 798	716 719	862 740	804 850	550 900
Ausfuhr . .	548 840	453 533	462 922	401 513	399 650	476 134	477 650	444 750
gibt ein Verhältnis . .	1,9 : 1	2,5 : 1	2,0 : 1	1,8 : 1	1,8 : 1	1,8 : 1	1,7 : 1	1,2 : 1

Aber auch diesen Zahlen entsprechen noch nicht ganz die wirklichen Verhältnissen: sie geben nur die Aus- und Einfuhr Stettins, ohne die nicht un-

---

*) Dem Bericht pro 1879 entnommen, der die früheren Angaben nach nicht mehr zu ermittelndem Mafsstab in Festmeter umgerechnet hat.

nachher immer in hohem Mafse hinter ihr zurückgeblieben ist. Diese glückliche Zeit dauert allerdings vorerst nur wenige Jahre. 1864 brachte der dänische Krieg eine fast viermonatliche Blockade für Stettin, verbunden mit allen volkswirtschaftlichen Folgen eines Krieges: Geldknappheit, Erhöhung des Diskonts, Einschränkung des

---

bedeutende Swinemündes zu berücksichtigen, die eigentlich nur ein Zweig der Stettiner ist. Diese eingeschlossen, was sich leider auch erst seit 1878 thun läfst, — stellen sich die Zahlen folgendermafsen:

	1885	1884	1883	1882	1881	1880	1879	1878
Einfuhr ..	1 295 724	1 463 569	1 261 031	973 675	948 323	1 162 603	1 042 600	740 450
Ausfuhr ..	573 125	479 839	489 150	416 415	414 272	500 147	496 550	460 000
gibt ein Verhältnis ..	2,3 : 1	3,0 : 1	2,6 : 1	2,3 : 1	2,3 : 1	2,3 : 1	2,1 : 1	1,6 : 1

Dafs das Mifsverhältnis zwischen Einfuhr und Ausfuhr hier noch gröfser wird, als wenn man nur den Stettiner Handel allein betrachtet, erklärt sich leicht: ein Teil der beladen ankommenden Schiffe, namentlich die Dampfer, und gerade die gröfsten am ehesten, werden es vorziehen, um die Fahrt durch das bisweilen flache Haff zu vermeiden, schon in Swinemünde ihre Ladung zu löschen, die dann in den Stettiner Tabellen als „bahnwärts eingeführt" figuriert. Namentlich wird dies aber der Fall sein bei den einen starken Teil der Einfuhr ausmachenden Speditionsartikeln, für die es ganz gleichgültig ist, ob sie schon in Swinemünde oder erst in Stettin zur Bahn gegeben werden, da von beiden Stationen aus die Fracht nach dem Binnenlande in den meisten Verbandverkehren gleich ist, sie also die Strecke Swinemünde-Stettin umsonst fahren.

Anders bei der Ausfuhr. Diese besteht nur zum kleineren Teil aus Speditionsgut, wird mithin nicht tiefer im Binnenlande unter Benutzung eines Verbandverkehrs zur Bahn gegeben, sondern erst in Stettin, durchfährt also die Strecke Stettin-Swinemünde nicht umsonst, sondern mufs dafür eine Fracht zahlen, die natürlich höher ist, als das Plus der Seefracht von Stettin aus gegenüber der von Swinemünde aus. Es ist daher bei der Ausfuhr kein Vorteil dabei, die Güter etwa bis Swinemünde per Bahn zu schicken und erst dort auf das Schiff zu verladen. Dies geschieht in ausgedehnterem Mafse nur im Winter, wenn das Haff zugefroren ist, sonst aber kommen namentlich bei den gedrückten Frachten der letzten Jahre die Schiffe gern auch bis Stettin herauf, um sich die Ladung von dort abzuholen, und selbst die grofsen Dampfer thun dies, nachdem sie einen Teil ihrer Ladung in Swinemünde gelöscht haben. Denn nun, da sie halb leer sind und leicht auf dem Wasser liegen, können sie auch die Fahrt durch das seichtere Haff wagen.

Es wird also ein grofser Teil der Einfuhr, aber nur ein kleiner der Ausfuhr Stettins in Swinemünde anstatt in Stettin selbst zur Anschreibung kommen.

Konsums. Daher der starke Rückgang der Einfuhr und Ausfuhr.¹) 1865 waren diese Schwierigkeiten noch nicht überwunden, als der Krieg von 1866 neue brachte: Österreich, Stettins Hauptabsatzgebiet, wurde ihm teils durch den Krieg selbst versperrt, teils durch die in seinem Gefolge sich einstellenden Verkehrs- und wirtschaftlichen Störungen, unter ihnen eine „fast beispiellose Geldkrisis", die auch in Norddeutschland und Stettin selbst herrschte. Das alles kommt in unserer Tabelle zur Erscheinung in dem zum Teil quälenden Fortschritt, der nur schwachen Besserung der Ausfuhr von 1864 auf 1865, in dem abermaligen Rückgang der Einfuhr von 1865 auf 1866. Aber auch 1867 will sich das fröhliche Gedeihen von vor 1864 noch nicht wieder einstellen. Die Nachwehen des Krieges und der Geldkrisis dauern fort und werden noch verschlimmert durch eine teilweise Mißernte und das tief wurzelnde Mißtrauen in die Dauer des europäischen Friedens, das damals des unruhigen Napoleon fortwährende Ränke hervorriefen.

Der Fortschritt in Ausfuhr und Einfuhr von 1866 auf 1867 ist nur relativ bedeutend, und die Einfuhr wenigstens vermag die Höhe von 1863 noch immer nicht zu erreichen.

Auch 1868 lastet noch die Unsicherheit der politischen Lage lähmend auf allen Verhältnissen, wie die Berichte klagen, obgleich nicht mehr ganz so schwer wie früher.

1869 endlich — Ironie des Schicksals — „gaben die politischen Verhältnisse keinen Anlaß zu einer begründeten Besorgnis, so daß das Vertrauen in die Dauer des Friedens nach und nach festere Wurzel fassen konnte". Die von 1864 an währende Krisis ist überwunden. Der Krieg von 1870/71 fügte bei seinem glücklichen Verlauf dem Handel größeren Nachteil nicht zu. Die in unserer Tabelle konstatierte Abnahme ist nur bei der Ausfuhr groß und dauernd, bei der Einfuhr relativ klein und ganz vorübergehend, da schon das Jahr 1871 in seiner Einfuhr sich weit über seine Vor-

---

¹) Wohl das schlimmste aber war der Verlust aller überseeischen Verbindungen und die Stärkung, die Hamburg zu teil wurde, „das wieder einmal seine große Konkurrenzfähigkeit unbehindert hat gegen Stettin geltend machen können," da es nicht blockiert war. Die zahlreichen regelmäßigen Dampferlinien, in denen sich Stettin im Laufe langer Jahre durch seine Rührigkeit einen wahren Schatz erworben hatte, waren während der Blockade fast alle nach Hamburg übergegangen und wollten nun nicht wieder zurückkehren: die Frucht langjähriger Arbeit und Ausdauer war verloren. Vergl. 1864 S. 10. Was auf diese Weise nicht Hamburg raubte, das nahm Lübeck (1864 S. 30).

gänger erhebt. Aber auch seine Ausfuhr ist gröfser als die von 1870. Die Milliarden-Epoche beginnt. 1872 ist die Einfuhr wieder bedeutend gestiegen, die Ausfuhr nur wenig gefallen; 1873 beides bedeutend gestiegen: der Krach dehnt sich von Wien her nur langsam weiter aus und hat Stettin noch nicht voll und ganz erreicht. 1874 wird er fühlbar: die Einfuhr fällt bedeutend und im nächsten Jahre noch bedeutender, ein Zeichen, dafs die fetten Jahre vorüber sind und der Konsum eingeschränkt wird.

Anders, und das ist bemerkenswert, verhält sich die Ausfuhr: sie steigt, unbekümmert um den Krach, im allgemeinen ruhig weiter, wenn auch nur sehr langsam, entsprechend dem mühsamen und kümmerlichen Gesundungsprozefs der deutschen Industrie nach dem Krach. Dafs sie doch noch steigt, ist sehr erklärlich: das Kapital war einmal in grofsem Umfange in industriellen Unternehmungen festgelegt, es mufste weiter arbeiten, wollte es sich nicht verloren geben. Wollte man nicht die Hochöfen kalt stehen lassen, die Bergwerke zuschütten, die Fabriken zum Abbruch verkaufen, so mufste man weiter produzieren, selbst mit noch so geringem Nutzen, einstweilen selbst mit Schaden.

Die inzwischen eintretende Periode einer kleinen Besserung von 1878 bis 1880 markiert sich auch in unserer Tabelle scharf durch bedeutend wachsende Ausfuhren. Diejenige von 1885 überschreitet endlich unter dem Einflufs einer guten Ernte und lebhafter Zucker- und Spiritusproduktion, sowie gefördert durch die immer verzüglicher sich gestaltenden Stromverhältnisse der Oder, sogar die Grenze der ersten halben Million Tonnen (inkl. Swinemünde und des Holzexports ist das allerdings schon 1880 der Fall).

Die Einfuhr sinkt unterdes immer weiter bis 1878, hebt sich unter dem Einflufs der Besserung 1879 und 1880, und sinkt dann 1881 wieder zurück, um von da an langsam zu steigen und schliefslich eine Million Tonnen zu erreichen. Immer aber überwiegt die Einfuhr die Ausfuhr um ein bedeutendes.

Stettins Handel ist also wesentlich Passiv-Handel, da es für bares Geld kauft und importiert, ohne die entsprechende Menge eigner Produkte dafür auszuführen.

Aus dem bisher Gesagten ergibt sich aber auch, dafs die Exportartikel Stettins, Industrieerzeugnisse, wertvoller sein müssen als seine Importen, Rohprodukte. In der That stellt sich das Verhältnis so.

(Vergl. Tabelle I der Anlage.¹))

Es soll freilich hier gleich im voraus bemerkt werden, dafs der Wert der Tabelle wie aller statistischen Angaben über den Wert der Güter nur ebenso relativ ist, wie dieser selbst. Denn einmal gibt es von fast jeder Ware mehr oder weniger verschiedene Qualitäten, die bisweilen sehr im Preise differieren: man denke an Getreide, Kaffee, Heringe u. a. Dennoch ist bei der Wertberechnung für jeden dieser Artikel ein Durchschnittswert angenommen. Alle diese Einzelwerte zusammen ergeben den Gesamtwert der Ein- und Ausfuhr, und aus diesem haben wir den Durchschnittswert pro Tonne berechnet: es leuchtet ein, dafs auch da noch sehr grofse Täuschungen vorkommen können, indem zwei Jahre, die scheinbar denselben Durchschnittswert der Ein- oder Ausfuhr aufweisen, doch in Wirklichkeit sehr verschiedenen Charakters bezüglich derselben sein können. Es mufs deshalb gerade mit diesen Zahlen überaus vorsichtig operiert werden, und wollen wir nur da Schlüsse aus ihnen ziehen, wo in der konstanten Wiederkehr gewisser Verhältnisse eine Bürgschaft dafür liegt, dafs dieselben auf Thatsachen des wirklichen Lebens, nicht auf Irrtümern in den rechnerischen Grundsätzen der Statistik beruhen.

Eine solche konstante Erscheinung ist der Mehrwert der Ausfuhr gegenüber der Einfuhr. In den beiden ersten Jahren unserer Tabelle ist das Verhältnis freilich anders, und um so mehr zu be-

---

¹) Leider läfst sich die Tabelle nicht weiter als bis 1868 zurückführen. Wie der Bericht für 1868 (NB. hinter Tabelle IX und X) bemerkt, sind bei der Wertberechnung für 1864—1867 einige Irrtümer vorgekommen, u. a. gerade bei den wichtigen Artikeln „baumwollene Waren", „Garn", so dafs die Wertangaben dieser Jahre für uns unbrauchbar waren. Vor 1864 aber bringen die Berichte nicht die spezialisierten Berechnungen über den Wert der Ein- und Ausfuhr, sondern nur ihr Resultat: eine Gesamtsumme, je für die Einfuhr und Ausfuhr inklusive Holz und daneben die Angabe des Gewichts der ganzen Ein- und Ausfuhr exklusive Holz, so dafs eine Durchschnittsberechnung nicht möglich ist. Bei den Jahren nach 1868 haben wir von dem Wert der Ein- und Ausfuhr jedesmal den des Holzes, der sich aus der spezialisierten Wertberechnung des Berichtes ergab, abgezogen.

Anderseits ist die, wie oben nachgewiesen, wenig zuverlässige Berechnung des Wertes seit 1885 in den Berichten wieder so aufgestellt, dafs nicht klar ersichtlich ist, ob Holz eingeschlossen ist oder nicht, und reicht unsere Tabelle daher nur bis 1884.

dauern, dafs wir dieselben nicht weiter zurückführen können. Hier übertrifft noch der Durchschnittswert der Einfuhr den der Ausfuhr. Es ist das in anderem Gewande dieselbe Erscheinung, die uns schon oben S. 23 entgegentrat: noch befinden sich viele wertvolle Industrieprodukte in der Einfuhr, viel minder wertvolle Rohprodukte in der Ausfuhr.

Der Charakter Stettins, wie wir ihn oben darstellten, ist bei dem erst **begonnenen** Aufschwung der Industrie noch nicht zur vollendeten Thatsache geworden. Das Jahr 1871 bringt auch hier den radikalen Umschwung: zwar der Wert der Einfuhr steigt gleichfalls, aber der der Ausfuhr steigt noch weit über ihn hinaus und bleibt von da an konstant über ihm. Bemerkenswert ist auch das ebenso konstante Sinken des Durchschnittswertes der Einfuhr von 1871—1878: es bezeichnet die immer weitergehende Entwertung der Rohstoffe infolge der scharfen Konkurrenz der transozeanischen Produktionsländer. Die leichte Besserung in den Jahren 1878—1882, die wir überall vorfinden werden, läfst sich zum Teil zurückführen auf den kolossalen Eisenbedarf Nordamerikas in 1879 und den folgenden Jahren sowie die Verteuerung einzelner Artikel durch den neuen Zoll. Sie verschwindet bald wieder, nachdem die Nachfrage Amerikas befriedigt ist, und die inländischen Preise sich dem Zoll akkomodiert haben. Der Wert der Einfuhr sinkt in den letzten Jahren unerhört, der der Ausfuhr schwankt zu sehr, als dafs man aus seiner Höhe sichere Schlüsse ziehen könnte. Bemerkenswert ist nur, dafs seine gröfste Höhe ins Jahr 1871 fällt, das Jahr der dringendsten Nachfrage zur Ergänzung des unbrauchbar gewordenen Kriegsmaterials, infolgedessen auch der höchsten Preise für Industrieprodukte, und dadurch wieder das Anfangsjahr der Gründerzeit, das Jahr des infolge des Milliardensegens billigen Geldes und des dadurch gesteigerten Konsums: denn auch der Durchschnittswert der Einfuhr erreicht im Jahre 1871 seine gröfste dagewesene Höhe.

Das Verhältnis oder vielmehr Mifsverhältnis zwischen der Gröfse der Einfuhr und derjenigen der Ausfuhr mufs sich natürlich sehr scharf im Schiffsverkehr des Stettiner Hafens ausprägen. Die Schiffe, die die starke Einfuhr heranbringen, finden in der geringen Ausfuhr keine genügende Rückfracht, und es wird die Zahl der leeren — resp. beballasteten — Schiffe beim Ausgang bedeutend gröfser sein, als beim Eingang.

(Vergl. Tabelle II der Anlage.[1]))

---

[1]) Die Tabellen enthalten allerdings eigentlich nicht den Schiffsverkehr

Sie gewährt einen Einblick in die Stettiner Handelsverhältnisse, der stellenweise tiefer ist, als selbst der von den Ein- und Ausfuhrtabellen dargebotene. Schon oben ist erwähnt, daſs dem Text der Berichte zufolge in den sechziger Jahren der Stettiner Handel, ganz entgegengesetzt seinem früheren und späteren Charakter, sich so gestaltet habe, daſs die Ausfuhr[1]) die Einfuhr nicht nur erreicht, sondern stellenweise sogar überholt habe. Es war das in den früher mitgeteilten Tabellen wegen der dort näher erörterten Schwierigkeiten nicht nachzuweisen. In der Tabelle II aber zeigt es sich schon deutlicher.

Die Prozentsätze der leeren Schiffe nähern sich bei der Einfuhr und Ausfuhr einander viel mehr als jemals sonst, ja in den Jahren 1868 und 1869 ist der Prozentsatz der leeren bei der Einfuhr gröſser als bei der Ausfuhr; 1868 auch ihre absolute Anzahl. Wenn man allerdings die Gröſse der Schiffe in Betracht zieht, so ist der Prozentsatz des leeren Schiffsraums bei der Ausfuhr immer, auch in den sechziger Jahren gröſser als bei der Einfuhr, aber er nähert sich diesem hier gleichfalls bedeutender als jemals sonst. Dann jedoch wechselt das Bild schnell, und in den ersten siebziger Jahren geht die Hälfte und mehr als die Hälfte des ganzen Schiffsraumes leer aus, ja 1872 auch fast die Hälfte aller Schiffe. Bei der Einfuhr dagegen bleibt das Verhältnis im ganzen immer dasselbe.

Auf den Handel wirken diese Umstände natürlich nachteilig. Denn da die Schiffe immer mit der Wahrscheinlichkeit rechnen müssen, von Stettin leer wieder in See zu stechen, so müssen sie bestrebt sein, bei der Fahrt dorthin so viel zu verdienen, um diesen Ausfall zu decken, was sie um so eher können, als bei der starken

---

Stettins, sondern denjenigen Swinemündes, der etwas gröſser ist — aber nicht viel — als der Stettiner, da der eigne Hafenverkehr Swinemündes sowie der nach Anklam, Ückermünde, Wollin durchgehende mit eingeschlossen ist, was aber nicht sehr schwer ins Gewicht fällt. Über den Stettiner Schiffsverkehr sind die Tabellen nicht ausfürlich genug und erlauben daher keine Zusammenstellung wie die obige. Über andere Ungenauigkeiten, die bei ihnen auſserdem noch unvermeidlich sind, vergl. unten die Auseinandersetzung bei dem Schiffseingang Königsbergs und Pillaus, wo die Verhältnisse ganz ebenso liegen.

[1]) Vergl. aber die schweren Klagen über mangelnde Ausfrachten 1865 S. 81, denen gegenüber die Beschwerde der Stettiner Industriellen (S. 28) über die enorme Höhe eben dieser Ausfrachten (15—35 sh. gegen 10—11 in Hamburg) freilich auffallend und nur dadurch erklärlich erscheint, daſs die betreffende Gesellschaft für die Touren nach England, die alle in ihrer Hand vereinigt waren, das Monopol hatte.

Einfuhr des Platzes die Nachfrage nach Laderäumen zur Fahrt auf Stettin in allen Häfen relativ grofs sein wird. Auf diese Weise mufs der dortige Handel seine Importen teurer bezahlen als andere Häfen, von denen Ausfracht leichter zu erhalten ist.

Dafs die Einfrachten, d. h. die Frachten nach Stettin, teurer sind als die Ausfrachten, d. h. die von Stettin läfst sich zahlenmäfsig schwer nachweisen, denn kein Markt ist so sehr Weltmarkt, so zahllosen und so verschiedenen Einflüssen unterworfen, als gerade der Frachtmarkt, und die Wirkung eines Faktors rein auszuscheiden, ist deshalb unmöglich. Dazu kommt die Verschiedenheit der Güter: Gipssteine zahlen natürlich weniger Fracht als teure Weine, und die Verschiedenheit der Reisen: für eine Reise nach Valparaiso mufs mehr gezahlt werden als für eine solche nach Kopenhagen. Wir dürfen also zwei Frachten von und nach Stettin nur dann vergleichen, wenn sie zu derselben Zeit, d. h. mutmafslich also auch unter denselben allgemeinen Konjunkturen des Weltfrachtmarkts geschlossen sind, wenn sie für die gleichen Reisen und annähernd für gleichartige Waren — in Bezug auf Verfrachtung — bezahlt sind. Solche aber aufzufinden, war hier sehr schwierig, da die Stettiner Berichte früher ganz, später doch fast ausschliefslich nur die Ausfrachten von Stettin notieren. Die folgende Tabelle enthält sämtliche Frachtnotierungen, bei denen die oben von uns gestellten Bedingungen zutreffen. Nur einige Male haben wir uns erlaubt, Kronstadt und Petersburg einander zu substituieren, obgleich auch diese Häfen vermöge der Verschiedenheit ihrer Hafenunkosten und sonstigen Platzspesen sich — früher wenigstens — nicht gleich standen. Sehr bedenklich erscheint schon der Vergleich der Frachten bei den nordspanischen Häfen wegen der Verschiedenartigkeit der Güter: Sprit in seinen riesigen Fässern ist Sperrgut, das die Tragfähigkeit des Schiffes nur zum Teil, Erz umgekehrt Schwergut, das sie bis zum letzten Kilo auszunutzen gestattet.

Diese Angaben sind deshalb auch nur der Vollständigkeit halber aufgenommen. Grundsätzlich ausgeschlossen sind nur die Einfrachten für Steinkohlen, da dieselben einerseits nicht viel besser als Ballastfrachten sind und nur faute de mieux angenommen werden, anderseits zu eng mit den Fluktuationen des Getreidehandels und der Getreidefrachten speziell zusammenhängen, um auf einen andern als diesen Faktor einen sicheren Schlufs zuzulassen.[1])

---

[1]) Die Frachten für Gipssteine sind aus russischer Währung zum Kurse

	Die Ausfracht von Stettin			Die Einfracht nach Stettin				per
	nach	betrug Mk.	pro 1000 kg		von	betrug Mk.	pro 1000 kg	
Herbst 1873	Pernau	6,66—13,32	Petroleum	Pernau	22—25	Leinsaat		Segler
Herbst 1876	Petersburg	8—14	Gerste	Kronstadt	15—20	Roggen		Dampfer
Sommer 1878	Kronstadt	8,40	Gipssteine	„	5	„		„
Herbst 1878	Petersburg	8—12	Gerste	„	6—9	„		„
Sommer 1879	„	6—7	Zink	„	6—11	„		„
Herbst 1879	Libau	2,50—3,75	Ziegel	Libau	5—5,50	Getreide		Segler
Sommer 1880	Kronstadt	3,36	Gipssteine	Kronstadt	6—10,50	Roggen		Dampfer
„	Libau	2,50—3,75	Ziegel	Libau	3,50—7,50	„		„
Herbst 1880	„	2,25—2,50	„	„	5—9	„		Segler
Frühjahr 1881	„	2,50	„	„	6—7,50	Hafer		Dampfer
Sommer 1881	Petersburg	6	Gerste	Kronstadt	5—4	Roggen		„
„ „	Kronstadt	3,78—4,62	Gipssteine	Libau	2—7	Hafer		„
„ „	Libau	1,75—2,50	Ziegel					
Frühjahr 1884	Riga	3	Saat	Riga	5,50—7	Roggen		„
Herbst 1884	Nordspan. Häfen	25,50	Sprit	Nordspan. Häfen	11,22—12,24	Erz		„
„ „	London	6,75	Weizen	London	6,48—6,72	Guano		„

Die Tabelle zeigt in dem geringen Mafse, wie sie es aus den dargestellten Gründen kann, die Richtigkeit der durch einzelne Ausnahmen natürlich nicht entkräfteten Regel, dafs Stettin teure Einfrachten hat.

Deshalb bemüht sich der Stettiner Handel namentlich auch, neue Ausfuhrartikel zu erhalten. 1858 hoffte man, einen solchen in den Produkten des Stafsfurter Bergbaues gefunden zu haben,[1]) die in namhaften Quantitäten allerdings erst viel später über Stettin gehen.

Dies Mifsverhältnis der Ausfuhr zur Einfuhr mit seinen Folgen für die Frachten ist es ferner, das den Verlust des Handels mit dem schlesischen Zink, einem der wenigen Massenartikel der Ausfuhr so sehr empfindlich für Stettin macht. Aus demselben Grunde scheinen die Berichte, so feindlich sie früher gegen den Rübenzucker auftraten, 1866, fast versöhnt, auf einen neuen Massenexportartikel mit Vergnügen zu spekulieren,[2]) und genau dasselbe tritt selbst bei den schlesischen Kohlen ein, gegen deren Vordringen fast am energischten Stettin zu Gunsten der englischen protestiert

---

von 210, diejenigen für London und nordspanische Häfen aus englischer zum Kurse von 20,40 umgerechnet.

[1]) 1858 S. 5.
[2]) 1866 S. 39 f.

hatte. Der Bericht von 1868 [1]) spricht die Hoffnung aus, „in ihnen unter gewissen Bedingungen einen wertvollen Exportartikel zu erhalten".

Dafs freilich alle diese Hoffnungen nicht, oder doch nicht in ausreichendem Mafse in Erfüllung gegangen sind, zeigt das unverändert fortbestehende Mifsverhältnis zwischen Ein- und Ausfuhr.

Wir sahen, dafs Stettin der Ostseehafen des Herzens von Deutschland ist, fast der reichsten, konsumtionsfähigsten und gewerbsfleisigsten Provinzen Preufsens. Da infolgedessen seine Güter wertvoller sind und deshalb eher eine höhere Fracht tragen können, aufserdem in kleinen Quantitäten, als Stückgüter, zur Versendung kommen, die im allgemeinen eine schnellere Beförderung verlangen, so hat gerade Stettin, als die Dampfschiffahrt sich Bahn zu brechen anfing, mehr und früher dieses schnellere Transportmittel benutzt, als es in anderen Häfen geschah. Derjenige Ostseehafen, der sich mit Vorliebe und nicht mit Unrecht Preufsens Welthandelsplatz, das „Triest des Nordens" nennt, mufste natürlich auch an der Dampfschiffahrt einen ganz besonderen Anteil nehmen. Vergl. die Tabelle [2]) III der Anlage.

---

[1]) S. 61 f.

[2]) Vor dem Jahre 1862 sind sichere Daten aus den Stettiner Berichten nicht zu entnehmen. Zwar sind schon von 1850 an zahlenmäfsige Angaben über den Ein- und Ausgang gemacht, aber während bei allen anderen Schiffen ihre Anzahl und ihr Raumgehalt angegeben ist, findet sich bei „Dampfschiffen" nur die Anzahl, in der Rubrik für den Raumgehalt ein Gedankenstrich. Trotzdem sind dann beide Rubriken addiert und im Verhältnis zu einander gesetzt, was offenbar ein falsches Resultat gibt. So heifst es 1850 S. 5 „Summa 1920 Schiffe mit 143 825 Lasten", während es heifsen müfste: 1878 Schiffe mit 143 825 Lasten plus 42 Dampfschiffe mit unbekanntem Raumgehalt. Dieser Fehler findet sich in allen Berichten bis zum Jahre 1857, deren Angaben daher für uns unbenutzbar waren. Woher er übrigens entstanden ist, zeigen die Berichte seit 1856. In diesem Jahre und den folgenden findet sich an der Stelle, wo sonst einfach „Dampfschiffe" stand, der Ausdruck „Postdampfschiffe" und erklärt sich so auch die mangelnde Angabe des Raumgehalts: diese Staatsschiffe, die kein Frachtgeschäft betreiben, interessieren den Handel nicht, kommen bei der Schiffsfrequenz überhaupt nicht in Betracht und dürfen daher auch in die Angaben über die im Hafen vorhanden gewesenen Schiffsgefäfse gar nicht aufgenommen werden. So sind sie auch in den Angaben unserer Tabelle über die Anzahl der eingekommenen Schiffe nicht enthalten. Die Angaben der Berichte von 1862 sind aber, auch nach Abzug der Postdampfer, von 1857 für uns nicht benutzbar, da sie nur die Kategorie „Seeschiffe" kennen, ohne innerhalb derselben Dampfer und Segler zu unterscheiden. Nur vorübergehend sind 1857 231 Dampfer mit 43 676 Last (alles ausdrücklich ausschliefslich der Postdampfer) d. h. 21 %

Um den Anteil der Dampfer am Stettiner Schiffsverkehr richtig zu würdigen, vergleiche man die danebengesetzten Zahlen für die entsprechenden Zweige des Danziger Verkehrs. Dabei fällt es erst recht in die Augen, wie sehr Stettin in der modernen Entwickelung der Verkehrsformen den Schwesterstädten voraufgeeilt ist. Stettin ist, was die Beteiligung der Dampfer an seinem Schiffsverkehr betrifft, schon 1862 auf einem Standpunkt, den Danzig erst 1875 annähernd erreicht.

Mit diesem grofsartigen, modern entwickelten Charakter des Stettiner Handels hängt auch die Blüte einer besonderen Form zusammen, in der er in Stettin auftritt, der Spedition. Denn diese als Gegensatz des Eigenhandels ist nicht ein eigner Zweig des Handels, sondern eine besondere Form[1]) desselben.

Überall, wo die Komsumtion oder die Produktion der Güter oder beide stark dezentralisiert sind, da blüht der Eigenhandel: der einzelne Konsument würde, auf sich allein angewiesen, den einzelnen Produzenten gar nicht finden, und wenn sie sich auch fänden, würden sie doch den Marktpreis des zu handelnden Gutes nicht wissen und beide Gefahr laufen, sich durch falsche Schätzung der Ware empfindlich zu schädigen. Erst durch das Dazwischentreten des Kaufmanns, der daher mit Recht hier die Bezeichnung des „Zwischenhändlers" führt, wird der Austausch für beide Teile gedeihlich. Der Kaufmann sucht einerseits den Produzenten, anderseits den Konsumenten der Ware auszumitteln, er lauscht aufmerksam auf jede Regung des Weltmarkts, kauft dann dem Produzenten die Ware für den höchsten Preis ab, den dieser zur Zeit dafür erzielen kann, und verkauft sie an den Konsumenten für den niedrigsten Preis, für den dieser die Ware zur Zeit erhalten kann. So dient er beiden, und seine Thätigkeit ist nicht wirtschaftlich unnütz, sondern wahrhaft produktiv. Es ist natürlich, dafs die Kaufleute

---

des gesamten eingekommenen Schiffsraumes, 1858 ferner 256 Dampfer notiert. Seit 1864 ist nicht einmal die Anzahl der Postdampfer angegeben. Dafs aus diesem Umstande nicht zu schliefsen ist, sie seien nun wieder in die Angaben über den Gesamtverkehr aufgenommen, scheint aus der ganzen Entwickelung dieses Postens in den Tabellen hervorzugehen: erst aufgenommen, dann separat geführt, aber in immer kürzeren flüchtigen Notizen, schliefslich ganz übergangen.

[1]) 1875 S. 41 findet sich die Bemerkung, dafs das Speditionsgeschäft „in sich einen Teil der Verkehrsbewegungen aller Handelsbranchen konzentriert" d. h. eben, es ist nur eine besondere Form des Handels, die jede Branche desselben annehmen kann.

der Seestädte in dieser Beziehung einen gewissen Vorzug vor denen der Binnenplätze haben. Das völkerverbindende Meer setzt sie in die Lage, über die Verhältnisse aller Länder am besten unterrichtet zu sein, Produktion und Konsumtion, die politischen und die wirtschaftlichen Zustände am besten zu übersehen, den Stand des Weltmarkts zu kennen.

Hamburg verdankt seine Suprematie nicht zum geringsten Teil seiner glücklichen Lage zu England, dem Lande, das jahrzehntelang die komplementäre Ergänzung wie aller andern Länder, so namentlich auch Deutschlands war, in dem es seine Industrieerzeugnisse gegen Rohprodukte mit Vorteil umsetzte, und diese Lage wieder ist nächst dem Vorteil, den sie beim Transport der Waren gewährt, gerade deshalb so wertvoll gewesen, weil vermöge derselben zu Zeiten unentwickelterer Kommunikationsmittel Hamburg über die Londoner Kurse, über den Stand des Weltmarkts, einen vollen Tag früher unterrichtet war, als die Binnenplätze.

Diesen Vorzug mußten die Häfen natürlich verlieren, sowie mit Einführung der Eisenbahnen und Telegraphen ihre Entfernung von den Binnenplätzen auf ein Minimum herabgedrückt wurde. Der Kaufmann in Berlin erfährt jetzt ebenso schnell wie der in Hamburg, was der Weizen in London und in Petersburg, in Odessa und in Marseille und fast gleichzeitig auch, was er in New York, in Buffalo und Kalkutta, in Chicago und San Francisco, in Bombay und Sydney kostet; er übersieht den Weltmarkt ebenso wie der Hamburger.

Schon dadurch verlieren natürlich die Seestädte einen Teil ihres Eigenhandels, während dafür der Großhandel an den bedeutenderen Binnenplätzen aufblüht, wo er die wegen des Transports der Waren immer noch sehr wesentlichen Vorteile seiner Lage in der unmittelbaren Nähe des einheimischen Marktes mit denen der engsten Verbindung mit dem ausländischen jetzt vereinigen kann.

Dieser Prozeß vollzieht sich noch energischer, sowie die Landwirtschaft und die Industrie des Binnenlandes den Charakter der Großproduktion annehmen. Wir wiesen schon oben darauf hin, welchen wesentlichen Unterschied es macht, ob Konsumtion und Produktion zentralisiert oder dezentralisiert sind, d. h. ob beide von wenigen großen oder von vielen kleinen Wirtschaften ausgehen. Denn danach richtet sich auch natürlich die Größe des durch ein Handelsgeschäft umgetauschten und zu transportierenden Warenquantums. Ein paar Oxthoft Branntwein aber, wie sie etwa die Brennerei eines kleinen Gutsbesitzers erzeugt, werden nimmermehr von Livorno aus diesem Besitzer abgekauft und von ihm nach Livorno aufgegeben werden.[1]) Der Krämer in einer kleinen deutschen Stadt wird anderseits schwerlich seinen Kaffee direkt in Batavia einkaufen und an sich adressieren lassen. Der Gutsbesitzer verkauft seinen Spiritus lieber an den inländischen Händler. Hier wird er in inländischem Gelde bezahlt, nicht in ausländischem, dessen Kurs er nicht kennt, hier ist er sicher, überhaupt Bezahlung zu erhalten, während er im Auslande oder auch in entfernten Teilen des eignen Landes, wo er die wirtschaftlichen und Kreditverhältnisse im allgemeinen und die seines Abnehmers im besondern nicht kennt, sein Kapital riskiert, namentlich aber ist hier der Transport, dessen Kosten und Gefahr jetzt bei den meisten Geschäften der Verkäufer übernimmt, kürzer, einfacher und daher mit weniger Risiko verbunden. Aus ähnlichen Motiven wird aber der Weinhändler in Livorno überhaupt gar nicht daran denken, auf so weite Entfernung in so kleinen Quantitäten seinen Sprit direkt vom Produzenten einzukaufen, er bezieht ihn vielmehr vom Grofshändler in bedeutenden Quantitäten. Dazu veranlassen ihn ferner dieselben Gründe, die den Krämer der kleinen Stadt abhalten, seine wenigen Zentner Kaffee direkt in Batavia zu kaufen. Bekanntlich kann jeder Verkäufer bei Abnahme grofser Quantitäten billigere Preise stellen als bei kleineren, und diese Differenz ist oft so bedeutend, dafs, indem sich Grofshändler und Detaillist in dieselbe teilen, beide daran profitieren und der Detaillist vom Grofshändler billiger kaufen kann, als aus der ersten Hand vom Produzenten. Ganz dasselbe aber gilt und aus den nämlichen Gründen für die Transportkosten. Dieselben steigen nicht proportional der Entfernung und der transportierten Gütermenge, sondern in viel schwächerem Mafse; der Transport von 100 Ztr. ist nicht 100, sondern vielleicht nur 60—70 mal so teuer wie der eines Zentners. Dazu kommt noch die wegen der meist geringeren Entfernung gröfsere Sicherheit und Schnelligkeit des Transports, vor allen Dingen die genaue Berechenbarkeit der Ankunft, und aus allen diesen Dingen zieht es der Detaillist im allgemeinen vor, beim Grofshändler anstatt beim Produzenten, resp. wenigstens im Produktionslande direkt zu kaufen.

Diese Dinge ändern sich aber sofort, wenn Produktion resp. Konsumtion in grofsem Mafsstabe auftreten.

Als die Zuckerrübenindustrie in Deutschland so weit fortge-

---

[1]) Abgesehen davon, dafs der Rohspiritus erst noch rektifiziert werden mufs.

schritten war, dafs sie Melasse in grofsen Quantitäten anbieten konnte, war es ihr auch möglich, mit den Konsumenten in Frankreich direkt in Verbindung zu treten, da sie, nunmehr in grofskaufmännischer Weise betrieben, wie jeder Kaufmann, im Besitz der nötigen Informationen über ihre Abnehmer war, durch den grofsen Stil ihrer Unternehmungen diesen wiederum auch ihrerseits das nötige Vertrauen zu ihrer Kreditwürdigkeit einflöfste und schliefslich bei dem Abschlufs selbst wie bei der Fracht auch den Vorteil des Massenverkaufs und Massentransports genofs. Als anderseits die Baumwollenindustrie genügend weit entwickelt war, um grofse Massen Baumwolle zu verbrauchen, fand sie es vorteilhafter, dieselbe nicht mehr von den Händlern in Bremen, Hamburg, Stettin, ja schliefslich nicht einmal mehr in London oder Liverpool zu kaufen, sondern wandte sich direkt nach New Orleans, um den Gewinn des Zwischenhändlers beim Massenverkauf und Massentransport selbst in Anspruch zu nehmen.

In dem Augenblick, wo das eintrat, mufste sich der Eigenhandel der Seestädte, soweit er nicht schon aus den oben dargestellten Gründen infolge von Eisenbahnen und Telegraphen an Binnenstädte übergegangen war, in Speditionshandel verwandeln.[1]

Schon vorher war eine ganze Klasse von Waren vom Eigen- zum Speditionshandel übergegangen: alle diejenigen Industrieprodukte, welche fabrikmäfsig in grofsen Massen so weit fertiggestellt werden, dafs sie sofort in den Gebrauch des einzelnen übergehen können: kleine, feine Eisenwaren, wie: Nägel, Schrauben, Schlösser, Handwerkzeuge und ähnliche, ferner wollene und baumwollene Waren u. a. Solange die Kommunikationen schwierig waren, ging die Verteilung dieser Güter an die Konsumenten durch mehrere Zwischenstufen vor sich: vom Importeur gelangten sie an den Grofshändler, von diesem an den Detaillisten, dann vielleicht erst noch an den Zwischenhändler und Hausierer. Als aber die Kommunikationen besser wurden, liefs der Wunsch und die Möglichkeit, den Verkehr zwischen den Konsumenten und Produzenten zu vereinfachen, diese vielfachen Zwischenstufen verschwinden.

Zwar dafs der Schlosser wegen jeden Schlosses, die Nähterin wegen jedes Dutzends Nähnadeln sich an die Fabrik wandte, war

---

[1] Sehr selten und nur durch besondere Verhältnisse zu erklären sind die Fälle, wo umgekehrt ein Artikel vom Speditions- zum Eigenhandel übergeht. So Petroleum und Melasse in Danzig (vergl. 1872 S. 53, 1875 S. 58), Thee in Königsberg, wo er später wieder die umgekehrte Wandlung durchmacht.

nicht gut thunlich; **einen** Mittelsmann wenigstens mufste man haben, und man behielt ihn bei, aber auch nur **einen**. So kauft denn seit dem Ausbau der Chausseen und der Einrichtung der Post der Detaillist, der die Waren im offenen Laden direkt an die Konsumenten abgibt, seinerseits direkt aus der Fabrik. Damit verfallen seine Waren in den grofsen Seeplätzen, die für sie meist nur Umschlagsplätze vom Wasser- auf den Landweg oder umgekehrt sind, dem Speditionshandel. Da diese für den Konsum der einzelnen bestimmten Güter aber meist nur von geringem Umfang sind, so bilden sie, selbst bei Massenbezügen, nur einzelne Kolli. Die Kollispedition ist einer der ältesten Zweige des Speditionhandels. An sie schlofs sich dann erst später, wie das soeben entwickelt ist, die Spedition von Massengütern in grofsen Sendungen an. In beiden Fällen aber finden wir notwendig dieselbe Erscheinung, dafs der Eigenhandel verliert, was der Speditionshandel gewinnt.

Der Kaufmann übernimmt jetzt nur die Vermittelung des Transports: er empfängt die Ware von dem Schiffer und zahlt ihm dafür die Fracht aus, belangt ihn eventuell wegen vorgekommener Beschädigungen und repariert die Verpackung, verzollt die Ware, befördert sie zur Bahn und zieht Provision und Auslagen von seinem Auftraggeber ein. Seine Thätigkeit ist dabei nicht geringer, nicht untergeordneter als die des Eigenhändlers, denn den besten, billigsten und schnellsten Transportweg zu finden und dauernd konkurrenzfähig sich zu erhalten, kostet nicht wenig Mühe und Arbeit, Umsicht und Nachdenken. Natürlich wird nur da und bezüglich derjenigen Waren die Umwandlung vollständig eintreten, wo die Voraussetzung ganz und voll eingetreten ist, die Zentralisation von Produktion oder Konsumtion; das aber ist in diesem Mafse in Deutschland erst bei wenigen Waren der Fall.

Was zunächst den Import anbetrifft, so produziert Deutschland die Erzeugnisse der Landwirtschaft, Getreide, Fleisch, Holz, selbst in fast genügendem Mafse und importiert den noch benötigten Rest meist über die östliche oder westliche Landgrenze. Nur ein Teil geht über die nördliche Seegrenze ein, und hiervon findet, wie unten an den betreffenden Stellen gezeigt werden wird, wieder nur ein Teil eine so zentralisierte Nachfrage, dafs er dem Speditionsgeschäft anheimfallen kann. Der Bedarf an Industrieprodukten wird jetzt auch schon meistens durch die eigne Fabrikation gedeckt, nur ein kleiner Teil wird noch vom Auslande bezogen, und dieser hilft auch nur die Kollispedition vermehren.

Das Hauptkontingent der Speditionsgüter, die Massenartikel, stellen erst die Rohmaterialien der Industrie, wie Baumwolle, Baumwollengarn (soweit es Halbfabrikat und Rohmaterial der Webereien ist), Eisenbahnschienen[1]) und einige ähnliche Artikel, die von der Grofsindustrie an relativ wenigen Orten in grofsen Massen gebraucht werden.

Die Exportartikel des deutschen Speditionshandels sind weniger zahlreich, wie sich das leicht aus dem volkswirtschaftlichen Entwickelungsstadium erklärt, in dem sich Deutschland noch befindet. Um den Export-Speditionshandel zu beschäftigen, müfsten die Güter in Deutschland an den einzelnen Stellen in grofsen Mengen produziert werden und von dort in ebensolchen Mengen zum Export kommen. Das aber ist noch nicht überall der Fall. Die Rohprodukte, namentlich Getreide, werden an vielen Stellen in kleinen Quantitäten produziert und bedürfen erst der Zusammenfassung zu grofsen Massen in der Hand eines Eigenhändlers, der sich natürlich, um den Export bequemer bewerkstelligen zu können, in den Seestädten selbst niederläfst und also keines Spediteurs mehr bedarf. Die Industrie aber ist noch nicht so weit vorgeschritten, um Exportartikel in grofsen Massen regelmäfsig zu gewähren. Ihre einzigen Zweige, die das können, stehen charakteristischerweise in direkter Beziehung zur Landwirtschaft: die Sprit- und die Zuckerindustrie. Es wird deshalb die Exportspedition Deutschlands nicht ganz den Umfang gewinnen können wie die Importspedition.

In Stettin speziell, zu dem wir nach dieser allgemeinen Erörterung zurückkehren, tritt zu Sprit und Zucker resp. Melasse als dritter Haupt-Exportartikel der Spedition das Zink der oberschlesischen Bergwerke, der ausgiebigsten der ganzen Erde; doch sind es noch zahlreiche andere Artikel, die, wenn auch im einzelnen nur in kleinen Quantitäten, so doch wegen ihrer grofsen Zahl eine ansehnliche Masse bildend, über Stettin exportiert werden.

Dafs auch die Kollispedition sehr bedeutend ist, versteht sich bei einem Platze, der, wie Stettin, der Hafen einer so hervorragend industriellen Gegend ist, nach dem, was oben über die Kollispedition im allgemeinen gesagt ist, von selbst. Doch wählen gerade

---

[1]) So wurden die für den Bau der Ostbahn bestimmten Schienen aus den rheinischen Werken über Stettin transportiert. 1850 S. 8, 1853 S. 20.

diese Güter der noch gröfseren Schnelligkeit wegen auch gern den Bahnweg; so u. a. nach Rufsland, wohin sie von den Bahnen zu billig tarifiert sein sollen, was der Gegenstand ununterbrochener, bis jetzt aber noch resultatloser Reklamationen und Konferenzen zwischen diesen und den Ostseereedern geworden ist.[1])

Beim Import müssen naturgemäfs auch in Stettin die Rohmaterialien der Industrie für die Spedition am wichtigsten sein: Baumwolle, Flachs, Garn, Metalle u. a. bilden hier ihre wichtigsten Massenartikel. Dazu treten die bedeutenden Getreidespeditionen, die Stettins Lage in der Nähe von Berlin ihm verschafft. Die meisten Getreide importierenden Plätze stehen sonst mit der See direkt in Verbindung. So in erster Linie London, Liverpool, Glasgow, Hull, Newcastle und die anderen sogenannten Kohlenhäfen, so auch Antwerpen und neuerdings selbst der Industriebezirk von Düsseldorf-Krefeld. Hier bedarf es überall keines Spediteurs, weil der Konsument das Getreide gleich selbst direkt aus dem Seeschiff entnimmt. Das eigentliche industrielle Zentrum Deutschlands hingegen, das seinen leitenden Markt in Berlin hat, hat keine direkte Berührung mit der See. Sein Bedarf ist anderseits zu grofs, als dafs er sich an Zwischenhändler, etwa in Stettin, wenden sollte: Berlin kauft deshalb direkt in Rufsland und läfst das gekaufte Getreide über Stettin spedieren.[2]) Das ist freilich nur bei der grofsen Nähe Berlins und Stettins möglich. Läge Berlin noch tiefer im Binnenlande, so würde es bei direkten Beziehungen wahrscheinlich auf den Seeweg ganz verzichten und das Getreide nur auf dem Bahnwege beziehen. In Stettin würde sich dann nur ein Eigengeschäft etablieren können. Auch jetzt bezieht Berlin zwar Getreide direkt vermittelst der Bahn aus Rufsland und Ungarn, aber ein recht bedeutendes Quantum kommt auch über Stettin. Selbst Holz scheint, zum Teil wenigstens, in Stettin dem Speditionshandel anheimgefallen zu sein.[3]) Auch von Kolonialwaren ist der Konsum in Orten wie Berlin, Dresden, Leipzig, Breslau u. a. schon lange zentralisiert genug, um dieselben dem Speditionshandel zuzuweisen.

Es leuchtet ein, dafs Stettin, dessen Hinterland, wie oben dar-

---

[1]) 1867 S. 81. Übrigens hätte sich, dem Bericht von 1872 S. 61 zufolge, der Speditionsexport Stettins fast in seinem ganzen Umfange nur auf die Ostseeländer beschränkt, was wohl aber so strenge nicht zu nehmen ist; man denke nur an die Melasse- und Spritexporte nach Frankreich und den Mittelmeerländern.

[2]) So schon 1873 S. 88, s. ferner 1879 S. 6, 1883 S. 2.

[3]) 1882 S. 3, 1883 S. 3.

gelegt, weitaus reicher und wirtschaftlich entwickelter ist, als das der anderen preufsischen Ostseehäfen, auch den seinem Gesamtumfang nach gröfsten Speditionshandel haben mufs. Leider nur können denselben schon die Berichte nicht genau nachweisen, da die Zollbehörden, auf deren Anschreibungen die statistischen Angaben sonst beruhen, es den Waren auch nicht ansehen können, ob der darüber disponierende Stettiner Empfänger ihr Eigentümer oder nur ihr Spediteur ist. Die Zolllisten und so auch die statistischen Angaben der Berichte können daher darüber nichts enthalten.

Schon 1860 und 1861 beim Beginn der Glanzperiode des Stettiner Eigenhandels wird erwähnt, dafs in einigen Zweigen des Imports die Spedition den Eigenhandel in bedenklichem Grade verdrängt habe. Wie früher infolge des Baues von Chauseeen und Bahnen die Binnenplätze zweiten und dritten Ranges ihr Propregeschäft an die Seeplätze[1]) verloren hätten, so verlören diese jetzt das ihrige durch die Ausbildung der Dampferlinien und des Bahnnetzes an die grofsen Entrepotplätze in Holland und England, von denen die Händler im Binnenlande direkt bezögen. Es sei noch gar nicht abzusehen, bis wie weit das gehen könne, doch müsse bei weiterer Verbesserung der Kommunikationsmittel das Gebiet auch wieder wachsen, für das es vorteilhafter sei oder wieder werden müsse, seinen Bedarf in den Seeplätzen, anstatt direkt im Auslande zu decken,[2]) — ein Trost, der sich bis jetzt freilich nicht als stichhaltig erwiesen hat. Denn die Spedition ist immer mehr gewachsen. Schon im nächsten Jahre, 1862, bemerkt der Bericht, dafs seit Aufhebung des Sundzolles im Jahre 1857 der Speditionshandel sich immer mehr auf Kosten des Eigenhandels ausdehne, was ja auch „in der Natur der modernen, auf allseitiger Beschleunigung der Kommunikationen und möglichster Freiheit der Bewegung beruhenden Verkehrsentwickelung" liege, wie ja anderseits durch die Garantie für die Regelmäfsigkeit des Transports auf den wichtigsten Routen, die er vermöge seiner Massenbeförderung herbeiführt, der Speditionshandel auch wieder dem Eigenhandel nütze.[3])

---

[1]) Sollte richtiger heifsen: an die grofsen Städte, auch an die des Binnenlandes.

[2]) 1860 S. 3, 1861 S. 3 f.

[3]) Wie eingreifend diese letztere Wirkung sein kann, zeigt ein Beispiel aus dem Jahre 1876 (Bericht von 1876 S. 43). Damals waren die Kahnfrachten zwischen Stettin und Berlin sehr teuer. Infolgedessen nahmen die für Berlin bestimmten Güter ihren Weg nicht mehr über Stettin, sondern über Hamburg.

Wie bedeutend der Speditionshandel schon in jener Zeit ist, geht daraus hervor, dafs er bereits 1869 einen Ausfall von ca. 300 000 Ztr. als einen gewöhnlichen Unfall verschmerzen kann.¹) 1880 wird mit Befriedigung vermerkt, dafs das Inland selbst amerikanische Produkte immer mehr direkt beziehe, „so dafs Stettins Aussichten als Speditionsplatz immer bedeutender werden", und auch dieser Bericht bezeichnet als den Ausgangspunkt der glücklichen Entwickelung die Aufhebung des Sundzolles.²) Im Jahre 1882 ist bereits $1/3$ der ganzen Einfuhr und $1/6$ der ganzen Ausfuhr Stettins Speditionsgut: „die fortschreitende Verbesserung der Verkehrsmittel erleichtert im Grofshandel immer mehr die unmittelbare Geschäftsverbindung zwischen dem Produzenten und dem Konsumenten und beschränkt in entsprechendem Mafse den Wirkungskreis des Zwischenhändlers, an dessen Stelle der Spediteur tritt."³)

Fassen wir das Bild, das wir von dem Handel Stettins erhalten haben, noch einmal kurz zusammen, so ergibt sich im wesentlichen folgendes: Stettin ist der Hafen einer industriereichen und wohlhabenden Gegend. Es importiert daher in bedeutendem Mafse Rohstoffe für die Industrie, Getreide für die dichte Arbeiterbevölkerung, die der Boden nicht mehr allein ernähren kann, Luxusartikel für die stark vertretenen wohlhabenden Klassen, und ex-

---

Dadurch entstand aber wieder ein Mangel an Frachtgütern auf den bis dahin regelmäfsig von Tourdampfern befahrenen Linien Amsterdam- — resp. Leith- — und London-Stettin. Die Dampfer dieser Linien stellten infolgedessen ihre regelmäfsigen Fahrten zum Teil ein, und darunter litt natürlich auch wieder der Eigenhandel.

So wird 1860 S. 4 ausdrücklich anerkannt, dafs man dem Speditionshandel „allein die auch für das Propregeschäft so wichtigen regelmäfsigen Dampferverbindungen mit den grofsen Plätzen in Holland und England verdanke". Über den Nutzen solcher Linien vergl. z. B. 1865 S. 17. Umgekehrt ist aber auch der Speditionshandel bisweilen vom Proprehandel abhängig; so vermochte er früher deshalb die bedeutenden Baumwollenspeditionen nicht in genügendem Mafse an sich zu ziehen, weil die Verbindungen Stettins mit Amerika im Eigenhandel zu unbedeutend waren. Hamburg und Bremen standen in dem lebhaftesten Verkehr mit den transatlantischen Häfen, und gelang es ihnen deshalb auch, die Baumwollenspeditionen von dort zum billigsten Preise (13 Sgr. pro Zentner von New Orleans bis Bremen!) zu bewerkstelligen. 1868 S. 69. Vergl. auch unten S. 198 f.

1862 S. 7.
¹) 1869 S. 72.
²) 1880 S. 27 f.
³) 1882 S. 9.

portiert namentlich Industrieprodukte, aber auch Kolonialwaren. Sein Export ist bedeutend schwächer als sein Import, daher sehr viele Schiffe leer wieder ausgehen müssen und die Einfrachten verhältnismäfsig hoch, die Ausfrachten bei spärlicher Nachfrage nach Schiffsräumen niedrig sind. Übrigens überwiegt schon frühe die Dampfschiffahrt. Der Speditionshandel ist bedeutend und nimmt Güter für sich in Anspruch, die anderwärts noch allein dem Proprehandel gehören, wie Getreide. Im ganzen ist Stettin unter den deutschen Ostseehäfen der hervorragendste und derjenige, dem am ehesten das Prädikat eines Welthandelsplatzes gebührt, auch insofern, als er, was die technischen wie wirtschaftlichen Hilfsmittel seines Handels betrifft, sich stets auf der Höhe der modernen Entwickelung gezeigt hat, nie hinter seiner Zeit zurückgeblieben ist, wie schon das frühzeitige Abschütteln der Segelschiffahrt, die Nutzbarmachung des Oderweges und die Versuche zur Einrichtung eines Oder-Umschlagsverkehrs beweisen, denen ein schliefslicher Erfolg ja nicht fehlen kann.

II. Danzig.

I. Das Handelsgebiet Danzigs.

An der Mündung eines der gröfsten deutschen Flüsse scheint Danzig auf den ersten Blick die für die Entwickelung eines bedeutenden Handels denkbar günstigste Lage zu haben und hat sie auch Jahrhunderte lang thatsächlich gehabt. Solange die Flüsse noch die wichtigsten Verkehrsadern der Länder waren, war jede Gegend, die von dem Ufer eines solchen Hauptstromes oder seiner schiffbaren Nebenflüsse leichter als von einem anderen Flufssystem aus zu erreichen war, unfehlbar dem Handelsmonopol derjenigen Stadt verfallen, die diesen Strom beherrschte.

Die Weichsel aber ist schon von Zaberzech in Schlesien an schiffbar; ihr erster gröfserer Nebenflufs, der San, zum Teil schiffbar, zum Teil doch wenigstens flöfsbar, der Bug, 499 Werst[1] lang, bis zum Gouvernement Bialystock, der Narew, auf eine Strecke von 180 Werst schiffbar. So umfafste früher Danzigs Handel das ganze Königreich Polen von den Nordabhängen der Karpathen bis zur Ostsee, von der Warthe bis zu den Sümpfen des Dnjepr. Ja, als noch das Schwarze Meer ein mare clausum, als sein Nordufer, die Krim und das Asowsche Meer noch türkisch waren, da strömten bis weit aus dem Süden Rufslands die Produkte nach Danzig. Und damals hatte Danzig noch einen anderen Vorzug: zwischen ihm und seinen Bezugsquellen erhob sich keine Zollgrenze, denn auch Danzig gehörte zu dem grofsen polnischen Reiche, das damals den fruchtbarsten Teil der grofsen sarmatischen Ebene einnahm. Schon unter

---

[1] Das russische Reich in Europa. (Anonym.) Berlin 1884, bei Mittler und Sohn erschienen, S. 264. 1 Werst = 1,067 km.

der zweihundertjährigen Ordensherrschaft eher gepflegt als bedrückt, erhob sich Danzigs Handel doch erst nach der Vereinigung mit Polen und dem Fortfall der Zollgrenze zu seiner höchsten Blüthe. Dann aber zerfiel das polnische Reich. Danzig kam an Preufsen, das übrige Polen gröfstenteils an Rufsland, und dieses umgab auch seine neue Provinz mit einer Zollgrenze, wie sie schroffer nie bestanden hatte: für Danzigs Handel ein kaum zu verwindender Schlag.[1]) Noch trauriger gestalteten sich die Dinge, als das Zeitalter der Eisenbahnen anbrach, in dem Danzigs glückliche Lage an der Mündung eines grofsen Stromes beträchtlich an Wert verlieren mufste, zumal auch noch der Rest von Vorzug, den diese Lage bedingte, dadurch fast illusorisch gemacht wurde, dafs infolge völliger Vernachlässigung die Weichsel so versandete, dafs sie auf weite Strecken gänzlich unschiffbar wurde.

Bezüglich dieser letzteren Kalamität befand sich Danzig freilich in keiner schlimmeren Lage als auch Stettin. Aber wieviel besser wurde dieser Platz sonst gestellt! Man vergleiche das, was oben Seite 2 über die Eisenbahnverbindungen Stettins gesagt ist, mit der folgenden Darstellung der einschlägigen Verhältnisse Danzigs.

Als im Verlauf des fünften Jahrzehnts dieses Jahrhunderts Stettin in der geschilderten Weise eine Bahnverbindung nach der anderen erhielt, als ihm fast ganz Deutschland und die benachbarten Gebiete von Hannover bis Posen und Krakau, von Pommern bis nach Böhmen erschlossen wurden, — da hatte Danzig noch nicht einen Kilometer Eisenbahn. Erst 1852 wurde die Linie Danzig-Kreuz eröffnet und damit eine Verbindung Danzig-Berlin, die aber — über Stettin ging. Erst 1857 wurde die Strecke Frankfurt a. O.-Kreuz eröffnet und dadurch eine direktere, wenn auch nichts weniger als nächste Verbindung Danzigs mit Berlin hergestellt. Aber gerade diese Bahn war für Danzig und seinen Handel im grofsen und ganzen nur von untergeordneter Bedeutung. Danzig ist in erster Linie Getreide- und Holz-Exportplatz: sollte es diese beiden Artikel etwa über die neue Bahn nach Berlin liefern? Einmal war damals der Bedarf in jenen Gegenden noch nicht so dringend, um Zufuhren von weiter her heranziehen zu müssen, und dann wäre es, selbst wenn man solcher Zufuhren bedurft hätte, schwerlich Danzig ge-

---

[1]) Gleich in dem ersten gedruckten Bericht über den Handel Danzigs, dem von 1847, S. 8 kommen die Klagen über die vielen Hebungen an der polnischen Grenze vor, die den Verkehr dorthin ungemein erschwerten. Vergl. übrigens unten S. 108, 110.

wesen, wohin man sich deshalb wendete, wie das die Danziger Berichte selbst im Jahre 1873¹) noch sehr richtig hervorheben: Danzig liegt zu sehr abseits der grofsen Verkehrs- und Industriecentren, um, wie etwa Stettin, dieselben mit dem Überschufs der russischen Ernten versorgen zu können. Ja, die Bahn hatte sogar die Folge, dafs manche der von ihr durchschnittenen Gegenden, die sonst ihr Getreide nach Danzig zu liefern pflegten, es jetzt nach Berlin schickten, worüber schon in dem Berichte von 1851, als die Bahn erst teilweise eröffnet war, und später oft geklagt wird. Sie erschlofs für Berlin weit mehr als für Danzig ein neues Hinterland, brachte also jenem weit mehr Vorteil als diesem, und das linke Weichselufer, das sie mit Danzig in nähere Verbindung brachte, fiel diesem auch ohnedies zu.

Selbst hier aber reichte die Bahn nur bis zur preufsischen Grenze, und gerade mit dem wichtigsten Teil seines Handelsgebietes, mit den polnischen und russischen Weichselprovinzen, war Danzig also auch jetzt noch ohne Bahnverbindung.

Andere Häfen erhielten eine solche jedoch, und mit Hilfe derselben und unterstützt durch andere Vorzüge beschnitten sie das Verkehrsgebiet des Weichselplatzes von allen Seiten.

So war polnisches und Krakauer Zink früher in beträchtlichen Quantitäten über Danzig exportiert und der Reederei sehr willkommen gewesen, da der wenig Raum einnehmende, schwere Artikel eine vorzügliche Beiladung zu den von Danzig so häufig vorkommenden Holzladungen war, mit denen allein Schiffe zu rank waren, d. h. zu leicht auf dem Wasser lagen und daher der Gefahr des Kenterns ausgesetzt waren. Nun aber, da ein damals noch auf viele Artikel beliebter Durchfuhrzoll für Zink an der Grenze gegen die Provinz Preufsen 50 Pfg. pro Ztr. mehr betrug, als an der schlesischen, ging dieser Export nach Stettin.²) Die Getreide-Exporte aus den Krakauer Gegenden fanden ihren Abzug 1856 bereits zum Teil über Hamburg, das seit 1846 direkte Eisenbahnverbindungen hierher hatte. Selbst die nördlicheren Gegenden Polens bringen ihr Getreide durch den Bromberger Kanal nach Berlin und Stettin.³) Ja selbst Pommern, das sonst die grofsen Danziger Schlächtereien

---

¹) Danzig, 1873 S. 23.
²) 1850 S. 12, 1851 S. 14. Stettin wurde dieses Handels freilich auch nicht sehr froh. Vergl. o. S. 5 f.
³) 1851 S. 3 ff.

mit Schweinen versorgt hatte, bringt dieselben 1860 bei dort allerdings steigenden Preisen lieber nach Berlin und Hamburg.¹)

Noch schlimmer aber waren die Verhältnisse für Danzig in betreff des **Imports** Polens, auf dem, falls er über Danzig ging, bis 1857 der Sundzoll schwer lastete. So bezieht Polen seinen Kaffee schon 1849 über Hamburg, da auf dem Landwege bei dem damaligen Stande der Schiffahrt (die in Danzig meist noch Segelschiffahrt war) eine bedeutend schnellere Lieferung als via Danzig und damit eine Zinsersparnis erzielt wurde, die ohne das Hinzutreten des Sundzolles freilich nicht bedeutend genug gewesen wäre, um die höheren Kosten des bedeutend weiteren Landtransports von Hamburg aus aufzuwiegen.

Diese Konkurrenz Hamburgs war nun geradezu vernichtend für die Ostseehäfen in allen Kolonialwaren.²) Es vereinigte sich hier vieles, um Hamburg eine den Ostseehäfen weit überlegene Macht zu verleihen. Nach Hamburg waren die Frachten von London und Liverpool, den grofsen Stapelplätzen dieser Waren (ganz zu geschweigen von ihren überseeischen Ursprungsländern) billiger als nach den ja auch weiter entfernten Ostseehäfen, da ein Schiff in Hamburg immer wieder Rückfracht zu finden hoffen konnte, was in den weniger blühenden Ostseehäfen durchaus nicht der Fall war. Sodann war in Hamburg infolge der Konkurrenz zahlreicher Versicherungsgesellschaften die Assekuranzprämie billiger als in den Ostseehäfen, wo das Kapital schwächer und auch wegen der zu passierenden gefährlichen dänischen Gewässer das Risiko der Seeversicherung gröfser war. Schliefslich war Hamburg Freihafen und war daher mit seinem ganzen Gebiet gewissermafsen ein einziges grofses Transitlager, von dem die Waren unverzollt weiter verschifft werden konnten, wenn sie im Zollverein keinen Absatz fanden. Nach einem solchen zollfreien Transitlager seufzten die Ostseehäfen vergeblich.³) Schliefslich verteuerte, wie erwähnt, der Sundzoll bei

---

¹) 1860 S. 24.

²) Es sollen unter dieser allgemeinen Bezeichnung hier nicht blofs die im gewöhnlichen Verkehr so genannten — meistens geniefsbaren — Waren verstanden werden, sondern alle, die aus klimatischen, wirtschaftlichen oder anderen Gründen nicht im Inlande erzeugt werden können oder doch thatsächlich nicht werden, und daher vom Auslande über See bezogen werden müssen; so z. B. auch Baumwolle, Palmöl u. ähnl.

³) Vergl. Stettin 1851 S. 3, 1854 S. 9. So ging eine für Rufsland bestimmte grofse Sendung frischer Südfrüchte deshalb nicht über Königsberg sondern über

einem Import über die Ostheehäfen die Waren ungemein. Der König von Dänemark, der seit alter Zeit über den Sund wie über den Grofsen und Kleinen Belt die Oberherrschaft führte, liefs im Sund von allen durchgehenden Handelsschiffen einen Zoll erheben, welcher an dem Zollhause zu Helsingör entrichtet werden mufste. Dieser Zoll wurde durch Verträge mit den übrigen Seemächten anerkannt. Im Frieden von Brömsebro 1645 gestand zwar Dänemark den schwedischen Schiffen die Zollfreiheit im Sund und in den beiden Belten zu, aber im Frieden von Frederiksborg, 3. Juli 1720, mufste Schweden dieselbe wieder aufgeben. Die holländischen Schiffer hatten den Vorzug, dafs sie blofs ihre Papiere vorzeigten: die Schiffe anderer Nationen mufsten sich eine Durchsuchung gefallen lassen. Franzosen, Engländer, Holländer und Schweden sollten 1 %, die übrigen Nationen und selbst die dänischen Schiffe 1¼ % Zoll von dem Werte ihrer Waren zahlen. Statt dessen zahlten aber:[1])

Baumwolle, Kaffee und Rohzucker 2 %
Roheisen . . . . 5 %
Rosinen und Gewürze . . . . . 5—7 %

Hamburg, weil hier die während der langen Seereise verdorbenen Früchte ausgesucht und die gesunden umgepackt werden konnten, so dafs nur sie zur Verzollung kamen, während in Königsberg alle, brauchbare und unbrauchbare, verzollt werden mufsten und dadurch dem Empfänger natürlich viel teurer zu stehen kamen. Eine derartige Bearbeitung vor der Verzollung ist nun aber bei verschiedenen Waren sehr wünschenswert, ja unumgänglich. Heringe z. B. werden in Tonnen importiert, die nicht ganz gefüllt sind. Für den Landtransport nach Rufsland müssen sie in Königsberg vollständig gefüllt, „aufgepackt" werden. Zum Aufpacken von 5—6 Tonnen wird jedesmal eine siebente verbraucht. Die sechs Tonnen transitieren nach Rufsland zollfrei, die siebente aber mufs, weil sie „im Inlande konsumiert" wird, verzollt werden. Trotz aller Bestimmungen, dafs der Transit zollfrei sei, mufs also der Händler ca. 17 % aller transitierenden Heringe doch verzollen. Ähnliches findet im Holzhandel bei der Zurichtung der rohen Ware und noch in vielen anderen Fällen statt, wo überall Hamburgs Zollfreiheit ein unschätzbarer Vorteil für seinen Handel ist. Über die Zollformalitäten vergl. 1860 S. 4, 1862 S. 8.

Vergl. ferner Stettin 1863 S. 23: ein Kapitän erklärte, er wolle lieber für 5 sh. nach Hamburg als für 20 £ nach Stettin fahren, „weil er nicht allein die gröfsere Eisgefahr, sondern auch die gröfseren Hafengelder, sowie namentlich die vielen Zollformalitäten und die daraus entspringenden Opfer an Zeit und Geld scheue." Stettin 1869 S. 33: Polnischer Spiritus durfte im Zollverein nicht transitierend rektifiziert werden, wohl aber in Hamburg, und über diesen Platz, nicht über Stettin, ging er deshalb ins Ausland. Und der Veredelungsverkehr war doch sonst gestattet! Ähnlich Stettin 1870 S. 33 bezügl. Thran.

[1]) Vergl. Stettin 1850 S. 3, 1854 S. 31, 1853 S. 7. — Königsberg 1853.

Braunes Harz und geringe Weine 10 %
Salz . . . . 8—12 %
Holz . . . . 5 1/3 —6 %
Spirituosen . . . . 5—6 %
Heringe . . . . 2 %
Baumwolle und Twiste . . . . 3—4 %

ohne der Abgaben zu gedenken, welche bei dem an sich zeitraubenden und kostspieligen Aufenthalte im Sunde in Gestalt von Leucht- und Bakengeld, Zollamtsgebühren, Armengeld, Translateurkosten und Klarierungsprovision erhoben wurden. Um diese bedeutenden Summen, die gänzlich nutzlos und unproduktiv aufgewendet werden mußten, verteuerten sich also die Waren resp. ihr Transport bei der Route über die Ostseehäfen gegenüber derjenigen über Hamburg. Aber auch der Zollverein erhob an der Landgrenze niedrigere Durchfuhrzölle als an der Seegrenze, so daß es vorteilhafter war, die Waren von Hamburg, resp. direkt von Frankreich oder den Niederlanden per Bahn nach Polen zu schaffen, als auf dem Seewege über Danzig.

So klagen denn die Berichte schon 1849, daß Kolonialwaren über Hamburg nach Polen importiert werden,[1]) 1850 speziell der hochwichtige Artikel Baumwolle,[2]) und auch die wertvolleren Güter, wie französische Weine, Champagner u. s. w., die der Spedition deshalb so willkommen sind, weil sie eher einen Preisaufschlag durch hohe Provisionen vertragen, gehen über Hamburg nach Polen; ja 1851 werden sie direkt von Frankreich per Bahn bezogen.[3]) Ja, es kam so weit, daß im Jahre 1858 Warschau, das in Luftlinie nur 285 km von Danzig entfernt, man möchte sagen noch innerhalb der Danziger Atmosphäre liegt, seine wertvolleren Bedürfnisse auf dem weiten, wohl viermal so langen Umwege über Hamburg (oder Stettin)-Berlin-Kattowitz-Myslowitz bezog.[4]) Auch der wichtige Salzimport ging für Danzig verloren,[5]) da dieser Artikel nach Polen nur von Rußland her, das in Polen den Salzhandel zum Monopol erklärt hatte, sowie kraft eines Staatsvertrages über bestimmte österreichische Grenzämter,[6]) nicht aber über die preußische oder übrige österreichische Grenze eingeführt, ja nicht einmal von dort durch Polen

---

[1]) 1849 S. 14.
[2]) 1850 S. 13.
[3]) 1851 S. 15.
[4]) 1858 S. 8.
[5]) 1850 S. 17, 1851 S. 13 und sonst oft.
[6]) 1872 S. 44.

h i n d u r c h nach Rufsland gebracht werden durfte. So war Danzig von diesem Geschäft ausgeschlossen,[1] während Königsberg und Memel beträchtliche Mengen Salz nach Rufsland importierten,[2] weil das Königreich Polen als russische Provinz nur bis zum südlichen Ufer des Niemen reicht, auf dem nördlichen also und auf dem Flusse selbst Salz die preufsisch-russische Grenze schon überschreiten durfte.

Dem gegenüber fehlt es nicht an Bemühungen und bisweilen auch an Aussichten, diese prekäre Lage des Danziger Handels zu verbessern. Mit Freude wird schon 1849 der Österreich zugeschriebene Plan begrüfst, den Flufs San in Galizien mit dem Dnjestr und dadurch Süd-Rufsland mit Danzig zu verbinden. Der neu regulierte[3] Pinsker Kanal, der die Weichsel mit dem Dnjepr verbindet, und gleichzeitig der Krimkrieg, der die Exporthäfen des Schwarzen Meeres verschlofs, führten einen grofsen Aufschwung herbei, der aber nach dem Friedensschlufs nachliefs, da Danzig nun die südrussischen Gegenden wieder an Odessa abtreten mufste. Auch die 1857 erfolgte endliche Aufhebung des Sundzolles konnte ihre Wirkung nicht voll äufsern, da sie durch eine gleichzeitige schlimme Mafsregel im eignen Lande paralysiert wurde: die Tarife der Ostbahn speziell von Danzig wurden erhöht.[4] Das schlimmste aber war der Zustand der allmählich fast unbefahrbar gewordenen Weichsel, auf der die Transporte m e h r e r e M o n a t e brauchten,

---

[1] Es war das für Danzig um so empfindlicher, weil es mit den sogenannten Salzhäfen ohnedies einen lebhaften Verkehr unterhielt: nach Liverpool, Gloucester, Bristol verschiffte es Getreide, nach St. Ubes, Torrevieja und Marennes Holz, aber die Schiffe mufsten von diesen Häfen immer leer nach Danzig zurückkehren, während sie unter anderen Verhältnissen Salz als Rückfracht hätten nehmen können.

[2] 1869 S. 41 und sonst.

[3] Etwas anderes als eine Regulierung kann nicht wohl gemeint sein, wenn der Bericht von 1856 S. 3 von „der neuen durch den Pinsker Kanal vermittelten Wasserstrafse" spricht, auf der Danzig Getreidezufuhren aus dem Süden Rufslands erhalten habe. Der Pinsker (auch Dnjepr-Bug-, Königs- oder der der Königliche) Kanal wurde unter dem letzten polnischen Könige Stanislaus August (1764—1795) erbaut (Russ. Reich in Europa, S. 266). Doch bemerkt Wittenheim (Über Rufslands Wasserverbindungen S. 197), er sei jetzt, 1842, nur bei hohem Wasser fahrbar und daher wenig brauchbar. Nach einem neuen Projekt von 1827 solle er umgebaut werden. Möglich, dafs dieser Umbau seitdem vorgenommen war und dafs auf ihn sich die Bemerkung des Berichts bezieht.

[4] 1857 S. 4.

um nach Danzig zu gelangen.¹) Das hatte die Folge, dafs das Geschäft mit Polen schliefslich zu einer blinden Termin-Spekulation wurde, da ein mit Rücksicht auf den heutigen Preisstand in Polen gekaufter Posten Getreide bei seinem Eintreffen schon wieder ganz andere Preise vorfinden konnte.²) War aber der untere Lauf der Weichsel nicht schiffbar, so half es nichts, wenn sie weiter oben durch Kanäle mit allen möglichen Gegenden verbunden war. Kurz, es gab nur zwei Mittel zur definitiven Sanierung der Verhältnisse: Regulierung der Weichsel und des Bug und Bahnanschlufs Polens an Danzig. Beides wird denn auch in den Handelskammerberichten jener Jahre lebhaft und dringend verlangt. Der Bericht von 1857³) sieht auf einer brauchbaren Wasserstrafse über Weichsel, Dnjepr und Dnjestr als auf der nächsten Verbindung Asiens mit dem Herzen Europas schon die Schätze des Orients und die Fülle der Naturprodukte der grofsen sarmatischen Ebene nach Europa fliefsen und Danzig als den glücklichen Stapelplatz dieses Riesenverkehrs. Er erinnert an die Zeiten, wo in vergangenen Jahrhunderten das, wenn auch nicht völlig, doch annähernd so war, und dringt auf die Herstellung dieser Verbindungen. Der Bericht von 1858 setzt dann in einem ausführlichen Programm die Wünsche Danzigs bezüglich neuer Bahnen auseinander, durch die es nicht nur Polen und Hinterpommern, sondern auch Schlesien sich zu erobern gedenkt, das doch naturgemäfs zu Stettin gehört.⁴) Auch sonst gehen die Wünsche des lange vernachlässigten Platzes bisweilen zu weit und vergessen die gleichberechtigten Ansprüche der Rivalen. So 1859,⁵) wo an den Wunsch, mit Neufahrwasser, dem Seehafen Danzigs, durch eine Bahn verbunden zu sein, die Hoffnung geknüpft ist, im Winter die russischen Importen, die sonst über Pillau, von da (bei noch nicht existierender Bahn) per Fuhre nach Königsberg und über Eydtkuhnen gingen, über Neufahrwasser-Danzig zu lenken, und von da vermittelst Bahn über Königsberg-Eydtkuhnen nach Rufsland zu spedieren, da dieser Umweg immer noch billiger sein werde, als der umständliche Transport auf Wagen von Pillau nach Königsberg. Dafs dann mit noch viel gröfserem Recht Königsberg eine Bahn nach Pillau fordern würde, kommt niemandem in den Sinn.

¹) Vergl. darüber namentlich 1858 S. 4 ff.
²) Vergl. 1859 S. 11.
³) S. 6.
⁴) 1858 S. 8.
⁵) 1859 S. 4.

Nach jahrelangem Drängen wird endlich 1862, zehn Jahre nachdem Danzig seine erste Bahnverbindung, diejenige mit dem Westen der Monarchie, erhalten hatte, die Ostbahn von Thorn aus an die polnischen Bahnen angeschlossen: Danzig ist in Bahnverbindung mit Warschau.

Aber nun war es schon zu spät, um Danzigs Handel zu bedeutendem Gedeihen zu verhelfen: die Zeit war vorüber, wo ein deutscher Handelsplatz hoffen konnte, vermittelst neuer Bahnen noch neutrale Gegenden, handelspolitisch noch jungfräuliche Gebiete sich zu erschliefsen und mit leichter Mühe zu erobern. Die Welt war vergeben, und überall, wohin die Danziger kamen, fanden sie glücklichere Konkurrenten schon fest eingenistet, die zu vertreiben sie nicht mehr die Macht hatten, gegen die sie auch nicht einmal die Hilfe des Staates, noch auch die öffentliche Meinung anrufen konnten, da es nicht Fremde, sondern die eignen nächsten Nachbarn und Volksgenossen waren, namentlich Stettin und Hamburg. Noch im Jahre vorher, während an der Anschlufsbahn gebaut wurde und unter dem freudigen Eindruck der Eröffnung eines anderen neuen Verkehrsweges, des oberländischen Kanals, über den Getreide aus bis dahin unerschlossenen Gegenden nach Danzig kam, sprachen die Berichte siegesgewifs davon, dafs nach Vollendung dieser Bahn Danzig die Rivalen Hamburg und Bremen unfehlbar aus Polen verdrängen, ja nach Fertigstellung der Warschau-Petersburger Bahn sich Westrufsland erobern würde.[1]

Aber schon in demselben Jahre, in dem diese so lang ersehnte Bahn eröffnet wird, taucht, wohl in richtiger Erkenntnis, dafs sie für einen konkurrenzfähigen Verkehr doch zu weit ist, das Projekt einer um 19 Meilen kürzeren Linie Danzig-Mlawa-Warschau auf[2]), und schon zwei Jahre nach der Eröffnung der Bahn spricht man unzufrieden von dem — allerdings nicht zu leugnenden — „langen Umwege", auf dem Danzig mit Warschau verbunden sei.[3] Schliefslich stellte es sich sogar heraus,[4] dafs die Bahnfrachten auf dieser neuen Linie so hoch waren, dafs von Getreide, dem für Danzig fast wichtigsten Artikel, nur Weizen sie tragen kann, während schon für Roggen dieser Weg verschlossen bleibt.

Inzwischen aber war auf Seiten der Konkurrenz 1865 die Linie

---

[1] 1861 S. 4.
[2] 1862 S. 2.
[3] 1864 S. 7.
[4] 1866 S. 26 und 35.

Königsberg-Pillau eröffnet, vor der so lange erbetenen und nur ein achtel so langen Strecke Danzig-Neufahrwasser, und auch die weitere Linie Königsberg-Lyck war in Angriff genommen. Als dann 1867 endlich die Bahn nach Neufahrwasser eröffnet wurde, tauchte in demselben Jahre auch schon das bedrohliche Gespenst einer Bahn Thorn-Insterburg auf, die, das unmittelbarste, nächste Danziger Gebiet quer durchlaufend, eine starke Neigung haben mufste, den Verkehr der von ihr durchschnittenen und selbst der südlich von ihr gelegenen Gegenden von dem südnördlichen Wege nach Danzig auf den ostwestlichen nach Berlin und überhaupt dem westlichen Deutschland abzulenken. Schon im folgenden Jahre, 1868, wurde die Linie Königsberg-Lyck eröffnet, 1873 wurde sie an die polnischen Bahnen angeschlossen, mit denen Königsberg nun in näherer Verbindung stand als Danzig.

Während so die Konkurrenz immer weiter vordringt, macht der Ausbau des Danziger Eisenbahnnetzes keine wesentlichen Fortschritte. 1868 eröffnen sich zwar bei dem Ausbau des südrussischen Bahnnetzes und seinem Anschlufs an Warschau glänzende Aussichten,[1] die aber eben nur Aussichten bleiben, so lange die Verbindung mit Warschau selbst so mangelhaft ist. 1869, da die Posen-Bromberger Bahn fast fertig ist, gelingt es glücklich, für einen direkten Verkehr über dieselbe einen höchst vorteilhaften Verbandtarif mit den österreichischen und galizischen Bahnen zu vereinbaren, der Danzig Anteil an dem bedeutenden Export Galiziens gewährt haben würde, aber dieser Tarif wird von dem preufsischen Handelsminister nicht genehmigt.[2]

Nach dreijährigen Bemühungen kommt endlich 1872 ein solcher Tarif zustande, und gleichzeitig wird an einem neuen gearbeitet, der die Speditionen des fabrikreichen Lodz wieder nach Danzig zurücklenken soll.[3] Selbst um diese Stadt, die in der Luftlinie Danzig von allen gröfseren Hafenplätzen am nächsten liegt und für Stettin und Hamburg nur auf einem grofsen Umwege erreichbar ist, selbst um Lodz zu beherrschen, mufs Danzig besondere Anstrengungen machen. Weiterschauend wird aber auch schon[4] an einen Verband-Gütertarif Danzig-Triest gedacht, der sehr wünschenswert sei, „da unter den gegenwärtigen Tarifen der diesseitige Bezug von Süd-

---

[1] 1868 S. 18.
[2] 1869 S. 18.
[3] 1872 S. 17.
[4] 1872 S. 17.

früchten, Ölen u. s. w. oft über andere Häfen, statt auf direktem Wege geschehen mufs". Unter den anderen Häfen ist wohl auch hier wieder Stettin gemeint, wo der Import von Südfrüchten am bedeutendsten zu sein scheint.[1])

Indessen hatten alle Bemühungen nicht den gewünschten Erfolg: der Getreidehandel nahm ab,[2]) da die Hinterländer, die sonst nach Danzig geliefert hatten, über die neuen Bahnen anderweiten Abzug für ihre Produkte fanden, nämlich über die Route Brest-Grajewo nach Königsberg und über die 1873 eröffnete Thorn-Insterburg nach Mitteldeutschland. Allen diesen Übelständen konnte nur eine direkte Bahn Danzig-Marienburg-Mlawa-Warschau abhelfen, an deren Zustandekommen denn auch eifrig gearbeitet wurde.

Unterdessen bemühte man sich lebhaft, kleinere, aber zum Teil höchst drückende Benachteiligungen Danzigs zu beseitigen. Hatte sich doch z. B. infolge des Anschlusses benachbarter Stationen an den Stettin-Schlesischen Verbandverkehr die Thatsache herausgestellt, dafs der Artikel Wein für die 27,7 Meilen lange Strecke Danzig-Thorn, auf der der Lokaltarif der königlichen Ostbahn zur Anwendung kam, 14,5 Sgr., auf der 42,9 Meilen langen Strecke Stettin-Thorn, wo der Stettin-Schlesische Verbandtarif galt, nur 9,7 Sgr. Fracht zahlte, so dafs für die Spedition einer Ladung Wein allen Ernstes in Frage kam, ob es nicht billiger sein werde, die betreffende Sendung per Schiff von Danzig nach Stettin zu verladen, um sie von dort auf einem 15,2 Meilen längeren Schienenwege nach Thorn zu spedieren!

Auf die Vorstellungen Danzigs wurde die Fracht von hier aus ebenso hoch wie von Stettin normiert.[3])

---

[1]) Wenn man wenigstens das aus der dort am lautesten beklagten Eisenbahnverbindung Triests mit Deutschland schliefsen darf. Vergl. o. S. 9.

[2]) Die Zufuhren betrugen:

1862	360 765	Tonnen
1863	343 270	"
1864	280 290	"
1865	275 970	"
1866	207 160	"
1867	195 150	"
1868	218 850	"
1869	225 500	"
1870	244 700	"
1871	304 820	"
1872	207 300	"
1873	134 300	"

[3]) 1874 S. 4.

Man begreift bei solchen Ausschreitungen die bittere Bemerkung:[1] „wir durften fortan für die 27 Meilen Danzig-Thorn wenigstens nicht mehr Fracht zahlen, als für die 42 Meilen Stettin-Thorn erhoben wurden".

Während hier für Stettin nicht nur gleiche Einheitssätze wie für Danzig bewilligt wurden, sondern dann auch der bedeutende Entfernungsunterschied forteskamotiert und trotz desselben die Fracht von beiden Städten gleich hoch normiert wurde, kostete es grofse Mühe, für den Verkehr zwischen Schlesien und Posen einerseits und Danzig anderseits namentlich von der oberschlesischen Bahn auch nur die im Verkehr von Schlesien nach dem nähergelegenen Stettin geltenden Einheitssätze zugestanden zu erhalten, und von einer Herabminderung des Entfernungsunterschiedes, der hier zu Ungunsten Danzigs vorhanden war, ist vollends keine Rede: „Uns ist dabei die nach Posen und Schlesien vorhandene Entfernungsdifferenz von 13 Meilen bis zum letzten Kilometer angerechnet worden", schreibt bitter der Danziger Bericht von 1875 S. 14.

Im Jahre 1876 kam endlich ein Verbandtarif von Galizien nach Danzig zustande, aber auch er war wieder ein totgeborenes Kind: es wurde ihm nicht eine einzige bestimmte Route angewiesen, sondern alternierend zwei, nämlich Lemberg-Granica-Alexandrowo-Bromberg-Danzig und Lemberg-Myslowitz-Posen-Bromberg-Danzig. Die Strecke Myslowitz-Posen gehört aber der oberschlesischen Bahn und ist dieselbe, die auch im Verkehr Galiziens mit Stettin benutzt wird, und zwar ist es von Posen aus, wo sich die Wege scheiden, nach Stettin näher als nach Danzig. Lemberg-Myslowitz-Posen-Stettin ist bedeutend näher als Lemberg-Myslowitz-Posen-Danzig, aber nur wenig näher als Lemberg-Granica-Alexandrowo-Danzig. Da indes die ertere Route auch in den direkten Verkehr zwischen Danzig und Galizien einbezogen war, so wurden die für sie allerdings mit Recht hochnormierten Frachtsätze für den ganzen Verkehr nach Danzig, auch auf der näheren Route über Granica-Alexandrowo, angewendet. „Unser Platz ist genötigt, auf diesem seinem nächsten und natürlichsten Schienenwege nach Galizien deswegen erheblich höhere Frachtsätze zu bezahlen, weil der konkurrierende Weg von Galizien über die oberschlesische Eisenbahn bis Danzig ca. 13 Meilen länger ist als bis Stettin."[2]

---
[1] 1876 S. 8.
[2] 1876 S. 9. Später freilich scheint in ebenso extremer und nicht zu rechtfertigender Weise Danzig zu Ungunsten Stettins bevorzugt zu sein. Die

Es war klar, dafs alle Versuche, der in dem Hinterlande gut eingeführten und eingebürgerten Konkurrenz die Spitze zu bieten, erfolglos bleiben würden, solange nicht Danzig seine eigene Bahn dorthin hätte.

Endlich, den 1. September 1877 wurde diese, die Linie Marienburg-Mlawa-Warschau-Kowel eröffnet.

Aber sofort, noch ehe die Bahn selbst eröffnet war, beginnen auch wieder die Mühseligkeiten bei den Versuchen, einen direkten Verbandtarif mit den russischen Stationen jenseits Warschau herzustellen, auf die es vor allem ankam.[1]) Denn mittlerweile war in Deutschland das Kreuz gegen jede Art von Differentialtarifen gepredigt und die Propaganda für den neuen sogenannten Reformtarif eröffnet worden. Der preufsische Handelsminister knüpfte also seine Genehmigung des Danzig-Polnischen Verbandtarifs an die Bedingung der Annahme des Reformtarif-Schemas für diesen Verkehr auch seitens der an ihm beteiligten polnischen und russischen Bahnen. Diese wollten darauf nicht eingehen, und in den nun folgenden Verhandlungen gab die Königliche Ostbahn so weit nach, dafs sie wenigstens für alle südlich von Warschau belegenen Stationen der russischen Bahnen einen direkten Verkehr mit Danzig zustande kommen liefs, ohne auf der Annahme des Reformtarifs zu bestehen. Für alle nördlich von Warschau gelegenen Stationen verblieb sie aber bei dieser Forderung und liefs anstatt eines generellen nur eine Anzahl von Spezialtarifen für den direkten Verkehr zustande kommen.[2]) Dem abzuhelfen, richtete die Marienburg-Mlawaer im

---

Danziger Berichte enthalten darüber allerdings nichts, vergl. aber oben S. 18 ff. und den Stettiner Bericht von 1881 S. 11.

[1]) Vergl. über die gesamten nun folgenden Tarifkämpfe die Berichte von 1877 S. 39 ff., 1878 S. 21 ff., 1879 S. XXVII ff., 1880 S. 13 ff. Die Berichte wiederholen hier sehr häufig aus früheren Jahren und greifen anderseits häufig in das auf das Berichtsjahr folgende vor, so dafs es scharfer Aufmerksamkeit bedarf, den Faden der Entwickelung nicht zu verlieren. Wir haben deshalb im Text nur die prinzipiell wichtigsten Ereignisse berührt.

[2]) Es lag aufser der Frage des Reformtarifs auch noch eine zweite Differenz vor, die das Zustandekommen eines direkten Verkehrs Danzig-Warschau mit generellem Tarif verhinderte: die neue Linie war eine Konkurrenzlinie für die allerdings viel längere alte Route Danzig-Thorn-Alexandrowo-Warschau, an der hauptsächlich die Ostbahn beteiligt war. Diese erklärte zwar, der neueren kürzeren Route über Mlawa keine Konkurrenz machen zu wollen, beantragte aber, die

Verein mit den russischen Bahnen einen direkten Verkehr wenigstens zwischen Marienburg und Warschau ein, und um ihn im Effekt einem direkten Verkehr Danzig-Warschau möglichst ähnlich zu machen, namentlich Franko-Sendungen zu ermöglichen, wurde die Einrichtung getroffen, dafs die Fracht für die Strecke Marienburg-Warschau bereits in Danzig auf den Duplikat-Frachtbrief des für die Ostbahnstrecke Danzig-Marienburg bereits frankirten Gutes eingezahlt werden konnte. Diese sämtlichen Tarife traten im Dezember 1877 in Kraft und waren in Markwährung aufgestellt.

In dieselbe Zeit fällt auch der Kurssturz der Rubel mit seinen übeln Folgen für die Tarifverhältnisse im deutsch-russischen Verkehr. Danzig will darunter weniger gelitten haben als Königsberg, da es in seinem Hinterlande nicht die Konkurrenz eines russischen Hafens zu bestehen hatte[1]) und so soll denn diese interessante Erscheinung auch erst bei der Darstellung des Königsberger Handels besprochen werden.

Inzwischen hätte das oben geschilderte Provisorium der Tarifverhältnisse vielleicht noch recht lange anhalten können, wenn nicht ein Ereignis eingetreten wäre, das, im Prinzip für Danzig von vornherein gefährlich, diese Gefährlichkeit bald auch thatsächlich zeigen sollte. Die Brest-Grajewoer, Brest-Kiewer, Kiew-Kursker

---

Frachtdifferenz auf den beiden Routen ein für allemal zu fixieren (es wurde eine solche von 5% vorgeschlagen). Dagegen sträubte sich Danzig, welches fürchtete, wenn die Tarife der neuen Bahn auf diese Weise festgelegt und an diejenigen einer anderen gebunden würden, würden sie nicht die für die Bedürfnisse des Handels unbedingt nötige Beweglichkeit haben. Wegen dieses Widerspruchs kam auch auf der alten Linie über Alexandrowo kein neuer direkter Verkehr zustande, der alte war längst sogar durch die Sätze des Lokalverkehres der Königlichen Ostbahn unterboten, und so kam es, dafs in der Zeit, als infolge des Kurssturzes der Rubel die in Markwährung erstellten Sätze des Tarifs nach Königsberg bedeutend verteuert wurden, Danzig im gebrochenen Verkehr über Alexandrowo zu gröfstenteils in Rubeln normierten Frachten grofse Mengen Getreide mit Vorteil beziehen konnte (1877 S. 45).

[1]) So behaupten und erklären es wenigstens die Danziger Berichte, obgleich dieser Grund nicht recht genügend erscheint. Denn mochte auch im Hinterlande eine solche Konkurrenz nicht bestehen, auf den gemeinsamen Absatzmärkten, namentlich in England, bestand sie jedenfalls, und hier konnten die russischen Häfen, denen unter den augenblicklichen Bahnfrachtverhältnissen ihr Getreide billiger einstand als den deutschen, es auch billiger offerieren als diese. Das konnte Danzig höchstens dadurch wettmachen, dafs es seinerseits im Hinterlande die Preise drückte. Aber auch das hatte ja seine Grenze, namentlich darin, dafs es nicht vorteilhafter werden durfte, das Getreide, selbst auf einem weiten Umwege, nach einem andern Hafen zu senden.

und die Odessaer Bahnen wurden unter dem Namen der „Russischen Südwestbahn" fusioniert. Alle diese Bahnen, die im Norden sämtlich nach Grajewo und Königsberg ausmündeten, wurden also bei dem Konkurrenten Danzigs in einer kompakten Masse vereinigt.

Zunächst zwar schien es für Danzig keine schlimmen Folgen haben zu sollen, ja ein Frachtzuschlag, den die kleinere Kiew-Brester Bahn im Danziger Verkehr, dem Prinzip der längeren Route folgend, als Entschädigung für ihre hier nicht, wohl aber im Königsberger Verkehr benutzte Strecke Kowel-Brest erhoben hatte, wurde nunmehr von der so grofsen Südwestbahn-Gesellschaft fallen gelassen, als nach der Fusionierung der Danzig-Polnische Verbandverkehr neu konstituiert wurde. Dafür führte sie aber im direkten Verkehr mit Königsberg wie mit Danzig Frachten mit fallender Skala ein, wobei Königsberg, für das der höchste Einheitssatz schon in Grajewo erhoben wurde und von da ab mit der Entfernung sank, sich besser stand als Danzig, dessen Skala erst mit Kowel begann. Indes waren die Frachten auf Danzig doch nur 10 Mark teurer als auf Königsberg, und so konnte man bei geringen Lokalspesen der Konkurrenz einigermafsen die Spitze bieten.

Der neue Tarif war wieder in gebrochener Währung erstellt: für die deutsche Strecke in Mark, für die russische in Rubeln. Übrigens blieb auch jetzt das Provisorium vorerst noch bestehen. Die neuen Tarife waren: ein genereller Tarif für den Verkehr zwischen Marienburg und russischen Stationen, aber nur ein Artikeltarif für den Verkehr zwischen Danzig und denselben Stationen. Ja, während früher wenigstens zwischen Danzig und den südlich Warschau gelegenen Stationen ein genereller Tarif bestanden hatte, scheint jetzt nicht einmal das der Fall gewesen zu sein (cf. 1877 S. 40, 1878 S. 21).

Inzwischen hatten sich die russischen Bahnen zur Annahme des Reformtarifs bereit erklärt, ein direkter Tarif Danzig-Warschau wurde aufgestellt, und somit schienen sich für die Entwickelung eines gedeihlichen Verkehrs mit dem Hinterlande die besten Aussichten zu eröffnen. Da erging ein Erlafs des Ministers der öffentlichen Arbeiten, durch den die preufsischen Eisenbahnverwaltungen angewiesen wurden, alle direkten Tarife mit ausländischen Bahnen, in welchen die deutschen Streckensätze nicht nach dem neueren deutschen Reformtarifsystem und den Frachtsätzen der internen Tarife gebildet worden, noch im Laufe des Jahres 1879 zu kündigen. Gleichzeitig wurde zur Bedingung der Genehmigung auch des Danzig-

Warschauer Verbandverkehres gemacht, dafs in ihm die deutschen Bahnen die vollen Sätze ihres Lokalverkehrs, höchstens gekürzt um die eventuelle halbe Expeditionsgebühr, einstellten. Thaten das (auch im Verkehr über Warschau hinaus) alle Bahnen, auch die am Verkehr beteiligten aufserdeutschen, so brauchte man fast keinen Verbandverkehr, sondern konnte im gebrochenen Verkehr arbeiten.

Gegen die nochmalige Bitte der Danziger aber, zu gestatten, dafs die Marienburg-Mlawaer Bahn unter ihre Lokalsätze heruntergehe, erhob nun auch noch Königsberg Einspruch, indem es behauptete (ob mit Recht oder Unrecht soll hier nicht erörtert werden), der bis jetzt angenommene Frachtunterschied von 10 Mark zu Ungunsten Danzigs von allen Stationen südlich des Schnittpunktes Kowel sei nicht hoch genug, um den bedeutenden, zu Gunsten Königsbergs vorhandenen Entfernungsunterschied von 111 km zu repräsentieren, Danzig mache, wenn die Fracht dahin nur so wenig teurer sei, als nach Königsberg, diesem eine unstatthafte Konkurrenz.

Dieser Widerspruch wurde als berechtigt anerkannt; es kam ein Reskript des preufsischen Ministers der öffentlichen Arbeiten, das der Marienburg-Mlawaer Bahn zwar gestattete, in gewissen bestimmten Fällen unter die Sätze ihres Lokalverkehres herunterzugehen, ihr aber verbot, im direkten Verkehr für ihre Strecke billigere Einheitssätze einzustellen, als die Südbahn im Verbandverkehr nach Königsberg für ihre Strecke von Königsberg bis Grajewo einsetzte.

Das aber mufste geschehen, wenn man überhaupt einen gegen Königsberg konkurrenzfähigen direkten Verkehr herstellen wollte, und somit war dieser vorläufig erstickt, wenn auch noch mit den russischen Bahnen unterhandelt wurde, um sie zu bewegen, ihrerseits ihre Tarife soweit als nötig herunterzusetzen.

Um einen direkten Verkehr überhaupt möglich zu machen, brachten diese wirklich das Opfer, ihre Einheitsfrachten so niedrig zu normieren, dafs dadurch die ungemein hohen, den deutschen Bahnen aufgezwungenen, einigermafsen ausgeglichen wurden, und so der ganze Verkehr überhaupt brauchbar wurde. Auf diesem Wege bezog Danzig jetzt endlich, trotzdem die Fracht 15 — statt früher 10 — Mark pro Waggon höher als nach Königsberg war, selbst von der Fastower und den Odessaer Bahnen in den Jahren 1881 und 1882 regelmäfsig bedeutende Quantitäten Getreide.

Aber schon im Jahre 1882 kam der schlimmste Schlag, den

Danzig zu erleiden hatte. Auf Anregung eines Tarifdezernenten der Ostbahn, die dabei anstatt der kurzen Route Marienburg-Danzig die längere Königsberg-Danzig ausnutzen konnte, war der sonderbare Plan aufgetaucht, vermittelst Tarifveränderungen den Verkehr zwischen den russischen Südwestbahnen und Danzig, statt wie bisher über Kowel-Mlawa-Marienburg-Danzig über Kowel-Grajewo-Königsberg-Marienburg-Danzig zu leiten. Auf die sehr energischen Vorstellungen der Danziger Kaufmannschaft hin versagte der preufsische Minister der öffentlichen Arbeiten diesem Plane zwar die Genehmigung, seine Folge aber war, dafs bei den Südwestbahnen die Begehrlichkeit wuchs, die Bereitwilligkeit, für den Verkehr mit Danzig, in dem sie ihre Route Kowel-Grajewo nicht benutzen konnten, Opfer zu bringen, abnahm. So trat denn anfangs 1883 für den Verkehr mit Danzig nicht nur ein Tarif in Kraft, dessen Positionen 20 Mark höher waren als die entsprechenden im Königsberger Verkehr, sondern es war dabei auch die Abmachung getroffen, dafs von sämtlichem auf der Südwestbahn resp. von ihren Hinterbahnen in Kowel ankommenden Getreide $3/4$ nach Königsberg, $1/4$ nach Danzig kommen sollte, und dafs dieses Verhältnis durch Frachtermäfsigungen resp. -erhöhungen wieder hergestellt werden sollte, sobald die halbjährlich erfolgenden Feststellungen ergäben, dafs es nicht eingehalten sei. Da die Südwestbahnen erklärten, ohne diese Klauseln überhaupt keine direkten Tarife nach Danzig erstellen zu wollen, so hatte auch die Königliche Ostbahn und der preufsische Eisenbahnminister trotz allen Sträubens, um nur überhaupt einen Verbandverkehr zustande zu bringen, ohne den jeder Exportplatz verloren ist, sich in diese nie dagewesene Kontingentierung zweier der gröfsten Häfen Preufsens seitens einer russischen Privateisenbahngesellschaft fügen müssen.

Und diese Tarife blieben in Kraft. Danzig bezieht zwar von den russischen Südwestbahnen Getreide, aber nur ein kümmerliches Viertel des nach den Ostseehäfen gehenden Getreides (das selbst wieder nur ein Teil der Gesamtproduktion jener Gegenden ist, während anderes nach russischen Häfen geht) kommt nach Danzig.[1])

1885 gelang es zwar, eine Verbindung herzustellen, die scheinbar für Danzig von der höchsten Bedeutung sein mufste, aber die Wirklichkeit entspricht dem nicht: nachdem die Bahn Güldenboden-Allenstein eröffnet war, wurde ein Verbandverkehr mit den russischen

---

[1]) Vergl. über die interessante Geschichte dieser Tarifbildung 1882 S. XVII ff.

Südwestbahnen via Marienburg-Güldenboden-Allenstein-Lyck-Grajewo hergestellt und so an Königsbergs Verkehrsweg, dem man in Kowel nichts hatte entziehen können, ein neuer Abflufskanal weiter unterhalb angebracht. Aber auch hier war das Hindernis dasselbe: auch Lyck-Danzig ist immer noch bedeutend weiter als Lyck-Königsberg, und so kann auch auf diesem Wege Danzig Königsberg eine erfolgreiche Konkurrenz nicht machen.[1])

Danzigs Handelsgebiet ist somit zwar recht ausgedehnt, aber allein mafsgebend — soweit man unter den heutigen Verkehrsverhältnissen überhaupt von der Alleinherrschaft einer Handelsstadt sprechen kann — ist Danzig nur in einem kleinen Gebiet: Westpreufsen,[2]) dem östlichen Stückchen vom Pommern, dem nördlichsten von Posen. Weiterhin in Polen läuft die Grenze gegen Königsberg etwa in der Mitte zwischen den beiden Bahnen Kowel-Grajewo und Kowel-Illowo, während die westlichsten polnischen Gouvernements Stettin, die südlichen Hamburg und Triest zufallen. Danzigs Alleinherrschaftsgebiet bildet also wesentlich einen breiten Streifen zu beiden Seiten der Weichsel, dessen südlichster Punkt aber schon Kowel ist. Von dem Handel der darüber hinausliegenden Gegenden hat Danzig nur einen sehr kleinen Teil an sich zu ziehen vermocht: es sind dies die von der russischen Südwestbahn aus erreichbaren Gegenden. Im einzelnen sprechen hier oft rein zufällige Umstände mit, auf die hier nicht weiter einzugehen ist. So nimmt z. B. gerade Pensa-Weizen seinen Weg mit Vorliebe nach Danzig, ohne dafs der Grund angegeben werden könnte.

---

[1]) 1885 S. 8.

[2]) Hier läfst sich zufällig die Grenze ziemlich genau bestimmen: in Königsberg bemerkte man mit Erstaunen, dafs Braunsberg seine Bedürfnisse nicht über den so nahe gelegenen ostpreufsischen Hafen, sondern über Danzig bezog. Man forschte nach dem Grunde und fand ihn bald: aus Versehen war Braunsberg in den Verbandverkehr der Ostbahn mit Pillau nicht aufgenommen, während es mit Neufahrwasser in direktem Verkehr stand. Dem Schaden wurde sofort abgeholfen, und seitdem gravitiert Braunsberg wieder nach Königsberg. Daraus dürfte aber hervorgehen, dafs alle südlich von Braunsberg gelegenen Ostbahnstationen Danzig zugehören, wie das von Elbing auch sonst festzustellen ist, und ergibt sich dann die westpreufsische Provinzialgrenze auch als die des Danziger Handels.
Königsberger Bericht von 1879 S. 20.

2. Charakteristik und Geschichte des Danziger Handels.

Danzigs Handel charakterisiert sich dem Stettiner gerade entgegengesetzt. Sein Hinterland ist zunächst Westpreufsen und Hinterpommern, das Land der Tuchler Heide und der Grofsgrundbesitzer, rechts der Weichsel das sogenannte Oberland mit seinem schweren Weizenboden und weiterhin Polen und Rufsland mit ihren ausgedehnten Wäldern, den weiten Ebenen der schwarzen Erde,[1]) auf der der Weizen den reichsten Ertrag liefert. Solche Gegenden exportieren naturgemäfs Rohprodukte, namentlich Getreide und Holz. Die Industrie, im allgemeinen schwach vertreten, stärker nur in der Umgegend von Marienburg und Marienwerder, sowie weiterhin in Warschau, Praga und dem fabrikthätigen Lodz, kann es selbstverständlich zu einer Ausfuhr ihrer Produkte nicht bringen, ja sie kann nicht einmal die Nachfrage befriedigen und so müssen Fabrikate und Metalle, die dem im ganzen flachen Schwemmlande natürlich mangeln, sogar noch über See zugeführt werden. Es ergibt sich also, dafs Danzig hauptsächlich Ackerbauprodukte und Holz ausführen, hauptsächlich Kolonialwaren, Metalle, Rohmaterialien, Industrieprodukte einführen mufs. In der That zeigen die nachstehenden Tabellen[2]) dies Verhältnis: Es waren von der gesamten Ausfuhr ihrem Werte nach:

---

[1]) In das „Gebiet der schwarzen Erde" im engeren technischen Sinn, den Tschernosjom, reicht das Danziger Gebiet allerdings nur mit seinem äufsersten Teile, in der Gegend von Shitomir hinein; die Nordgrenze des Tschernosjom wird etwa durch eine Linie Kischineff-Shitomir-Tula-Ssimbirsk bezeichnet. — Das russische Reich in Europa, S. 6.

[2]) Vergl. 1879 S. 51, 55; 1880 S. 72, 76; 1881 S. 80, 84; 1882 S. 55, 59; 1883 S. 53, 55. — Unter der Rubrik „Industrieprodukte unmittelbar aus Feldfrüchten" befinden sich die Posten: Mehl- und Mühlenfabrikate, Kraftmehl, Stärke, Jopenbier, Zucker, Melasse, Rüböl, Ölkuchen, unter der Rubrik Kolonialwaren die in den Tabellen der Berichte unter derselben Generalbezeichnung, sowie unter der Bezeichnung „Konsumtibilien" und „Getreide etc., Sämereien," worunter wohl Anis, Fenchel, Kümmel und ähnl. gemeint ist, aufgeführten Posten. Unter der Rubrik: Öle etc. befinden sich wieder die in den Berichten so bezeichneten bis inkl. des Postens: „Asphalt, Teer etc."; Metalle und Metallwaren wie in den Berichten bis inkl. „Kupfer, Kupferdraht, Kupfer- und Gelbgiefserwaren"; Erden und Erze wie in den Berichten bis inkl. „Glas und Glaswaren"; die Rubrik: Baumwolle etc. umfafst die Posten der Berichte von „Baumwolle, rohe" bis inkl. „Flachs, Hanf, Heede, Werg, Jute", exkl. jedoch „Schafwolle, rohe", die, da sie gleichzeitig auch in bedeutendem Mafse von der eigenen Landwirtschaft produziert wird, nur unter „Diverses" genommen ist, worunter sich alle noch nicht genannten Posten der Berichte befinden.

	1879 %	1880 %	1881 %	1882 %	1883 %
Feldfrüchte	74,2	54,4	57,0	60,5	46,7
Industrieprodukte, unmittelbar aus solchen	7,2	13,5	14,3	20,4	32.6
Holz	15,7	28,5	24,3	16,6	17,7
Diverses	2,9	3,6	4,4	2,5	3,0
im ganzen	100,0	100,0	100,0	100,0	100,0

und von der Einfuhr ebenso:

	1879	1880	1881	1882	1883
Kolonialwaren	33,6	32,5	35,7	29,6	30,0
Droguen und Farbwaren	6,3	5,7	5,8	7,3	6,7
Öle, Fette, Harze und ähnl.	17,7	16,1	17,4	12,8	10,0
Metalle und Metallwaren	17,2	24,5	16,5	17,2	19,8
Erden und Erze	9,3	8,9	10,2	9,4	9,8
Baumwolle, baumwollene und wollene Waren, Leinen und ähnl.	6,3	6,1	7,8	14,0	15,5
Diverses	9,6	6,2	6,6	9,7	8,2
im ganzen	100,0	100,0	100,0	100,0	100,0

Aber die Industrie braucht bei ihrer noch geringen Entwickelung wenig Rohmaterialen, die über See ihr zugeführt werden könnten. Anderseits ist die grofse Masse der ackerbautreibenden Bevölkerung des deutschen und polnisch-russischen Hinterlandes (zum grofsen Teil slavischen Stammes) äufserst arm und genügsam und, in elenden Dörfern lebend, oder in Rufsland noch immer de facto halb leibeigne Instleute des Gutsherrn, nicht in der Lage, irgend einen Luxusbedarf zu haben oder zu befriedigen. So beschränkt sich die Nachfrage nach Kolonialwaren im ganzen auf die relativ wenig zahlreichen Städte, ist auch hier nicht bedeutend und engt somit den Import dieser Artikel auf ein im Verhältnis zu andern Plätzen wenig bedeutendes Mafs ein. Die Ausnahme, die einzelne Artikel, wie Heringe und Salz, davon machen, sind zum Teil nur wieder eine sehr charakteristische Bestätigung der Regel: es sind die Konsumartikel eines äufserst niedrigen Existenzminimums.

Aus alledem ergibt sich, dafs in Danzig umgekehrt wie in Stettin die Einfuhr kleiner sein mufs, wie die Ausfuhr. Leider sind wir dieses Mal nicht in der Lage, dafür die absolut sicheren ziffermäfsigen Beläge beizubringen. Denn Danzigs Hauptausfuhrartikel, Holz, ist so inkommensurabel mit allen andern Waren, dafs sich eine mit der Einfuhr (in der Holz nicht vorkommt) vergleichbare Quantität der Ausfuhr gar nicht feststellen läfst.

In richtiger Erkenntnis dieser Unmöglichkeit ist vor 1879 in den Danziger Berichten auch gar nicht der Versuch gemacht. Nach

1879 finden sich Zahlen, die aber so unsicher sind, dafs wir es nicht verantworten zu können glaubten, sie zur Grundlage unserer Darstellung zu machen, besonders da sie nur erst so wenige Jahre umfassen. Es blieb also nichts anderes übrig, als zur Beurteilung der Gesamt-Ein- und Ausfuhr auf den Wert derselben zurückzugehen, der sich seit 1860 regelmäfsig angegeben findet.

Derselbe beträgt in Reichsmark:

	Einfuhr Mk.	Ausfuhr Mk.
1860	15 779 448	62 582 490
1861	16 404 930	75 689 145
1862	17 056 035	85 148 538
1863	15 678 243	69 068 283
1864	13 129 413	50 082 189
1865	19 682 790	61 057 224
1866	18 078 972	55 794 894
1867	20 794 419	57 784 767
1868	23 107 000	55 839 075
1869	25 165 830	49 707 060
1870	23 972 760	48 475 050
1871	45 058 500	76 085 400
1872	51 823 920	53 827 200
1873	58 829 550	49 039 590
1874	47 517 000	52 053 000
1875	46 499 000	52 052 000
1876	49 848 000	45 666 000
1877	38 981 000	70 510 000
1878	44 351 000	78 488 000
1879	49 750 000	73 282 500
1880	53 056 000	58 401 500
1881	46 052 000	61 957 000
1882	50 796 000	92 752 000
1883	57 057 000	92 741 000

Auch bezüglich dieser Tabellen können wir freilich nur auf das verweisen, was bei Gelegenheit ähnlicher aus dem Stettiner Handel über den geringen Wert derselben gesagt ist, und versagen es uns daher auch hier, weitergehende Schlufsfolgerungen auf denselben aufzubauen. In die Augen springend ist aber das konstante, bis zum Beginn der siebziger Jahre ganz bedeutende Zurückbleiben der Einfuhr hinter der Ausfuhr, ein Zurückbleiben, das um so bedeutender ist, wenn man bedenkt, dafs, wie oben erwähnt, regelmäfsig wertvolle Güter ein-, minder wertvolle Rohprodukte ausgeführt werden.

Aber während die Ausfuhr in dem zwanzigjährigen Zeitraum von 1860—1880 im allgemeinen fast gleich bleibt und Ende dieser

Zeit noch immer um dieselben Ziffern herumschwankt, wie zu Beginn, wächst die Einfuhr fast jedes Jahr. So kommt es, dafs sie die Ausfuhr schon um Beginn der siebziger Jahre fast erreicht, sie übersteigt, wie 1873 und 1876. Aber das ist nur vorübergehend und bei dem grofsen Aufschwung, den die Ausfuhr anfangs der achtziger Jahre erfährt, läfst sie die Einfuhr schon wieder weit zurück.

Gehen wir etwas näher auf die obige Tabelle ein, so finden wir zunächst auch in Danzig wie in Stettin den Aufschwung um die Wende der sechziger Jahre, dessen Ursachen schon dort besprochen sind. Der Rückgang, der in Danzig schon 1860 eintritt, während um diese Zeit in Stettin die Entwickelung noch weiter geht, wird von den Berichten durch die Lähmung des Geschäfts erklärt, die dasselbe durch die polnische Insurrektion und — bei hier noch sehr wenig ausgebautem Eisenbahnnetz — durch den ganz ausnahmsweise niedrigen Wasserstand der Weichsel erlitt. Auch hier finden wir dann die schlimmen Jahre von 1864 an durch ein Zurückgehen der Ausfuhr wenigstens, des Hauptnahrungszweiges Danzigs, hinter die der ersten sechziger Jahre, die Kriegsjahre, durch ein Zurückgehen von Ausfuhr und Einfuhr markiert, aber das befsere Jahr 1869 hebt sich als solches nicht hervor, und die Andeutungen, die der Bericht über die Ursachen dieser Erscheinung macht, sind, namentlich wenn man sie weiter verfolgt, sehr bedeutsam.

Ost- und Westpreufsen bilden einen schmalen Streifen deutschen Landes, der zwischen die Ostsee und die slavische Bevölkerung Polens und Rufslands sich keilartig vorschiebt. In früher Zeit haben es die westlicheren deutschen Stämme kolonisiert, und man kann es wohl behaupten: gründlich kolonisiert, dafs es ganz und gar deutsch geworden ist. Dann aber ist es von den westlichen deutschen Stammesbrüdern im Stich gelassen und den Slaven wieder überantwortet, die es vergewaltigten und in weiten Distrikten, namentlich Westpreufsens, das Deutschtum fast völlig ausrotteten. Aber auch wo das nicht so gründlich geschah, bildeten sich allmählich Verhältnisse, die noch heute als „polnische Wirtschaft" berüchtigt und das Widerspiel aller gedeihlichen Staatsordnung und Volkswirtschaft sind. Die Provinzen, die sich unter der Ordensherrschaft, was Zahl und Wohlstand ihrer Bewohner, was die Blüte des Ackerbaues und der Industrie, des Handels und selbst der

Kunst anbetrifft, dreist mit jedem mittel- und westdeutschen Herzogtum messen konnten, verkamen und verwilderten unter der Herrschaft der polnischen Adligen und den nie ruhenden Raubzügen polnischer Horden. Während die Länder Westdeutschlands in ihrer Industrie allmählich um Jahrhunderte fortschritten, kamen Gewerbe und Industrie in Ost- und Westpreufsen um Jahrhunderte zurück. Endlich gelangten die Provinzen wieder in preufsische Hände: aber so wohlthätig ihnen dieser Wechsel der Herrschaft zwei Jahrhunderte früher gewesen wäre, so wenig Vorteile brachte er ihnen jetzt. Jetzt sollten sie mit den Stammesbrüdern im Westen, die ihnen inzwischen in Landwirtschaft und Industrie mit leichter Mühe weit vorangeeilt waren, die sich zu kräftigen, leistungsfähigen Gesellen entwickelt hatten, in einem Hause wohnen, mit ihnen dieselbe Kost essen, dieselben Kleider tragen. Wie wäre das möglich gewesen? Um seine Landwirtschaft und Industrie nach der damals herrschenden merkantilistischen Ansicht zu fördern, hatte Preufsen eine hohe Mauer von Schutzzöllen an seinen Grenzen errichtet, die nun auch um Ost- und Westpreufsen herumgeführt wurde. Den westlichen Provinzen, die eine überhaupt konkurrenzfähige Industrie und Landwirtschaft besafsen, die also durch den Zoll geschützt werden konnten, mochte das vielleicht vorteilhaft sein. Aber was half es den beiden Ostseeprovinzen? Sie besafsen überhaupt keine Industrie mehr, die an eine Konkurrenz mit der des Auslandes hätte denken können, sie standen volkswirtschaftlich auf derselben Stufe wie noch jetzt viele Teile Südrufslands: sie produzierten nur Rohprodukte, namentlich Getreide, Flachs, Holz, und hatten sich völlig darein ergeben, ihren Bedarf an Industrieprodukten bei anderen zu decken. Hierfür standen ihnen zwei Wege offen: sie bezogen sie entweder aus dem Inlande über Land, oder aus dem Auslande über See. Der hohe preufsische Schutzzoll mufste vernünftigerweise den Zweck haben, sie zu zwingen, ihren Bedarf bei den westlichen, industriereichen Provinzen zu decken, „damit das Geld im Inlande blieb". Nun bedenke man aber, was es heifsen will, Produkte, die schon ohnehin, weil zollgeschützt, teurer als die des Auslandes sind, auf dem ungeheuer weiten Landweg von Sachsen oder Westfalen nach Ost- und Westpreufsen zu schaffen, besonders vor dem Zeitalter der Eisenbahnen, wo der Transport nur vermittelst Fuhre auf der Chaussee und noch früher auf oft grundlosen [1]) Wegen stattfinden

---

[1]) Napoleon I. bemerkte, er habe in Preufsen einen neuen und fast unüberwindlichen Feind kennen gelernt, „den Schmutz der Landstrafsen".

mufste. Sie wären dadurch so teuer geworden, dafs es im allgemeinen immer noch vorteilhafter war, sie trotz des Zolles vom Auslande zu beziehen. So mufsten die Ostseeprovinzen ihre notwendigsten Bedürfnisse, namentlich Eisen, bedeutend teurer bezahlen als die westlichen Landesteile. Der Königsberger Handelsbericht für 1866 berechnet den „Tribut, den unsere arme Provinz den reichen Eisendistrikten jährlich entrichten mufs" in Gestalt des Eisenzolls auf 600 000 Thaler, der Bericht von 1867 die entsprechenden Summen beim Zoll auf baumwollene Waren auf 500 000 Thaler, beim Zuckerzoll auf 150 000 Thaler jährlich.[1]

Während um diese grofsen Summen der Wohlstand der Provinzen positiv geschädigt wurde, geschah auf der andern Seite auch wenig, um ihn zu heben.[2] Von welcher eminenten Wichtigkeit für jedes Land heutzutage der Ausbau seines Eisenbahnnetzes ist, wie das Gedeihen seiner Landwirtschaft, seiner Industrie und seines Handels davon abhängt, liegt auf der Hand. Wie sehr in Ost- und Westpreufsen aber der Eisenbahnbau zeitlich zurückgeblieben ist, ist zum Teil schon oben bei der Darstellung des Handelsgebietes Danzigs erwähnt, und nicht mit Unrecht schiebt auf diese Hintenansetzung der Interessen der Provinz in Zoll- wie in Eisenbahnangelegenheiten der Königsberger Bericht von 1867 ihre Armut, die bei einer Mifsernte, wie sie dieses Jahr brachte, eine Hungersnot in ihrer entsetzlichsten Erscheinung unvermeidlich machte. Nach einer Übersicht, die der Königsberger Bericht von 1866 aus dem letzten Heft des gleichen Jahrganges der Zeitschrift des Königlich statistischen Bureaus mitteilt, kamen:

1866	Eisenbahn in Meilen		Einwohner auf die □ Meile
	auf je 500 000 Einwohner	auf je 100 □ Meilen	
im ganzen preufsischen Staat	24,3	17,9	3760
in der Provinz Preufsen . .	14,0	7,2	2658
Posen . . .	18,4	10,7	2900

[1] Diese Zahlen sind nicht etwa erst hervorgesucht, die ganze Theorie von dem „Tribut an die anderen Provinzen" nicht etwa erst aufgestellt, um den Notstand des Jahres 1867 zu erklären. Schon 1849 findet sie sich ebenso wie die Klage über die mangelhaften Kommunikationsmittel; 1851 auch wieder die Tributtheorie; ja selbst 1881 kommt sie wieder zum Vorschein.

[2] Auch der Stettiner Bericht von 1868 S. 13 spricht von Ostpreufsen als einem „bis dahin so sehr vernachlässigten Teile des Staatsgebietes".

1866	Eisenbahnen in Meilen		Einwohner auf die ☐ Meile
	auf je 500 000 Einwohner	auf je 100 ☐ Meilen	
in der Provinz Pommern	20,4	10,2	2628
Schlesien	24,3	23,4	4800
Brandenburg	21,8	15,7	3612
Sachsen	27,2	24,3	4461
Westfalen	31,9	28,9	4543
Rheinprovinz	25,1	34,7	6906
Schleswig-Holstein	32,1	19,5	3028
Hannover	28,1	15,5	2754
Hessen-Nassau	35,8	34,7	4872

Noch im Betriebsjahr 1880/81 kamen nach der Statistik des Reichseisenbahnamtes Band I, (Berlin 1882) Anhang III Taf. 6.

1880/81	Eisenbahnen in km.		Einwohner auf 100 ☐ km.
	auf je 10000 Einwohner	auf je 100 ☐ km.	
im ganzen preufsischen Staat	7,2	5,7	7 830
in der Provinz Ostpreufsen	5,1	2,7	5 230
Westpreufsen	6,0	3,3	5 510
Posen	6,5	3,8	5 880
Pommern	7,1	3,7	5 720
Schlesien	6,7	6,7	9 950
Brandenburg	7,1	6,1	8 490
Sachsen	8,2	7,5	9 160
Westfalen	9,4	9,6	10 120
Rheinprovinz	6,5	9,9	15 100
Schleswig-Holstein	7,2	4,3	5 980
Hannover	8,8	4,8	5 520
Hessen-Nassau	7,7	7,6	9 910

Seitdem haben sich diese Verhältnisse durch den Bau neuer Linien ja wohl etwas, aber nicht viel gebessert, und bis dieser Ausbau eine wohlthätige Einwirkung auf das Erwerbsleben der Bevölkerung ausübt, können noch Jahrzehnte vergehen. Unter der Weitmaschigkeit des Eisenbahnnetzes leidet in erster Linie die Landwirtschaft: dem kleineren Besitzer ist es nicht möglich, sein Getreide viele Meilen weit bis zur nächsten Bahnstation zu fahren und so direkt bis nach den Märkten in den Seeplätzen zu bringen. Er mufs es an den Zwischenhändler in der nächsten kleinen Stadt verkaufen, der natürlich stets 50—60 Pf. unter Danziger resp. Königsberger Marktpreis zahlt. Dieselbe Wirkung haben, wo selbst

Bahnen schon bestehen, die hohen Stückgutfrachten derselben nach dem Reformtarif: der Besitzer, der nur kleine Quantitäten auf einmal verladen kann, ist von dem Vorteil des billigen Wagenladungstarifs ausgeschlossen, den der Zwischenhändler voll und ganz geniefst. (Vergl. den Jahresbericht des ostpr. landwirtschaftl. Zentral-Vereins von 1886.)

Jedenfalls steht das Eine fest: dafs die Provinzen infolge der geschilderten Entwickelung der historischen Verhältnisse an Wohlstand[1]) weit hinter den andern deutschen Ländern zurückstehen. Daher die Unmöglichkeit gröfserer Kapitalansammlungen, aus der sich der Mangel einer lebensfähigen Industrie[2]) erklärt, daher aber auch der verhältnismäfsig geringe Konsum an wertvolleren Artikeln der Luxus-Industrie und an Kolonialwaren. Eine solche Bevölkerung kann nicht einen Handelsplatz grofsen Stiles erhalten, geschweige denn zwei. Königsberg und Danzig sind, um ihre Existenz zu retten, mehr als irgend ein anderer Ostseeplatz notwendig auf ihr weiteres Hinterland angewiesen. Dieses aber liegt nicht in Deutschland.

Man betrachte auf der Karte die Lage der beiden Provinzen, wie sie abseits des übrigen Deutschland der Küste entlang vorgeschoben sind. Sie sind ohne eine engere örtliche und ökonomische Verbindung mit Deutschland: von Berlin bis Königsberg fährt man auf der Eisenbahn einen Tag lang, ohne dabei auf wirtschaftliche Zentralpunkte ersten Ranges zu stofsen, wie sie weiterhin im Westen überall verbindende Brücken von einem zum andern bilden. Die Tuchler Haide, die öden Gegenden des Warthe- und Netze-Bruchs, von einer zum grofsen Teil polnischen, stumpfen Bevölkerung bewohnt, trennen Ost- und Westpreufsen von der übrigen

---

[1]) In dem Königsberger Bericht pro 1868 klagen die Kaufleute der Fayence und Porzellanbrauche, dafs teurere, künstlerisch ausgestattete Ware nicht abzusetzen sei: Königsberg sei eine „Stadt ohne Luxus". Schlimm genug, wenn man das von einer Stadt von über 100 000 Einwohnern sagen kann! Selbst 1873 noch, also gerade in der Zeit der höchsten Blüte des Königsberger Handels, heifst es: für Luxusgegenstände in Fayence, Porzellan und Glas fehle es „an Konsumtionsfähigkeit, Wohlhabenheit, vielleicht auch an Verständnis". Inbetreff des gänzlichen Fehlens eines feineren Kunstsinns in breiteren Schichten der Bevölkerung, wo er sicherlich auch ein Zeichen eines gewissen behaglichen Wohlstandes wäre, sind die Berichte aus dem Buch- und Kunsthandel in Königsberg ungemein lehrreich.

[2]) Der Königsberger Bericht von 1873 sagt: „die Industrie ist in unserer Provinz noch ebenso unentwickelt als in Rufsland, ja in manchem ist Rufsland uns voraufgeeilt".

volkswirtschaftlich aktiven Masse Deutschlands. Was ist ihnen in wirtschaftlicher Beziehung Deutschland, was kann es ihnen sein? Sie stehen zu ihm nur in demselben Verhältnis wie etwa Rufslands deutsche Ostseeprovinzen mit ihren Häfen Riga und Reval. Wohl exportieren Königsberg und Danzig Getreide und Holz nach Deutschland und importieren dafür von dort Industrieprodukte, aber sie thun es in nicht viel stärkerem Mafse als Riga und Reval und sie thun es auch auf demselben Wege, über See und nicht zum geringsten Teil sogar auf dem weiten Umwege über Holland und den Rhein hinauf. Der eigentliche körperliche Zusammenhang, wie er zwischen nebeneinander wohnenden Stammesbrüdern und Angehörigen eines und desselben Staates sein soll und sich im Handel durch den lebhaften, eng nachbarlichen Verkehr von Ort zu Ort, von Provinz zu Provinz auf dem angemessensten Verkehrswege, den Eisenbahnen, äufsert, ist hier zerrissen, zerrissen durch die grofse Entfernung der Provinzen von dem Kerne Deutschlands, die, wie sie den Verkehr und die nähere Berührung der Bevölkerung[1] erschwert, so auch den lebhaften Güteraustausch verhindert.

In Rufsland müssen also die Häfen der beiden Provinzen ihr Hinterland suchen. Österreich kann an der deutschen Grenze Prohibitiv-Ein- und Ausfuhrzölle erheben, selbst Ein- und Ausfuhrverbote erlassen und sich so dem deutschen Verkehr hermetisch verschliefsen, um seinen Handel in Triest und Fiume zu monopolisieren: Stettin wird den Verlust seiner Verbindungen mit jenen Gegenden zwar schwer empfinden, aber es wird ihn verschmerzen können, indem es sich an seinem grofsen zollinländischen deutschen Hinterlande schadlos hält. Schliefst Rufsland aber seine Grenze gegen Preufsen ab, so sind damit Königsberg und Danzig aus der Liste der Handelsplätze gestrichen, ihre Hafenbauten mögen zum Abbruch verkauft werden, sie sinken auf den Rang Kolbergs, Rügenwaldes, Greifswalds zurück. Freilich wird ihnen der Verkehr nach Rufsland nicht leicht gemacht. Es ist oben bei der Darstellung des Danziger Handelsgebietes bereits darauf hingewiesen, welche verhängnisvolle Rolle die polnische Zollgrenze in der Entwickelung des Danziger Handels schon von jeher gespielt hat. Die hohen Sätze des Tarifes selbst, die zahllosen Abgaben, die unter den verschiedensten Titeln zu Recht und Unrecht nebenbei erhoben werden, die

---

[1] In Ostpreufsen sagt man: man reise „ins Reich", wenn man die Provinzialgrenzen überschreitet.

Zeit, Geld und Arbeitskraft raubenden, oft böswillig veranlafsten Plackereien bei der Erhebung der Zölle, die nationalen Eifersüchteleien in wirtschaftlichen Fragen diesseits und jenseits der Grenze, die Anfeindung der Deutschen in Rufsland, der Russen in Deutschland, kurz, alle die Übelstände und Beschwerden, die einem Grenzverkehr immer anhaften, die hat der Handel Danzigs und Königsbergs, nicht wie der anderer Städte nur mit einem Teile zu tragen, sondern fast in seiner ganzen, jedenfalls in seiner überwiegend gröfseren Ausdehnung. Manchen Zweigen ist positiv durch dieses eherne Band die Lebensluft abgeschnitten; sie sind erwürgt — wie der Salzhandel in Danzig — wo er erst neuerdings wieder auflebt — der Petroleumhandel in Königsberg. Indessen — man kann Rufsland nicht entbehren, wie dargethan, und so mufs man sich in alles ergeben, auch darin, dafs man, selbst wenn nun die Zollschranke überwunden ist, nur eine Konsumtionsfähigkeit findet, die noch weit hinter der der eignen Provinzen zurücksteht. Auch das begreift sich somit, dafs Danzigs wie Königsbergs Handel weit hinter dem Stettins mit seinen reichen Hinterländern zurückstehen mufs.

Erwägt man nun aber, einen wie kleinen Teil des Handelsgebiets beider Städte die preufsischen Provinzen nur ausmachen, so leuchtet ein, dafs für ihren Seehandel, trotzdem die Konsumtionsfähigkeit der russischen Bevölkerung noch schwächer ist als die der ostpreufsischen, die russischen Verhältnisse von weit gröfserer Wichtigkeit sein müssen als die deutschen, deren Schauplatz ihnen so fern liegt.

Und dem ist in der That so. Der Stand der russischen Valuta ist für beide Plätze viel wichtiger, als der der österreichischen für Stettin.[1]) Ob Rufsland nach aufsen und im Innern Ruhe hat oder nicht, ob seine Industrie- wie seine ganzen Erwerbsverhältnisse und seine Ernte schlecht oder gut sind, ob die Messe von Nischny-Nowgorod befriedigend verlaufen ist oder nicht, — das alles sind Fragen, die für Danzig und Königsberg von der eminentesten Wichtigkeit sind, von weit gröfserer als selbst die entsprechenden Verhältnisse Deutsch-

---

[1]) Selbst in manchen der kleineren Provinzialstädte der beiden Provinzen gibt es Kaufleute, deren Geschäft noch gar nicht einmal einen grofsen Umfang hat und die sich dennoch täglich von der Berliner Börse aus telegraphisch den Rubelkurs mitteilen lassen. — 1851 S. 12 ist es nur der eine Artikel Leinsaat, bei dem in Stettin die Schwankungen der österreichischen Valuta unangenehm empfunden werden. 1859 S. 19 ähnlich bei Thran. Vergl. damit Ereignisse wie die Änderung der Tarifverhältnisse durch den Rubelkurs u. S. 96 ff.

lands. — Die Lage der beiden Seeplätze und die durch sie bedingte Richtung ihrer Handelsbeziehungen, vermöge deren man sie fast mehr russische als deutsche Häfen nennen kann, erklärt nun die Erscheinung, dafs der Danziger Handel in seiner Aus- und Einfuhr wiederholt da, wo der Stettiner Umschläge und Veränderungen zeigt, ruhig bleibt und umgekehrt da Schwankungen zeigt, wo der Stettiner konstant ist.

Schon dafs der Aufschwung um den Anfang der sechziger Jahre sich in Danzig weit früher als anderwärts bemerkbar macht, ist ein Zeichen dieser intimen Beziehungen zu Rufsland, von dem ja, freilich ursprünglich wider seinen Willen, diese neue Ära mit veranlafst wurde. Die liberalere Strömung, die dort unter Alexander II. zu herrschen begann, kam auch dem Danziger Handel beträchtlich zu gute. Die polnische Insurrektion 1863 und 1864 ist durch ein tiefes Sinken der Ein- wie der Ausfuhr bezeichnet. Die Bestimmung, dafs vom 1. Januar 1877 ab alle russischen Zölle in Gold, statt wie bisher in Papierrubeln bezahlt werden sollen, was ihre Erhöhung um 35 % bedeutete,[1]) markiert sich durch eine Zunahme der Einfuhr im Jahre 1876, wo man noch möglichst viel zum niedrigeren Zollsatz über die Grenze schaffte, und durch eine sehr starke Abnahme derselben in 1877. Der dann ausbrechende orientalische Krieg läfst aber zur selben Zeit, da das Schwarze Meer gesperrt war, einen beträchtlichen Teil des russischen Handels auch über Danzig gehen und so steigt die Ausfuhr wie die Einfuhr wieder, und zwar zum Teil sehr bedeutend.[2])

Die Wirtschaftspolitik Russlands, die nach dem Vorbilde der deutschen die nationale Arbeit und so auch den nationalen Handel schützen nnd deshalb nicht dulden will, dafs das russische Getreide über deutsche Häfen exportiert wird, zu welchem Zweck sogar auf ausdrückliche Anordnung des russischen Ministers die Tarife der russischen Bahnen zu ungunsten der deutschen und zu gunsten der russischen Häfen umgestaltet werden,[3]) diese Politik kommt zum

---

[1]) 1876 S. 3.

[2]) Man mufs freilich ja nicht glauben, dafs mit einem quantitativen Wachstum des Handels auch immer ein qualitatives gegeben sei. Durch den Orientkrieg z. B. wurde zwar der Ausfuhrhandel Danzigs gefördert, da er nun die Produkte Rufslands leichter erhalten konnte, der Einfuhrhandel aber sehr geschädigt, da der Krieg die russische Valuta entwertete und Kredit-, Erwerbs- und Konsumverhältnisse Rufslands zerrüttete. Das letztere drückt sich in dem nur schwachen Wachstum der Einfuhr in 1878 aus.

[3]) 1880 S. 15 u. S. 2.

Ausdruck in dem kolossalen Rückgang der Ausfuhr von 1880, während zwei ausgezeichnete russische Ernten in den Jahren 1882 und 1883 sie wieder zu noch nie dagewesener Höhe steigern.

Alle diese und noch manche andere Thatsachen würden noch weit mehr zur Erscheinung kommen, wenn wir Angaben über die Quantität der Danziger Ein- und Ausfuhr hätten. Da aber die Zahlen der auch von uns mitgeteilten Werttabelle aus den schon angegebenen Gründen zu unsicher sind, so verzichten wir hier auf eine weitere Analysierung derselben.

Aus dem Mifsverhältnis der Einfuhr zur Ausfuhr folgt, dafs Danzig, wieder umgekehrt wie Stettin, ein sogenannter „Ladehafen" sein mufs, d. h. ein Hafen, in den die Schiffe zwar oft leer einlaufen, von dem sie aber selten leer auslaufen müssen, nach dem sie daher von anderen Häfen her leer versegeln, um Ladung zu erhalten, auf die sie mit ziemlicher Sicherheit rechnen dürfen. Die Tabelle V. der Anlage zeigt das sehr deutlich.

Schon von der Mitte des Jahrhunderts an kommt ziemlich die Hälfte aller Schiffe leer ein, nur wenige Prozent aber gehen leer aus. In der glänzenden Zeit der ersten sechziger Jahre prägt sich beides am stärksten aus: 1862 gehen über 64 % leer ein, nur 0,7 % leer aus. Im Laufe der Entwickelung scheint sich das Verhältnis beinahe umkehren zu sollen: 1872 gehen nur 13,1 % leer ein, hingegen 6 % leer aus. Der entsprechenden Erscheinung begegneten wir schon oben bei der Feststellung der verschiedenen Gröfse der Ein- und Ausfuhr. Sie erklärt sich durch den Ausfall des Getreide-Exports einerseits, die Zunahme des Imports an Materialien für die Industrie und Kolonialwaren für den Luxusbedarf andererseits, und im letzten Grunde durch den für Danzig ungünstigen Ausbau des deutsch-russischen Eisenbahnnetzes (oben S. 57 f.) in Verbindung mit dem wirtschaftlichen Aufschwung Deutschlands.

Aber ebenso schnell wie dieser verschwindet auch die Veränderung der Danziger Handelsverhältnisse wieder;[1]) in 1878, dem

---
[1]) Schon 1873 S. 58 heifst es: „Charakteristisch für 1873 ist der Umstand, dafs während es in den vorangegangenen Jahren den Anschein hatte, als ob nach der Ostsee die Importfrachten gegenüber den Exportfrachten eine anhaltend steigende Tendenz verfolgen würden, das alte Verhältnis wiederhergestellt wurde,

Jahre des russisch-türkischen Krieges, weist der Eingang schon wieder fast 34%, der Ausgang nur 5,5% leere Schiffe auf. Immerhin tritt das Mifsverhältnis nie mehr so schroff wie in früheren Jahren auf. Ganz natürlich: es hängt mit dem Stadium der volkswirtschaftlichen Entwickelung des Hinterlandes zusammen und mufs sich also mit diesem verändern; auch für Danzig wird vielleicht einmal die Zeit kommen, wo sein Handel dem jetzigen Stettiner sehr ähnlich sein wird.

Umgekehrt proportional Stettin verhalten sich in Danzig, wie Einfuhr und Ausfuhr, so vermöge des gleichen ursächlichen Zusammenhanges auch die Frachten. Bei dem geringen Import sind Güter nach Danzig schwer erhältlich, es müssen also die zahlreich einlaufenden Ballastschiffe bei der Rückfracht die Kosten der Hinreise wieder einzubringen suchen,[1] und da die Nachfrage nach Schiffsraum für die lebhafte Ausfuhr stets stark, an ladebereiten Schiffen aber wegen der geringen Einfuhr bisweilen sogar wirklicher Mangel im Hafen ist, so gelingt es den Schiffern auch, höhere Frachten von Danzig zu erhalten, als es sonst der Fall wäre, wenn sie gleich, entsprechend dem niedrigen Stande des Frachtmarktes überhaupt, noch immer „ruinierend" sind.

Leider läfst sich diese Erscheinung hier noch viel weniger als die entsprechende in Stettin ziffermäfsig nachweisen, da die Berichte die Einfrachten nur für Steinkohlen und Salz, die Ausfrachten nur für Holz und Getreide angeben, Artikel, die frachtlich zu disparat sind, um eine Vergleichung zuzulassen.

Mit dem Charakter des Handels hängt es auch zusammen, dafs an dem Schiffsverkehr Danzigs die Dampfer lange Zeit einen so geringen Anteil hatten. Getreide ist für den Schiffer ziemlich das bequemste, praktikabelste Frachtgut, das er sich wünschen kann: er kann seinen ganzen Raum damit vollschütten, es verursacht keine toten Hohlräume, wie etwa Füsser oder anderes Sperrgut, es liegt fest und bringt bei schwerem Seegang nicht durch Hin- und Herschleudern das Schiff in Gefahr, wie etwa Eisenbahnschienen; es ist schwer, so dafs das Schiff genügend tief und sicher im Wasser liegt

---

wonach für unsere Reedereien die Ausfuhrfrachten die Hauptsache sind, die Rückfrachten aber nur eine untergeordnete Rolle spielen."

Aber nicht blofs wie dort angegeben, die Verhältnisse in den Kohlendistrikten Englands, sondern ebensosehr diejenigen in Deutschland selbst waren der Grund dieser Erscheinung.

[1]) Vergl. ausführlich darüber 1858 S. 4.

und nicht erst noch einer schwereren Beiladung bedarf, wie etwa Holz, und schliefslich ist es sauber und veranlafst beim Entladen keine Extrakosten für Reinigung etc., wie etwa Steinkohlen oder Petroleum. Aus allen diesen Gründen und weil es schliefslich im Verhältnis zu seinem Gewicht so wenig wert ist, zahlt es — auf der See und auch auf der Bahn — sehr geringe Frachten. Dasselbe gilt aus den nämlichen Gründen (mit Ausnahme des einen schon ersichtlich gemachten) für Holz. Deshalb haben die Dampfer, solange sie überhaupt noch so konkurrenzlos dastanden, dafs sie wählerisch sein konnten, beide Artikel wenig geliebt, wozu bei dem letzten noch der Umstand kommt, dafs für die Aufnahme von Langholz die Decksluken der Dampfer im allgemeinen zu klein waren, während die Segler, und speziell die Danziger, extra mit Rücksicht darauf gebaut waren und dafs ferner die Dampfer in der Querrichtung durch vertikale wasserdichte Wände — „Schotts" — in zahlreiche kleinere Abteilungen geteilt, deshalb zur Aufnahme von Langholz wiederum untauglich waren und zum Teil noch sind, während die Segelschiffe, wenn überhaupt, herausnehmbare Schotts haben und daher langgestreckte Laderäume gewähren. So kam es, dafs der Dampferverkehr gerade in Danzig immer nur ein verhältnismäfsig geringer blieb. Die Tabelle V der Anlage erweist das schlagend, namentlich wenn man die Prozentsätze des Dampfereingangs mit den entsprechenden Zahlen des Stettiner Verkehrs vergleicht, mit denen sie in der Tabelle III der Anlage zusammengestellt sind. Stettin beginnt im Jahre 1862 gleich mit einem Prozentsatz, den Danzig erst 1875 annähernd erreicht, dann aber geht die Entwickelung, seit dem letzten Orientkriege beginnend, so schnell vor sich, dafs sich jetzt die Prozentsätze fast gleichstehen. Aber wie verschieden sind immer noch die absoluten Zahlen! Stettin setzt 1862 mit beinahe 700 Dampfern ein, Danzig im gleichen Jahre mit — 175! Stettin erreicht im Jahre 1871 das erste Tausend, Danzig erst 1883, in demselben Jahre, in dem Stettin seinerseits schon das zweite Tausend überschreitet: fast 1300 Dampfer mehr sind in diesem Jahre in Stettin als in Danzig eingekommen, während der Gesamteingang von Dampfern und Seglern in Stettin nur ein Plus von ca. 1800 Schiffen gegen Danzig aufweist. Danach wären Segler ca. 500 in Stettin mehr eingekommen als in Danzig, Dampfer hingegen ca. 1300: man sieht, es ist gerade die Dampfschiffahrt, die in Danzig hinter Stettin zurückgeblieben ist. Die Berichte selbst erklären diese Thatsache durch die Art des Danziger Handels: der

Bericht von 1869 sagt ausdrücklich, daſs so wenige Dampfer nach Danzig kämen, läge daran, daſs sie noch nicht zur Aufnahme von Langholz eingerichtet seien, das als einzige Ladung zu erhalten sie in Danzig allerdings immer gewärtigen müssen.

Was schlieſslich die Form betrifft, in der der Handel in Danzig auftritt, so geht aus dem, was oben über den wirtschaftlichen Charakter seines Hinterlandes zusammen mit dem, was bei der Besprechung des Stettiner Handels über die Bedingungen des Speditionshandels gesagt ist, hervor, daſs Danzigs Handel hauptsächlich Eigenhandel sein muſs.[1])

Nicht unwichtig ist nur die Kollispedition und zwar hauptsächlich bei der Einfuhr. Bei dem lebhaften Verkehr, den gerade Polen mit Deutschland und überhaupt Westeuropa unterhält, ist es ganz erklärlich, daſs es seine Bedarfsartikel an Manufakten und Kolonialwaren aus den Fabriken und Entrepotplätzen des Westens direkt bezieht.[2]) Sonst aber sind in diesem weiten Ackerbau treibenden Hinterlande Konsumtion und Produktion noch stark dezentralisiert und nur in wenigen Wirtschaften schon so groſs, daſs sie dieselben zum direkten Verkehr mit den groſsen Weltmärkten veranlassen. Daſs Getreide und Holz, die wichtigsten Artikel des Danziger Handels, im allgemeinen sich der Spedition entziehen, ist schon oben gezeigt. Die Industrie hingegen ist noch so schwach entwickelt, daſs sie der Export-Spedition keine Güter gewähren kann. Die einzige charakteristische Ausnahme (s. o. S. 42) bildet die Melasse der polnischen und südrussischen Zuckerfabriken, von welcher beträchtliche Quantitäten bisweilen zum Export kommen.[3]) Dazu tritt endlich auch Zucker, den Schaden, der früher durch die Erdrückung der Zucker-Raffinerieen dem Handel zugefügt war, allmählich sühnend.[4]) Sehr spät kommt schlieſslich auch Spiritus in gröſseren Massen zum Export.[5])

Beim Import liefern Massengüter nur die Rohmaterialien der Industrie. Hauptsächlich sind es Roheisen und Baumwolle, die hier in Betracht kommen, aber noch bis in die allerneueste Zeit zum

---

[1]) Der Danziger Bericht von 1880 sagt selbst S. 4: „Allerdings ist der Maſsstab, mit welchem wir gewohnt sind, diesen Verkehr (nämlich den Speditionsverkehr) an unserm Platze zu messen, ein ziemlich bescheidener."
[2]) Vergl. schon 1849 S. 14.
[3]) A. a. O. 1872 S. 53, 1874 S. 50, 1878 S. 58.
[4]) 1879 S. 34 und sonst.
[5]) 1880 S. 59 und sonst.

grofsen Teil über Hamburg und Bremen spediert werden. Denn alle die kleinen Frachtdifferenzen auf dem Land- und Wasserwege zwischen den Ostseehäfen und den Hansestädten, die eine schlimme Konkurrenz hervorrufen und die wir schon oben besprochen haben, wirken natürlich im Speditions- noch schlimmer als im Eigenhandel. Bei diesem kann der Kaufmann die höhere Fracht durch billigeren Einkauf resp. geringeren Gewinn ausgleichen, beim Speditionshandel, wo die Transportkosten allein das Objekt sind, um welches gehandelt wird und die Konkurrenz sich dreht, ist solche kleine Differenz meist schon entscheidend. Eisen, Blei und Zink ferner bezieht Polen kurzer Hand aus dem benachbarten Schlesien und auch westfälisches Eisen geht gröfstenteils per Bahn direkt nach Polen, über Danzig nur dann, wenn sowohl die Rhein- wie die Seefrachten besonders billig sind.[1]) Bei Baumwolle kommt dazu, dafs die polnischen Fabrikanten dieselbe nicht einmal in Liverpool oder London kaufen, sondern direkt in Amerika, wo nach Hamburg oder Bremen leichter und billiger Schiffsgelegenheit zu finden ist, als nach Danzig, mit dem Amerika in fast gar keinem direkten Verkehr steht. Wie sollte es auch? Die einzigen nennenswerten Exportartikel Danzigs, Getreide und Holz, besitzt Amerika ja selbst im Überflufs.

Diese Einförmigkeit seines Handels, die geringe Zahl von Exportartikeln, ist mit einer der Gründe,[2]) weshalb Danzig die Stellung immer noch nicht einnimmt, die ihm seine geographische Lage anweist. Sie gestattet ihm nicht, so mannigfache, vielverzweigte und verschiedenartige, regelmäfsige Handelsverbindungen, etwa durch feste Dampferlinien anzuknüpfen, wie sie z. B. Stettin besitzt. Diese mannigfachen Verbindungen aber sind von unberechenbarem Wert gerade für den Speditionshandel, dessen ganzer Zweck es ist, für jeden Transport den billigsten Weg aufzufinden, was ihm um so besser gelingen mufs, je gröfsere Auswahl er hat.

Alles zusammengefafst, ergibt sich zur Charakteristik Danzigs etwa folgendes: es ist der Hafen einer wenig wohlhabenden, wirtschaftlich noch nicht völlig entwickelten, hauptsächlich Ackerbau treibenden

---

[1]) Vergl. 1875 S. 58.
[2]) Ein anderer bestand früher lange Zeit in der so höchst mangelhaften Eisenbahnverbindung Danzigs; denn nur, wenn auch auf eine prompte und schnellste Beförderung vom Hafenplatz weiter in das Innere des Landes gerechnet werden kann, haben die Tourdampfer, d. h. prompte und schnellste Beförderungsmittel bis zum Hafen Zweck und Sinn. Vergl. 1869 S. 46.

Gegend; sein Handel, quantitativ bedeutend hinter Stettin zurückstehend, hauptsächlich mit den Rohprodukten der Natur, Getreide und Holz beschäftigt, ist mehr Ausfuhr- als Einfuhr-, bedeutend mehr Eigen- als Speditionshandel, und wie in diesen Formen, so auch in den Mitteln, mit denen er betrieben wird, hinter Stettin eine Stufe in der Entwickelung zurückbleibend:[1]) erst in den allerletzten Jahren tritt die Segelschiffahrt etwas aus ihrer dominierenden Stellung zurück und räumt der Dampfschiffahrt den Platz ein, den sie in Stettin schon lange einnimmt; so sind auch regelmäfsige Dampfertouren und eine ebensolche Flufs-Dampfschiffahrt diese wirksamen Kampfmittel, die sich der moderne freie Verkehr gegenüber den von vielfach divergierenden Interessen abhängigen Eisenbahnen geschaffen hat, in Danzig nur erst in beschränktem Mafse ausgebildet.

[1]) Auch aufser den im Text genannten finden sich noch zahlreiche kleine aber charakteristische Symptome dieser langsameren Entwickelung. Das Terminsgeschäft, mag es nun verwerflich oder unter Umständen berechtigt sein, ist jedenfalls die charakteristische Form des modernen Handels. Aber noch 1851 spricht der Danziger Bericht S. 5 von der „nachteiligen Börsenspekulation mit Lieferungskontrakten" im Gegensatz zu dem Geschäft für den reellen Bedarf. Das Terminsgeschäft gilt in Danzig noch nicht als vollberechtigt. — Noch 1856, wo in Lübeck bereits 35 % des gesamten eingekommenen Schiffsraums aus Dampfern besteht, werden in Danzig zahlreiche Segelschiffe gebaut und „keiner der Reeder scheint geneigt zu sein, die Schraube bei Segelschiffen als Hilfe (!) in Anwendung zu bringen, weil die Einrichtung die Kosten um 50 % erhöht, und weil die Erfahrung noch nicht genugsam festgestellt hat, dafs die damit versehenen Schiffe den Stürmen ebenso erfolgreich Trotz bieten können, als die Segelschiffe ohne Schraube" (1856 S. 14). An derselben Stelle werden noch Vergleiche mit dem Verkehr am Anfange des Jahrhunderts angestellt. — Die reifsende Schnelligkeit, mit der sich infolge der Telegraphen, Dampfschiffe und Eisenbahnen alle geschäftlichen Transaktionen im modernen Handel vollziehen, scheint noch 1862 (S. 1) fast als etwas Unangenehmes empfunden zu werden. Danzig ist auch der einzige Platz, in dessen Berichten noch 1863, nachdem das Rüböl bereits zu 25 % durch Petroleum verdrängt ist (S. 16), Bedenken auftauchen, ob dieses dem alten Leuchtstoff dauernd werde Konkurrenz machen können (S. 7).

III. Königsberg.

1. Das Handelsgebiet Königsbergs.

Weniger als irgend einer der anderen grofsen Handelsplätze an der deutschen Ostseeküste ist Königsberg durch seine natürliche Lage begünstigt. Danzig liegt an der Mündung der Weichsel, Stettin an der der Oder, Lübeck in der Nähe Hamburgs und der Elbmündungen, in dem dem Westen Europas am meisten sich nähernden Winkel der Ostsee; Königsberg hingegen liegt an der Mündung des Pregels, der nur wenige Meilen, bis Insterburg, schiffbar ist: näher der Mündung des Niemens liegt Memel, weiter östlich in den Kontinent hinein vorgeschoben liegen Riga, Reval und Petersburg. Alle diese Vorteile der Lage sind also an die Konkurrenten vergeben, und Königsbergs Handelsgebiet müfste demnach nach Osten nur das Pregelthal bis wenig über Insterburg hinaus umfassen, nach Süden in dem von der Weichsel aus durch Danzig beherrschten Gebiet seine Grenze finden, also im wesentlichen nur die Hauptmasse der jetzigen Provinz Ostpreufsen umfassen. Durch eine lange Reihe zum teil ganz zufälliger Umstände wurde es jedoch in den Stand gesetzt, dieses Gebiet, allerdings auf Kosten Memels, bedeutend auszudehnen.

Bei Tapiau zweigt sich ein Arm des Pregels, Deime genannt, von diesem ab und mündet in das kurische Haff, in unmittelbarer Nähe des grofsen, von vielen Flufsarmen durchschnittenen Deltas, das der Niemen dort bei seinem Ausflufs bildet. So stellt die Deime einen Abzugskanal dar, durch den der Handel der Niemenstrafse auf Kosten Memels, dem er naturgemäfs gehört, nach Königsberg abgelenkt werden konnte. Immerhin handelt es sich aber hier nur um einen seitlichen Abzugskanal. Wie kam es, dafs durch diesen dem direkten Weg nach Memel so sehr der grofse russische Verkehr entzogen werden konnte, dafs nicht Memel die jetzige Stellung Königsbergs sich errungen hat? Die Beantwortung der Frage ist deshalb so schwierig, weil es nicht ein Grund, sondern eine ganze Reihe von Gründen ist, die diese Erscheinung veranlafste.

Bestimmend für die Entwickelung der genannten Städte war schon ihr Schicksal in den ersten Jahrhunderten ihres Bestehens, und für dieses wieder ihre Lage. Fast während seiner ganzen Blütezeit hatte der deutsche Ritterorden in Preufsen fortdauernd mit den wilden Litthauern zu kämpfen. Memel nun lag mitten in der von diesen Kriegen heimgesuchten Gegend, Königsberg an den Grenzen der gefährdeten Zone, Elbing, das hier zum Vergleich herangezogen wird, tief im sicheren Lande. Daraus ergab sich der Charakter der drei Städte: Memel eine stets von Vernichtung bedrohte Insel im brandenden Meer — wie es denn in der That alle diese Jahrhunderte hindurch schwer gelitten hat — Königsberg ein starkes Bollwerk und politisch und militärisch hochwichtiger Platz — wie denn auch hier der Ordensmarschall seinen Sitz hatte — Elbing eine behagliche, üppige Handelsstadt. Aus diesen politischen Verhältnissen erklärt es sich, dafs Königsberg schon damals Memel an Blüte des Handels überholt hatte, während es allerdings hinter Elbing wohl noch zurückstand.

Mit Danzig jedoch, das zu seinem Hinterlande nicht nur die Hauptstadt des Landes, Marienburg mit seinem luxuriösen Hofhalt, sondern auch das fruchtbare Werder und fast ganz Polen und Rufsland zählte, — mit diesem Platz konnte sich damals Königsberg natürlich nicht entfernt messen.

Dann aber verfiel der Orden. Westpreufsen ging an Polen verloren; Königsberg wurde Landeshauptstadt, und damit änderte sich auch vieles in den Verhältnissen seines Handels. Hatten früher die Hochmeister die Stadt und ihren Handel doch nur als Mittel zu dem Zwecke besonders gepflegt, an ihr einen starken Schutz zu haben, so wurde es jetzt, da sie selbst hier residierten, zu einem höchst egoistischen und darum um so intensiveren Interesse für sie, die Stadt recht glänzend aufblühen zu lassen, und zwar geradezu als Nebenbuhlerin des jetzt dem polnischen Erbfeinde gehörigen Danzig. Seit dieser Zeit schreibt sich die scharfe Rivalität zwischen beiden Städten. Unter den Begünstigungen aber, die Königsberg zu teil wurden, mufste, ohne dafs das beabsichtigt war, Memel wiederum leiden: auch in dieser Epoche gelang es ihm nicht, die ihm naturgemäſs gebührende Stelle als Handelsplatz einzunehmen, da Königsberg in dieselbe eingesetzt wurde. Ja, Memel war geradezu Königsberg tributär gemacht: dem Königsberg verliehenen Stapelrecht, das darin bestand, daſs die Städte eines gewissen Bezirks — hier alle nicht westlich vom Ermlande gelegenen — ihre Waren nur nach der privilegierten Stadt — hier Königsberg — zum Verkauf bringen durften, diesem uns jetzt schier unfaſsbaren Privileg war auch Memel unterworfen, und damit sein Seehandel von vornherein lahm gelegt. Erst nach fast 200jährigem Bestehen wurde am 15. Oktober 1657 wenigstens für Memel diese Beschränkung aufgehoben. Aber um Königsberg den bereits erlangten groſsen Vorsprung wieder abzugewinnen, war es für Memel jetzt schon zu spät, namentlich da bald darauf, 1696, der groſse Friedrichsgraben eröffnet und damit Königsberg erst recht in bequeme Verbindung mit dem Niemen gesetzt wurde. Die Stadt war eben, wenn auch seit der Herrschaft der brandenburgischen Hohenzollern nicht mehr wirkliche, so doch immer noch Titularresidenz und wurde vor den kleineren Provinzialstädten, denen gegenüber das Stapelrecht fortbestand, bedeutend bevorzugt. Noch bis in den Anfang dieses Jahrhunderts galt das Privileg und hinderte dadurch, daſs es alle Städte nötigte, über Königsberg zu handeln, auch das Aufblühen Memels. Als dann in der Stein-Hardenbergschen Ära, wie alle anderen, auch dieses Bannrecht aufgehoben wurde, und nun den beiden Plätzen Sonne und Wind zum Wettkampf einigermaſsen gleich zugemessen waren, da nahm Memel auch wirklich einen bedeutenden Aufschwung, während in Königsberg die Verhältnisse sich nicht wesentlich änderten.

Namentlich von dem russischen Verkehr zog in dieser Zeit Memel einen beträchtlichen Teil an sich, da es einerseits näher als Königsberg an Riga und Petersburg lag und so im Winter, wenn diese Häfen zugefroren waren — während Memel offen blieb —, sie besser versorgen konnte, anderseits die Straſse von dem eisfreien Pillau nach Königsberg nicht einmal chaussiert war und daher im Winter häufig durch ihren fast unbefahrbaren Zustand den Transport der Waren bis Königsberg, wo die Chausseen begannen, ungemein verteuerte, während sie in Memel aus dem Schiff unmittelbar auf die Chaussee gebracht werden konnten. So klagt der Bericht von 1859, daſs, während in besseren Wintern viel Zucker und sonstige Kolonialwaren über Königsberg gingen, in diesem Jahre 10 000 Zentner Zucker über Memel nach Riga gegangen seien, über Königsberg nur 4000 Zentner Zucker und eine geringe Quantität Pfeffer und Piment.

Sowie freilich das Zeitalter der Eisenbahnen anbrach, kam unter den schon nicht verwöhnten Handelsplätzen Ostpreufsens Memel wieder am schlechtesten fort. Zuerst hatte es sehr lange Zeit überhaupt keine Bahn, während Königsberg schon längst ausgedehnte Verbandverkehre besafs, und als es dann — und zwar mit auf den selbstlos dringenden Antrag gerade Königsbergs,[1] was hier hervorgehoben zu werden verdient — eine Bahn erhielt, da war es eine Sackgasse, eine im Dünensande verlaufende seitliche Abzweigung der grofsen Bahn Königsberg-Moskau. So verfällt jetzt wiederum der Handel Memels mehr und mehr und wird nicht eher wieder aufblühen, als bis auch für diese östlichen Gegenden Deutschlands die Zeit anbrechen wird, wo nach genügender Regulierung der Flüsse auf den Hauptverkehrswegen die Wasserstrafsen selbst die Eisenbahnen in den Hintergrund drängen; dann wird Memel einen Teil wenigstens des ihm gebührenden Handels von Königsberg zurückerobern.

Einstweilen aber ist es mangels dieser Flufsregulierung Thatsache, dafs Königsberg Memel vom Markte Westrufslands verdrängt hat.

An das Flufsgebiet des Pregel hat es schon frühe das des Niemen geknüpft und grenzte somit in einer Linie, die etwa von Borissow und Studianka nach Libau zu ziehen wäre, an das Rigaer Hinterland, das diese Stadt von der schiffbaren Düna aus beherrscht. Im Süden bestimmt sich die Grenze durch die Flufsgebiete der Weichsel und des Dnjepr. Denn wenn auch mit dem letzteren der Niemen durch einen Kanal verbunden ist, so herrschte früher in diesen Gegenden Danzig doch so ausschliefslich, dafs Königsberg dagegen wenig in Betracht kam.

Man kann somit als die damalige Südgrenze des Königsberger Handels etwa eine Linie bezeichnen, die durch Bialystock und Pinsk geht; als die Südostgrenze die Beresina und ihre Verlängerung über Bobraisk hinaus.

Ein nicht sehr grofses Gebiet ist es also, dessen natürlicher Seehandelsplatz Königsberg vor der Eröffnung der Eisenbahnen war, kleiner als dasjenige Stettins, kleiner auch als das Danzigs, während Lübeck seiner besonderen Verhältnisse halber überhaupt mit anderen

---

[1] 1866 S. 22, 1867 S. 17, 1868 S. 20, 1869 S. 23, 1870 S. 27, 1871 S. 33.

Plätzen nicht verglichen werden darf. Im Winter freilich erweiterte sich dies Gebiet beträchtlich. Die russischen Häfen liegen alle bedeutend nördlicher, aufserdem im Hintergrunde tiefer Buchten mit beengten Eingängen, sodafs sie im Winter zufrieren, und zwar Petersburg und Riga regelmäfsig, Reval meistens. Erst Windau und Libau, die an der offenen Küste und weiter südlich liegen, sind eisfrei.

Aber es sind keine guten Häfen und haben aufserdem bis heutigen Tages noch keine Chaussee nach dem Inneren. So kamen sie Königsberg und Memel gegenüber (s. o.), deren Häfen allen billigen Anforderungen entsprachen und die Chausseeverbindung hatten, nicht in Betracht. Doch war der Transport auch von diesen Plätzen bis ins innere Rufsland mit Frachtfuhrwerk immer noch so teuer, dafs er möglichst vermieden wurde. Deshalb deckten sich die russischen Engrossisten in Riga und Petersburg schon während des Sommers bei noch offener Schiffahrt für den Winter ein und bezogen nur bei unvorhergesehenem Bedarf ihre Waren über die preufsischen Häfen. Es konnte also auch diese zeitweise Erweiterung des Königsberger Handelsgebiets von gröfserem Nutzen für den Platz nicht sein.

Erst die Eisenbahnen haben Königsberg weitere Gebiete dauernd erschlossen. Aber lange, lange mufste es auf sie warten. Wir haben oben gezeigt, wie lange schon Stettin im Besitze weit verzweigter Schienenverbindungen war, als Danzig überhaupt erst seinen ersten Bahnanschlufs erhielt. Noch später erfolgte derselbe in Königsberg. Bekam Danzig im Jahre 1852 Verbindung mit Berlin, so erhielt Königsberg erst am 1. August 1853 Verbindung mit — Marienburg! Um weiter zu gelangen, mufsten die Passagiere vermittelst Trajekt über die Nogat — im Winter zu Fufs über die oft sehr schwankende Eisdecke — dann per Achse durch das Werder und wieder auf dieselbe primitive Weise über die Weichsel nach Dirschau, von wo dann die Bahn wieder begann. Dieser Zustand dauerte bis 1857, in welchem Jahre die Strecke Dirschau-Marienburg eröffnet wurde. Aber was schon bei Danzig über den relativ geringen Wert dieser Bahn gesagt ist, gilt auch für Königsberg. Das reisende Publikum, die geistige Entwickelung des Volkes gewannen durch diese Verbindung mit dem weiter vorgeschrittenen Westen, der Staat gewann durch die engere Anknüpfung der Provinzen an die Hauptstadt, es gewannen auch viele Detailhandelszweige und so nahm die Gesamtmenge der über Königsberg transportierten Güter zwar zu, aber für den Seehandel grofsen Styles, von dem das Gedeihen des Platzes abhängt, blieb diese Bahn indifferent.[1]

Ja, sie brachte ihm sogar gewisse Nachteile. Wir haben schon oben gesehen, wie Stettin unter der Hamburger Konkurrenz zu leiden hatte; wir haben diese Konkurrenz auch in Danzig wiedergefunden und mit dem weiteren Ausbau des Eisenbahnnetzes dringt sie sogar bis in das Hinterland Königsbergs vor, wie der Bericht von 1851 klagt. Neben den unwirtschaftlichen Differentialtarifen waren es auch hier wieder der Sundzoll und die irrationellen Durchfuhrzölle, die diese ungesunden Verhältnisse schufen.

Während des Krimkrieges dehnte sich das handelspolitisch nach Königsberg gravitierende Gebiet Rufslands weit aus, aber nach dem Pariser Frieden ging das meiste wieder verloren, und wie lange dauerte es noch, bis diese schnell verflogene Gröfse allmählich zu einer dauernden sich gestaltete! Wie langsam schritt die Erschliefsung Rufslands durch Eisenbahnen vor! Noch 1859 [2]) heifst es, der Niemen sei die Hauptader des Königsberger Gesamtgeschäfts mit Rufsland, d. h. dieses Geschäft war eben noch immer auf die oben bezeichneten engen Grenzen angewiesen. Erst im Juni 1860 wurde die Strecke Königsberg-Wirballen eröffnet, im Frühjahr 1861 die Fortsetzung von Wirballen nach Kowno, aber auf dieser letzteren fehlen noch alle Brücken.[3] Das war die erste Bahn, die Königsberg mit seinem Hinterlande verband, und zwar zu einer Zeit, wo Stettin bereits aus Ungarn und dem Banat Getreide erhielt!

Im Frühjahr 1862 endlich wurden auch diese Brücken gebaut und gleichzeitig die Bahn Kowno-Petersburg eröffnet. Die Nikolaibahn von Petersburg war schon 1851 dem Verkehr übergeben worden.

Nun war mit einem Schlage Königsbergs altes Handelsgebiet ins Unermefsliche erweitert. Theoretisch stand ihm jetzt das ganze grofse Rufsland offen. Wie weit und mit welchem Vorteil es von der gebotenen Möglichkeit würde Gebrauch machen können, das

---

[1]) 1868 wird nach Vollendung der Bahn bis nach Rufsland in der Manufakturbranche sogar geklagt, dafs, während früher die durchreisenden Fremden oft recht ansehnliche Einkäufe machten, der Platz jetzt für die meisten nur Dinerstation sei.

[2]) 1859 S. 19.

[3]) 1861 S. 16.

hing von der Gestaltung des Bahnbaues, der Eisenbahnpolitik und der allgemeinen Wirtschaftsverhältnisse Rufslands ab. Die Bahnverhältnisse aber waren längere Zeit für Königsberg recht günstig. Nur drei Ostseehäfen waren damals mit dem Innern Rufslands durch Bahnen verbunden: Petersburg durch die Nikolaibahn nach Moskau, Riga durch die Riga-Dünaburger Anschlufsbahn an die Linie Petersburg-Warschau und Königsberg durch die Anschlufsbahn Wirballen-Kowno an dieselbe Linie. Von diesen drei Häfen war Königsberg (resp. Pillau) der einzige, der im Winter nie zufror. So ging der ganze überseeische Handel Rufslands im Winter über Königsberg. Denn jetzt, da durch die Eisenbahnen der Landtransport gegenüber dem früheren Verkehrsmittel, der Frachtfuhre, so sehr viel billiger geworden war, brauchten die Russen sich nicht mehr während des Sommers für den Winter zu versorgen, um den Landtransport der Waren zu vermeiden. Freilich mufste er damals noch einen unglaublichen Umweg machen. Der wirtschaftliche Zentralpunkt des ganzen russischen Reiches ist Moskau; dorthin mufsten von Königsberg aus auch die Waren, die Rufsland vom Auslande bezog, geschafft werden. Das war aber nur möglich auf dem ungeheuren Umweg Wirballen-Petersburg-Moskau. Diesen Weg nahmen nun auch in der That sehr bedeutende Warenmengen.

Königsberg hatte für diesen Handel das Monopol, denn Danzig erhielt erst 6 Jahre später, 1867, durch die Eröffnung der Linie Lowicz-Alexandrowo Anschlufs an das russische Bahnnetz und selbst dann war, wie schon oben S. 55 ff. gezeigt, dieser Weg sehr weit, so dafs derselbe Königsberg eine ernstliche Konkurrenz nicht machen konnte.

Aufserdem wurde gleich darauf 1868 die Strecke Witebsk-Orel eröffnet, nachdem schon 1866 Dünaburg-Witebsk vorangegangen war, und dadurch kam Königsberg in Verbindung mit den reichen Weizen- und Fabrikbezirken südlich von Moskau.

Bis jetzt hatte Königsberg in ziemlicher Ruhe und Sicherheit sein Gebiet sich immer weiter ausdehnen gesehen. Freilich hatte Hamburg auch hier eine lebhafte Konkurrenz gemacht, unterstützt durch die verwerflichsten Differentialtarife, die z. B. den Frachtsatz der ermäfsigten Klasse in Wagenladungen auf 31 Sgr. 3 Pf. pro Zentner für die Strecke Hamburg-Königsberg, dagegen auf 30 Sgr. 6 Pf. für die Strecke Hamburg-Wirballen normierten.[1] Ähnlich

---
[1] Bericht von 1868. Die Entfernung von Königsberg bis Wirballen beträgt 20½ Meile.

irrationell war im französisch-russischen Verbandverkehr Flachs tarifiert, der z. B. in Wagenladungen von Königsberg bis Lille 50 Sgr., von Dünaburg bis Lille nur 48 Sgr. per Zentner Fracht zahlte.[1]) Dadurch wurde natürlich der direkte Verkehr von Hamburg resp. Frankreich sehr erleichtert, der Königsberger Platzhandel aber und die Spedition gestört. Immerhin war diese Konkurrenz bisher so bedeutend nicht, dafs sich der Handel nach Rufsland während dieser Zeit nicht im ganzen nach Wunsch entwickelt hätte.

Jetzt aber traten die russischen Seeplätze mit grofsem Nachdruck in den Konkurrenzkampf ein. Im Jahre 1870 wurden in Rufsland zwei nach sehr verschiedenen Richtungen für Königsberg wichtige Bahnstrecken eröffnet: Baltishport-Reval-Petersburg und Moskau-Smolensk. Es war schon oben gesagt, dafs Reval nicht immer zufriert: bei Baltishport, seinem Vorhafen, sind die Chancen des Offenbleibens noch gröfser. Wenn dieser Hafen, der also in der Beziehung Königsberg fast gleichstand, nun noch eine Verbindung mit Moskau erhielt, die um ebensoviel näher als diejenige Königsbergs war, wie die Bahn Baltishport-Petersburg kürzer war als diejenige Königsberg-Petersburg, d. h. um ein sehr Bedeutendes, und wenn auf dieser Linie, wie es thatsächlich der Fall war, noch besonders billige Frachten gestellt wurden, — so war Moskau und damit das ganze innere Rufsland für Königsberg verloren.

Ein vorzügliches Abwehrmittel schien sich dazu in der zweiten der genannten Bahnen zu bieten. Smolensk war Station der Bahn Witebsk-Orel, und es bot sich damit also ein im Verhältnis zum früheren bedeutend näherer Weg Königsberg-Wirballen-Dünaburg-Smolensk-Moskau. An dieser Route war aber die „grofse Eisenbahngesellschaft" nur mit der Strecke Wirballen-Dünaburg, an jener Reval-Petersburg-Moskau hingegen mit der bedeutend längeren Petersburg-Moskau beteiligt und weigerte sich deshalb, einen direkten Verkehr auf der angegebenen Route herzustellen. Schon damals drohten die Königsberger Berichte der halsstarrigen Bahn mit einem Konkurrenzwege, der in der That bald eröffnet wurde.

Kehren wir nach Ostpreufsen zurück. Hier war endlich neben der bis dahin allein stehenden Ostbahn der Bau einer zweiten Bahn, der Ostpreufsischen Südbahn, gesichert. Zuerst wurde im Jahre 1865 die Strecke Königsberg-Pillau eröffnet, deren Ausbau schon so lange von der Ostbahn vergeblich verlangt und bei dieser günstigen Gelegen-

---

[1]) Ibid., die Entfernung von Königsberg bis Dünaburg beträgt 69 Meilen.

heit nunmehr der Südbahn aufgegeben war. Dies geschehen, hatte dann die Gesellschaft die eigentliche Südbahnlinie in Angriff genommen und trotz sehr bedeutender Schwierigkeiten in wenigen Jahren zu Ende geführt. Zunächst mufste diese Bahn den Zweck haben, den Süden der Provinz, der schon ohnedies nach Königsberg gravitierte, fester an diesen Platz zu knüpfen, den Transport namentlich der reichen Ackerprodukte dieser Gegenden nach Königsberg zu beschleunigen und zu verbilligern, ja zum Teil erst möglich zu machen. Gleichzeitig aber hoffte man, eine Fortsetzung der Bahn nach Rufsland zu erlangen und so nicht blofs, wie z. B. Danzig, einen, sondern zwei Absenker in dies unerschöpfliche Handelsgebiet zu senden, einen nach Osten und einen nach Süden. Die Hoffnung verwirklichte sich im Jahre 1873: damals wurde die Linie Grajewo-Brest-Berditscheff eröffnet und in Grajewo an die Südbahn angeschlossen. Schon 1870 hatte der Bericht der Kaufmannschaft triumphierend konstatiert, dafs dieser neue Schienenweg Odessa-Königsberg die kürzeste Strafse zwischen dem schwarzen Meer und der Ostsee sein werde, 18 Meilen näher als der Weg Odessa-Libau und immer noch 8 Meilen näher, als der Weg Odessa-Danzig, selbst beim günstigsten Ausbau der damals erst geplanten Route Marienburg-Mlawa-Warschau-Kowel. Die Hoffnung freilich, auf dieser kürzesten Strafse sich einen grofsartigen Handelsverkehr zu Königsbergs Gunsten entwickeln zu sehen, hat sich mittlerweile als Chimäre erwiesen. Wie tief einschneidend aber die Veränderung dennoch war, die die Eröffnung der neuen Route hervorbrachte, zeigt die nachstehende Tabelle:

	Es kamen an:		Es gingen ab:	
	auf der Ostbahn	auf der Südbahn	auf der Ostbahn	auf der Südbahn
		Tonnen		
1864	103 532	—	51 988	—
1865	93 461	—	62 202	—
1866	107 074	22 427	68 518	16 604
1867	122 515	42 561	79 500	52 245
1868	175 848	49 696	110 600	67 589
1869	146 615	74 808	98 823	56 209
1870	177 686	122 233	102 848	85 082
1871	166 255	196 034	112 141	81 455
1872	168 768	130 746	131 258	76 370
1873	326 227	183 523	147 713	123 434
1874	366 466	294 147	218 685	202 995
1875	304 505	323 411	152 880	220 812

	Es kamen an:		Es gingen ab:	
	auf der Ostbahn	auf der Südbahn	auf der Ostbahn	auf der Südbahn
	Tonnen			
1876	294 209	241 122	132 047	201 339
1877	397 051	423 550	154 795	212 799
1878	295 379	447 537	60 410	212 743
1879	256 780	249 174	91 938	194 224
1880	177 041	151 987	85 604	142 793
1881	196 979	293 653	90 361	135 445
1882	228 424	397 512	107 745	187 385
1883	205 367	411 183	118 279	227 016
1884	183 129	358 938	123 142	137 003
1885	184 849	456 666	130 761	158 015
1886	189 558	209 577	116 338	140 132

Den Verkehr auf der 1865 eröffneten Strecke Königsberg-Pillau haben wir indessen in unsere Tabelle nicht aufgenommen, weil er dort einen falschen Eindruck gemacht hätte: er ist gar nicht als ein Verkehr mit dem Hinterlande zu betrachten, sondern als ein Modus der Ausfuhr seewärts. 1866 ist die Südbahn bis Bartenstein, 1867 bis Rastenburg, 1868 bis Lyck, 1871 bis Prostken an der Grenze, in Betrieb. Zum Teil durch diese wachsende Länge erklären sich die immer gröfseren Zahlen unserer Tabelle, zum Teil liegt ihnen auch wirklich ein wachsender Verkehr zu Grunde. Während bis dahin begreiflicherweise Ankunft und Abgang auf der kurzen Südbahn kleiner war als auf der langen Ostbahn, ist das Verhältnis im Jahre der Eröffnung bis Prostken (1871) bei der Ankunft wenigstens zum ersten Male umgekehrt. Dieser erste Aufschwung ist zwar, wie das immer zu gehen pflegt, nur vorübergehend, aber schon 1875 ist wieder Ankunft und Abgang auf der Südbahn bedeutender als auf der Ostbahn. Dies Verhältnis bleibt dann beim Abgang dauernd so; beim Eingang ist es zwar noch in einigen Jahren (1876, 1879, 1880) umgekehrt, aber doch nur in so geringem Grade, dafs die sonstige Überlegenheit der Südbahn — vgl. z. B. 1883 und 1885, wo ihr Eingang mehr als doppelt so grofs ist als der der Ostbahn — dadurch nicht alteriert wird. Beim Abgang ist dieselbe noch gröfser, da dieser z. B. 1878 auf der Südbahn mehr als dreimal so grofs ist wie auf der Ostbahn. Noch klarer wird es, dafs die Südbahn die bei weitem wichtigere Verkehrsader des Königsberger Handels ist, wenn wir nur den Hauptartikel des russischen Imports Königsbergs, Getreide (inkl. Saaten und Hülsenfrüchte, exkl. Kartoffeln) berücksichtigen.

Dessen Einfuhr stellt sich folgendermafsen:

	Getreide		Flachs	
	auf der Ostbahn	auf der Südbahn	auf der Ostbahn	auf der Südbahn
	Tonnen			
1865	30 178	—	7 691	—
1866	55 569	13 812	5 847	96
1867	50 048	21 064	10 331	7
1868	77 799	22 902	20 028	35
1869	74 363	46 987	13 199	135
1870	94 687	82 026	25 376	449
1871	83 464	87 581	19 942	631
1872	67 334	68 655	30 391	513
1873	208 446	104 451	41 283	390
1874	220 908	196 786	44 956	2 369
1875	198 685	220 052	24 576	1 688
1876	198 741	142 438	23 587	4 508
1877	271 177	327 790	20 880	6 772
1878	198 980	326 383	29 028	2 528
1879	147 142	179 982	33 243	4 851
1880	6 421	79 618	31 357	12 256
1881	75 162	220 728	32 941	22 475
1882	105 969	319 597	32 591	13 153
1883	88 287	330 666	36 798	18 159
1884	43 841	291 198	40 560	15 258
1885	55 320	361 010	39 306	23 793
1886	71 087	133 435	25 849	15 996

Zunächst zeigt sich auch hier bei der Südbahn mit dem allmählichen Ausbau der Strecke eine Zunahme des Getreide-Einganges, der dann — entsprechend der vorigen Tabelle — den der Ostbahn im Jahre 1871 zum ersten Male überragt, um dann wieder hinter ihm zurückzubleiben und ihn erst 1875 zu überholen. Dann aber geht die Südbahn nur noch 1876 hinter die Ostbahn zurück. Ja während der gesamte Güter-Eingang bei der Südbahn im allgemeinen höchstens zweimal so grofs war als bei der Ostbahn, ist er speziell von Getreide 1885 z. B. mehr als sechsmal so grofs. Umgekehrt ist das Verhältnis allerdings bei dem zweiten Hauptartikel, des Königsberger Handels, bei Flachs. Dieser wird aus klimatischen und wirtschaftlichen Gründen hauptsächlich in den nördlicheren Gouvernements angebaut, mit denen Königsberg durch die Ostbahn verbunden ist, weniger im Süden, fast gar nicht im südlichen Polen.¹) Es ist daher erklärlich, dafs bei seiner Anfuhr die Ostbahn dominieren mufs. Immerhin zeigt auch die Südbahn ansehnliche Posten dieses Artikels, und jedenfalls ergibt sich aus beiden Tabellen, dafs für Königsbergs Handel das Jahr 1873 ein wichtiger Wendepunkt ist: bis dahin hatte er, erst den Niemen, dann die Ostbahn als Hauptverkehrsmittel benutzend, sein Hinterland zum gröfsten Teil im Osten suchen müssen. Jetzt macht der Verkehr eine Schwenkung und geht hauptsächlich nach dem Süden. Diese polnischen und südrussischen Gebiete, mit denen Königsberg früher so gut wie gar keine Beziehungen hatte, sind nunmehr sein weitaus wichtigstes Hinterland geworden, allerdings mit unter dem Einflufs des Abnehmens des Verkehrs in östlicher Richtung, das in anderen Verhältnissen seinen Grund hatte. Es ist hier der seltene Fall eingetreten, dafs ein Platz sein Hinterland gewissermafsen gegen ein anderes vertauscht hat. Darin liegt die eminent hohe Bedeutung der Südbahn für Königsberg.

Aber auch Wechselwirkungen auf den Verkehr in östlicher Richtung auszuüben verfehlte sie nicht. Wir brachen oben in der Darstellung des Weges nach Moskau ab. Die grofse russische Eisenbahngesellschaft hatte sich geweigert, einen direkten Verkehr via Wirballen-Dünaburg-Smolensk-Moskau als Konkurrenzroute für den Weg Baltishport-Petersburg-Moskau zu erstellen und darauf hatte Königsberg mit der Drohung eines dritten Weges geantwortet. Dieser dritte Weg war eben: Königsberg-Grajewo-Brest-Smolensk-Moskau. Schon 1871 nämlich, ein Jahr nach jener Drohung der Königsberger, war die Linie Smolensk-Brest eröffnet, und so stand 1873 dieser neue Weg nach Moskau dem Königsberger Handel offen. Da, im letzten Augenblick, noch bevor sie vielleicht zu weitergehenden Konzessionen gezwungen wurde, erstellt die „grofse russische Eisenbahngesellschaft" nunmehr mit „grofser Bereitwilligkeit", wie der Bericht schreibt, den gewünschten Tarif nach Moskau via Dünaburg-Smolensk, nahm sogar im Übereifer noch einige kleinere Stationen in den Verbandverkehr mit auf.²)

Als natürliche Folge konnte der Bericht von 1872 russische Zufuhren noch von jenseits Orel verzeichnen. In diese Jahre 1873 bis 1875 fällt die gröfste Blüte des Königsberger Handels. In Ge-

---

¹) Angebaut wird er freilich auch in den südlichen Gouvernements, hier aber nur als Ölpflanze zum Zweck der Leinsaatgewinnung; ausgenommen ist dabei höchstens das Gouvernement Poltava. Das russische Reich S. 187.
²) 1872 S. 25.

stalt eines sechstel Kreisbogens etwa, von etwas nördlich der Linie Königsberg-Moskau bis etwas westlich der Linie Königsberg-Odessa dehnte sich sein Handelsgebiet bis tief nach Rufsland hinein aus.

Dann aber kam der Umschlag. 1871 war der kleine Hafen Libau durch eine Bahn nach Koschedary an die grofse Eisenbahn angeschlossen, 1874 auch die Bahn Wilna-Romny eröffnet. Schon die Berichte von 1870 und 1873 erwähnen Libau, aber nur als einen unbedeutenden, nicht gefährlichen Rivalen, den sie daher mit einem gewissen Wohlwollen behandeln. Allein bereits 1874 wird über die Konkurrenz auch Libaus geklagt und 1876 schliefslich trat das verhängnisvollste Ereignis ein, das Königsberg seit lange erlebt hat: die Linien Landwarowo-Romny und Koschedary-Libau wurden fusioniert. War es der bisherigen Bahn Landwarowo-Romny ganz gleichgiltig gewesen, an wen sie in ihrem Endpunkt Landwarowo ihre Güter abgab, ob nach Königsberg oder nach dem entfernteren Libau, und war sie daher bereit gewesen, nach Königsberg der Entfernungsdifferenz entsprechend billigere Tarife zu stellen, als nach Libau, so war es jetzt der vereinigten Libau-Romnyer Bahn durchaus nicht gleichgiltig, ob sie die Güter in Landwarowo an die grofse Eisenbahngesellschaft zur Weiterbeförderung nach Wirballen abgab, oder ob sie sie selbst bis Libau weiterfuhr. Sie suchte sie sich vielmehr vermöge der Politik der längeren Route mit allen Mitteln zu erhalten und stellte daher, obgleich vom Schnittpunkt Koschedary aus Königsberg 33 km näher ist als Libau, nach Libau so unverhältnismäfsig viel billigere Frachten, dafs seitdem der Verkehr der Bahn, die früher sehr viel nach Königsberg geliefert hatte, für diesen Platz verloren ist. Quer vor dem Ende der Libau-Romnyer Bahn liegt die Kieff-Kursker, die ihrerseits wieder die Verbindung mit Charkoff herstellt. Das Gouvernement Charkoff produziert nach russischen Statistikern jährlich durchschnittlich 4 Millionen Tschetwert Getreide, das Gouvernement Kursk $12^1/_2$ Millionen Tschetwert.[1]) Königsberg würde unter gewissen Voraussetzungen von dieser Riesenproduktion einen bedeutenden Teil an sich ziehen können, da es den beiden Gouvernements bei Benutzung der beiderseitig nächsten Wege ca. 40 km näher liegt, als Libau.[2]) Die Kursk-Kieffer und die Libau-Romnyer Bahn haben jedoch 1881 das Abkommen ge-

---

[1]) 1879 S. 17. 1 Tschetwert = 2,099 hl.
[2]) Ibid.

troffen, dafs alles Getreide beider Gouvernements, das nicht südlich nach Odessa geht, zu zwei Dritteln nach Libau gelangen soll und nur zu ein Drittel auf die in Kieff sich anschliefsende Südwestbahn.[1]) Auf dieser teilt sich in Kowel, wie oben bei Danzig dargestellt, das Drittel wieder und nur drei Viertel gelangen nach Königsberg, ein Viertel nach Danzig.[2])

Ähnlich, wenn auch nicht ganz so scharf, ist die Konkurrenz Rigas in der zweiten Parallele, den Bahnen der sogenannten ersten Gruppe (Riga) Dünaburg-Zarizyn. Ihre Stationen liegen Riga so wie so näher als Königsberg und sie hat deshalb nicht zu solch ungerechten Tarifierungen greifen dürfen, um ihren Verkehr hauptsächlich nach den russischen Häfen hinzuleiten, sondern da das im grofsen und ganzen schon ohnedies geschah, konnte sie bei der Tarifbildung den Wünschen Königsbergs ziemlich entgegenkommen und einen Verkehr ihrer Stationen auch nach Königsberg ermöglichen, das daher nach diesen Gegenden wenigstens einigen Verkehr immer noch behalten hat.

In der dritten Parallele, auf der Bahn Reval-Petersburg-Moskau-Nishny-Nowgorod arbeitete Reval mit Eifer und auch Erfolg daran, namentlich Königsbergs Speditionen für die beiden letztgenannten Plätze an sich zu ziehen. Gerade dorthin wurde aber für Königsberg die Konkurrenz noch dadurch erschwert, dafs seit der allgemeinen Neuregelung der deutsch-russischen Verbandverkehre im

---

[1]) 1880 S. 46.

[2]) Zur Illustration der Wirkung dieser Tarifkünste entnehmen wir dem Bericht von 1879 S. 18 f. die nachstehende Tabelle, die in der That ein Wachstum zeigt, das an amerikanische Verhältnisse erinnert.

Es betrug in Libau:

	Einfuhr	Ausfuhr	Schiffseingang	
	Wert in Rubeln		Anzahl	Gröfse in Last
1872	1 187 000	1 980 000	367	30 721
1873	1 402 604	5 067 716	533	41 705
1874	1 209 813	6 299 665	597	44 137
1875	1 854 137	5 948 194	508	47 094
1876	2 352 450	7 184 255	586	59 520
1877	2 222 150	13 338 055	882	86 690
1878	2 440 893	21 003 423	1278	135 473
1879	5 277 720	28 212 606	1800	184 493

Jahre 1879 die Moskau-Brester Bahn, um ihre ganze Route dabei auszunutzen, einen Verbandverkehr anders als über ihre Endstation Brest herzustellen sich weigerte.[1]) Dadurch war dem Königsberger Handel der nähere Weg Wirballen-Minsk-Moskau oder auch Wirballen-Dünaburg-Smolensk-Moskau verlegt und er war gezwungen, den weiten Umweg über Grajewo-Brest-Moskau zu nehmen.

Überdies stellte sich jetzt ein neues Unglück heraus: die Frachtsätze des neuen deutsch-russischen Tarifs vom 1. April 1875 waren sämtlich in Markwährung ausgedrückt und man war damals recht stolz gewesen, den Ausländern die Konzession der Rechnung nach deutschem Gelde abgezwungen zu haben.[2]) Aber nun zeigte sich die Kehrseite der Medaille: bei dem Ausbruch des russisch-türkischen Krieges fiel der Rubelkours bedeutend, und während dadurch die Frachten der russischen Bahnen nach ihren einheimischen Häfen billiger wurden, wurden sie im Verbandverkehr nach den deutschen bedeutend erhöht.

Gab z. B. der Tarif die Fracht von einem Orte Polens nach Königsberg auf 150 Mark an und waren darin 38[3]) Mark für die deutsche Strecke angesetzt, so waren die übrig bleibenden 112 Mark dadurch erhalten, dafs man die auf 40 Rubel normierte Fracht der russischen Linie vom Kurse von 280[4]) umrechnete. Nun aber die

---

[1]) 1879 S. 16.
[2]) Wenigstens hatte niemand an die Folgen gedacht. Vergl. 1876 S. 18 Sp. 1 o. Darnach hätten die deutschen Bahnen die Markfrachten für einen „grofsen Fortschritt" erklärt.
[3]) Sämtliche Zahlen vollständig willkürlich gegriffen.
[4]) Danzig, 1877 S. 44 ist dieser den damaligen Verhältnissen entsprechende Kurs, in demselben Bericht S. 39 ein solcher von 220 als Grundlage ausdrücklich angegeben. Die Königsberger Berichte beziehen sich auf verschiedene Kurse, ohne dafs klar wäre, welcher dem Tarif zu Grunde gelegen hat. Nach 1877 S. 12 scheint es ein solcher von 270 zu sein, nach 1876 S. 18 283 bis ca. 280, nach 1877 S. 10 277—280. Wenn der Danziger Bericht von 1877 S. 44 so scharf bestreitet, dafs „eine Umrechnung der russischen Anteilssätze aus der Rubelwährung in deutsche Markwährung stattgefunden" habe, und behauptet, die „Frachtanteile sowohl der russischen als der deutschen Verbandstrecken seien ... in deutscher Währung von vornherein berechnet", so ist das wohl nur zurückzuführen auf die in einer Ausschufssitzung abgegebene Erklärung der Vertreter der Königlichen Ostbahn (Königsberger Bericht von 1876 S. 18) „bei Bildung des neuen Tarifs seien nicht die Rubelsätze des früheren nach einem bestimmten Kurse in Mark umgerechnet worden; sondern sämtliche Sätze seien ganz neue und nach gleichen Einheitstaxen berechnet." Irgendwo mufs eine Umrechnung von Rubeln in Mark offenbar stattgefunden haben; mindestens haben

Rubel auf 190 standen, waren diese 112 Mark nicht mehr gleich 40 Rubel, sondern gleich 59 Rubel: der Absender in Rufsland mufste jetzt also, trotzdem die Fracht in Markwährung die gleiche geblieben war, 19 Rubel mehr zahlen. War der betreffende Ort nun vielleicht von Riga oder einem anderen russischen Hafen etwas weiter entfernt als von Königsberg, und die Fracht nach Riga deshalb auf 55 Rubel normiert, — zum Kurse von 280 = 154 Mark, also etwas mehr als nach Königsberg — so war es jetzt vorteilhafter, nach Riga zu liefern, als nach Königsberg, wohin für die russische Strecke allein die Fracht jetzt schon 59 Rubel kostete. Ferner brauchte jetzt in Riga der Exporteur nur 105,5 Mark (= 55 Rubel zum Kurse von 190) Fracht auf den Preis des Getreides aufzuschlagen, während der deutsche Exporteur in Königsberg nach wie vor 150 Mark kalkulieren mufste und deshalb in der Konkurrenz auf dem englischen und anderen Märkten jenem unendlich unterlegen war. Diese unselige Verquickung von Kurs- und Tarifverhältnissen hat in jenen Jahren Königsberg ganz aufserordentlich geschädigt,[1] da sie nur vorübergehend durch die Sperrung der Häfen des Schwarzen Meeres balanciert wurde, und würde nach dem Fortfall dieses Gegengewichts den Handel des Platzes — da der Rubel auch ohne den Türkenkrieg stets Neigung zum Fallen hat — bei längerem Fortbestehen vollständig ruiniert haben.

Endlich gelang es 1878, einen neuen Tarif in gemischter Währung zu erhalten, d. h. bei dem die Fracht in Mark und Rubel, z. B. „38 Mark und 50 Rubel" ausgedrückt war, bei dem also ein Sturz des Rubels kein Unheil anrichten konnte.

Während so im Osten die russischen Häfen das früher so weite Königsberger Handelsgebiet bedeutend beschränkten, hatte sich im Westen allmählich in Danzig ein schlimmer Konkurrent gezeigt.

1877 war, wie erinnerlich, die Bahn Marienburg-Mlawa-Warschau-Kowel eröffnet und damit auch Danzig an die Südwestbahnen angeschlossen, die bis dahin allein nach Königsberg geliefert hatten. Vom Schnittpunkt Kowel war Danzig 111 km weiter entfernt als Königsberg, und es war daher ganz berechtigt, wenn bei einer so bedeutenden Differenz letzteres den Anspruch erhob, den Handel der nunmehr beiden Plätzen zugänglichen Gegenden in erster Linie

---

sie die russischen Bahnen vorgenommen, als sie für sich kalkulierten, welche Einheitssätze sie in Markwährung mit Rücksicht auf ihre nur in Rubeln zu normierenden Selbstkosten fordern müfsten.

[1]) 1875 S. 38, 1876 S. 17, 1877 S. 10, 1878 S. 5, 1879 S. 17.

zu sich heranzuziehen. Deshalb[1]) wurde als Ausdruck des Entfernungsunterschiedes die Fracht von allen südlich Kowel belegenen Stationen nach Danzig 10 Mark pro Waggon von 200 Ztr. höher normiert als nach Königsberg, und die Danziger Berichte[2]) stellen es so dar, als ob diese Differenz Danzig nur gerade noch einen ganz bescheidenen Anteil am Handel der südwest-russischen Gouvernements zu nehmen gestatte. Ganz anders stellt sich allerdings das Verhältnis heraus, wenn man die Königsberger Berichte liest, die ungefähr folgendes erklären: im Winter, wenn bei Königsberg das Haff, bei Danzig die Weichsel zugefroren sind, wird das Getreide nicht nur bis Königsberg resp. Danzig, vielmehr bis Pillau resp. Neufahrwasser per Bahn befördert. Nun ist aber die Strecke Königsberg-Pillau rund 6 Meilen, die Strecke Danzig-Neufahrwasser kaum eine Meile lang, und durch das Hinzutreten dieser Strecken kommt es, dafs im Winter die Fracht Kowel-Pillau nicht nur nicht billiger, sondern sogar teurer war, als die auf der immer noch 84 km längeren Strecke Kowel-Neufahrwasser erhobene. Im Sommer, bei freier Schifffahrt, konnten auf der tiefen Weichsel auch die gröfsten Dampfschiffe bis Danzig kommen und das Getreide direkt aus den Waggons übernehmen. In Königsberg hingegen konnten der flachen Fahrstrafse im Haff wegen die grofsen Dampfer nur halbe Ladung nehmen, mufsten den Rest in Leichterfahrzeugen bis Pillau schleppen und dort erst einnehmen. Diese bedeutenden Leichterkosten nahmen im Sommer völlig die Stelle der Pillauer Bahnfrachten im Winter ein, und so stand sich Königsberg auch im Sommer schlechter als Danzig.[3]) Es war offenbar, dafs die Frachtdifferenz von 10 Mark für den Winter jedenfalls, aber wohl auch für den Sommer zu gering bemessen, und daher auch das Verlangen Königsbergs, sie zu vergröfsern, trotz des Protestes Danzigs vollständig gerechtfertigt war. Aber lange dauerte es, bis diese Forderung erfüllt wurde, und als man dann ernstlich an sie herantrat, erfolgte die Erhöhung nur

---

[1]) Vergl. über das Folgende 1879 S. 19, 1880 S. 24, 1881, 1882 S. 17 u. s. f.
[2]) a. a. O. 1879 S. XXVIII.
[3]) Der Königsberger Bericht von 1879 S. 20 behauptet, dafs die Zufuhr von den südlich Kowel gelegenen Stationen nach Königsberg auf die Hälfte dessen zurückgegangen sei, was von denselben Stationen nach Danzig gelange. Es wäre das allerdings ein schreiendes Mifsverhältnis. Der Danziger Bericht pro 1879 S. XXX bestreitet diese Behauptung, mit welchem Recht, läfst sich hier nicht feststellen. Die oben dargestellten Frachtdisparitäten leugnet er aber auch nicht.

sehr langsam, allmählich und zögernd. Noch 1882 betrug bei einer im allgemeinen auf 15 Mark normierten Differenz die Fracht von Kiew nach Neufahrwasser immer noch 21 Mark weniger als nach dem 84 km näher gelegenen Pillau. 1883 endlich wurde die Differenz auf 20 Mark festgesetzt, womit, wie selbst der Königsberger Bericht[1]) meint, alle billigen Ansprüche Königsbergs befriedigt seien. Inzwischen war dann auch die oben besprochene Kontingentierung seitens der russischen Südwestbahn vorgenommen, die Königsberg, allerdings durch etwas drastische Mittel, den ihm gebührenden Anteil am russischen Getreide-Export wenigstens auf dieser Linie momentan sicherte.

Indessen ist neuerdings auch dieser Vorteil verschwunden. Die Südwestbahn verbindet Odessa und Königsberg; eine eigentliche Konkurrenz zwischen beiden Plätzen hatte auf ihr in der Art, wie wir sie anderwärts gefunden, bisher jedoch nicht stattgefunden. Nun aber wurde im Jahre 1885 die Bahn von Rowno (einer Station der Südwestbahn bald hinter Kowel) nach Wilna eröffnet, und damit ergab sich folgende Sachlage:

Die neue Bahn war offenbar eine Libau begünstigende Konkurrenzroute für die Strecke Rowno-Grajewo der Südwestbahn, die daher fürchten mußte, einen Teil ihres Verkehrs nach Norden, der sonst über Kowel nach Königsberg resp. Danzig ging und ihrer Strecke fast ganz verblieb, sich künftig schon in Rowno abzweigen und die neue Bahn benutzen zu sehen, wodurch ihr die Fracht für die ganze Strecke Rowno-Grajewo verloren ging. Die Bahn Kowel-Mlawa, der gegenüber man in ganz ähnlicher Lage gewesen war, hatte man drangsalieren und einfach kontingentieren können; war doch Danzig ein ausländischer Platz, und die Bahn eine Privatbahn. Libau aber, das die neue Bahn zum Schaden Königsbergs begünstigte, war ein russischer Hafen und die Bahn Rowno-Wilna zudem — in Rußland ein seltenes Beispiel — eine Staatsbahn. Es war daher zu erwarten, daß die russische Regierung mit allen Mitteln dahin wirken werde, daß möglichst der ganze nördliche Verkehr der Südwestbahn dieselbe in Rowno verließ und sich auf der neuen Linie nach Libau wendete.

In dieser Verlegenheit verfiel man auf den Ausweg, den Verkehr überhaupt von der nördlichen Richtung ab und auf die südliche nach Odessa zu lenken. Gelang das, dann schadete die neue Bahn

---

[1]) 1883 S. 21.

der Südwestbahn nicht nur nichts, sie nützte ihr sogar. Denn der ersteren blieb nicht nur ihr Verkehr im ganzen früheren Umfange erhalten, — nur dafs er hauptsächlich in umgekehrter Richtung ging, was ja aber für die Bahn gleichgültig war — sondern die neue Bahn stellte auch noch einen Zufuhrweg da, der den Handel ganz neuer Gegenden der Südwestbahn von Rowno ab südlich zuwendete. Gegen dieses Verhältnis konnte die russische Regierung nichts einzuwenden haben, da der dadurch begünstigte Hafen Odessa gleichfalls, wie Libau, russisch war und ihre Bahn darunter auch nicht litt.

Ausgeführt wurde das Projekt einfach derart, dafs die Frachten nach Odessa im Vergleich zu denen nach Königsberg unverhältnismäfsig niedrig normiert wurden.[1] Der aufgestellte Tarif war ein Differentialtarif schlimmster Art, da z. B. die näher an Odessa gelegenen Orte nach dort eine höhere Fracht zahlten als die entfernteren. Es betrug und beträgt nämlich:

von	Die Entfernung in Werst		Die Fracht pro 10 000 kg in Rubeln	
	nach Odessa	nach Königsberg	nach Odessa	nach Königsberg
Kowel . . .	810	499	61,30	118,35
Roschitsche .	761	548	61,30	135,05
Kiwerzi . .	745	564	61,30	138,70
Olika . . .	725	584	61,30	142,99
Sdolbunowo .	673	636	65,75	154,57
Slawuta . .	623	686	78,45	165,68

Dafs bei so bedeutenden Frachtdisparitäten der Handel jener Gegenden nach Odessa und für Königsberg verloren gehen mufs, liegt auf der Hand.

Noch eine kleinere Bahnlinie soll hier kurz erwähnt werden, die, augenblicklich noch im ganzen unwichtig, später einige, wenn auch nicht hervorragende Bedeutung haben wird. Die Konkurrenz ist schon oben besprochen, die sich Danzig und Königsberg auf den beiden parallelen Routen Danzig-Mlawa-Kowel und Königsberg-Grajewo-Kowel machen. Neuerdings versuchen beide Plätze kreuzweise einer in des andern Verkehrsweg einzubrechen. Bei Danzig ist bereits der neue Verbandverkehr Danzig-Marienburg-Güldenboden-Allenstein-Lyck-Grajewo erwähnt.

Schon seit dem ersten Auftauchen des Projektes einer Bahn

---

[1] 1886 Teil I S. 19 f., woher auch die Tabelle entnommen ist.

Marienburg-Mlawa und weiter nach Warschau drang anderseits Königsberg darauf, für den Fall der Ausführung des Projekts eine Anschlufsbahn, sei es von einer Station der Südbahn—Korschen—, oder der Thorn-Insterburger — Allenstein —, oder der Ostbahn nach Illowo oder einer benachbarten Station zu erhalten.[1])

Als Grund für die Berechtigung dieser Forderung führte man an,[2]) dafs nicht nur von dem getreidereichen Galizien, nach dem der nächste Weg über Warschau geht, sondern auch von Warschau selbst Königsberg in der Luftlinie ebenso weit entfernt sei als Danzig, wenn dieses auch die Flufsverbindung und ältere Interessen dort habe. Dieselben durch die Küsten- und Flufsbildung Deutschlands veranlafsten Konkurrenzverhältnisse, wie wir sie zwischen Stettin und Hamburg in Sachsen, zwischen Stettin und Danzig in Schlesien und Posen vorfanden, treffen wir also auch hier zwischen Danzig und Königsberg an. Mittlerweile ist von der erstrebten Bahn die Strecke Kobbelbude-Allenstein eröffnet, der Bau der Fortsetzung Allenstein-Soldau wird jedes Jahr erwartet. Nach ihrer Fertigstellung dürfte Königsberg einen Teil des Danziger Verkehrs an sich ziehen. Von gröfserer Bedeutung wird dieser Weg für seinen Handel aber kaum werden.

Das gesamte Handelsgebiet Königsbergs erstreckt sich mithin, wie schon erwähnt, in Form eines Sechstelkreisbogens von etwas nördlich einer Linie Königsberg-Moskau bis etwas westlich einer Linie Königsberg-Odessa. Noch von Ssamara kommen im Winter, wenn die Wolga zugefroren und der Transport auf ihr via Rybinsk nach Petersburg unmöglich ist, Getreidesendungen nach Königsberg, und ebenso südlich aus Gegenden, die fast unmittelbar vor den Thoren von Odessa liegen. Keilartig dringt jedoch, ziemlich in der Mitte, in dieses Gebiet die Libau-Romnyer Bahn ein: alles Land zunächst an beiden Seiten dieser Bahn ist für Königsberg verloren. Jedoch ist bezüglich der beiden Flügel, in die auf diese Weise das ganze Gebiet geteilt wird, zu bemerken, dafs im östlichen Königsberg nur bis Wilna hin eine unbestrittene Suprematie besitzt, während es den Handel der entfernteren Gegenden schon in hohem Grade mit den Konkurrenten teilen mufs. Bedeutend weiter, etwa bis in die Gegend von Brody reicht die Hegemonie Königsbergs im Süden — falls sie nicht etwa auch dort durch die neuesten Tarif-

---

[1]) Zuerst 1869 S. 23 und seitdem in jedem Bericht.
[2]) Vergl. namentlich 1872 S. 20.

änderungen zurückgedrängt wird. — Alles darüber hinaus liegende Gebiet muſs mit Libau, Odessa und Nikolajeff geteilt werden, und hier sowohl wie im östlichen Flügel wird der Einfluſs des Ostseeplatzes mit der Entfernung immer geringer.

---

2. Charakteristik und Geschichte des Königsberger Handels.

Königsbergs nächstes Hinterland, die Provinz Ostpreuſsen nebst den angrenzenden Gouvernements Lomsha, Ssuwalka und Grodno, charakterisiert sich als vorwiegend Ackerbau treibende Gegend, wie Danzigs Hinterland auch. Wo die Industrie auftritt, schlieſst sie sich meist eng an die Landwirtschaft an, wie die Mühlen, die Zucker- und Spritfabriken, früher auch die Ölschlägereien.

Aber die Provinz Ostpreuſsen macht nur $^1/_{10}$ des Handelsgebietes Königsbergs aus, und bezüglich der übrigen $^9/_{10}$, die auf russisches Territorium fallen, liegen die Verhältnisse nicht so einfach. Zu den wirtschaftlich und kulturell entwickeltsten, den westeuropäischen Staaten am meisten ähnelnden Teilen Ruſslands zählen unstreitig die Provinzen des ehemaligen Königreichs Polen. Diese aber beherrscht Danzig. Man sollte deshalb vermuten, Danzigs Handel müſste auch denjenigen Königsbergs an Bedeutung übertreffen. Dem ist jedoch nicht so. Das Hinterland Danzigs bildet, wie wir sahen, eine kompakte Masse; das Königsbergs teilt sich merklich in zwei Flügel, einen südlichen und einen östlichen. So ist auch volkswirtschaftlich Danzigs Gebiet im wesentlichen ein homogenes Ganze: es zeigt eine hauptsächlich ackerbautreibende Bevölkerung, überall ziemlich gleichmäſsig, aber nicht sonderlich stark mit industriellen Elementen durchsetzt. Die Unterschiede, die zwischen den einzelnen Gouvernements vorhanden, sind nur solche des Grades, nicht der Art, und selbst von den so ausgezeichneten Gouvernements fällt wohl nur Warschau Danzig, Kalisch und Petrokow dagegen Stettin zu. Die beiden Flügel des Königsberger Handelsgebiets aber repräsentieren zwei volkswirtschaftlich sehr verschiedene Gegenden. Der südliche Flügel dringt bis tief in den Tschernosjom, das Gebiet der schwarzen Erde, die „Kornkammer Ruſslands" ein. Diese Länderstrecken sind von einer Fruchtbarkeit, die diejenige des Danziger Hinterlandes, der Weichselgegenden, noch weit übertrifft, und liefern ganz enorme

Mengen Getreide zum Export nach Odessa und Königsberg. Die Industrie ist nur sehr schwach vertreten. Umgekehrt herrscht in dem östlichen Flügel des Königsberger Handelsgebiets, den Gegenden um Moskau, eine intensive gewerbliche und Fabrikthätigkeit, die diejenige in den Weichselgegenden wiederum weit überflügelt, und dementsprechend ist hier wieder der Ackerbau relativ schwach vertreten. Mithin stellt sich das Verhältnis so, dafs Königsberg die Hauptarten wirtschaftlichen Erwerbes in seinem Hinterlande in weit gröfserer Entwickelung besitzt als Danzig, obgleich dessen Hinterland im allgemeinen wirtschaftlich weiter vorgeschritten ist, als dasjenige Königsbergs.

Zum Belege dessen diene die nachstehende Tabelle, deren Zahlen dem anonymen Werk: „Das russische Reich in Europa", Berlin 1884 bei Mittler und Sohn, entnommen sind.[1]

	Industrie.			Landwirtschaft.		Gröfse in ☐ km
	Zahl der Etablissements	Zahl der Arbeiter	Jahreswert der Produktion in Rubeln	Ertrag pro ☐ km in Tschetwert	Gesamt-Jahres-Ertrag in Tschetwert	
Weichsel-Gruppe . .	5 606	77 568	112 063 900	273,4	16 663 400	127 310
Südwestl. Schwarzerdgruppe	1 221	14 313	32 585 200	584,1	16 179 300	164 867
Südliche Schwarzerdgruppe	1 973	21 485	26 965 600	162,9	18 438 000	170 283
Nördliche Schwarzerdgruppe	2 709	36 351	55 619 400	213,0	46 053 100	318 066
Industrielle Gruppe .	4 085	290 709	320 957 100	138,4	11 809 800	270 071

[1] Da die allein vorhandene landwirtschaftliche Statistik der russischen Regierung ihren Angaben gewisse Gruppen von Gouvernements zu Grunde legt, so mufsten wir nach diesen selben Gruppen der Vergleichung halber auch die Angaben über die industriellen Verhältnisse machen. So praktisch und berechtigt diese Gruppierung nun aber auch in Hinsicht der landwirtschaftlichen Verhältnisse der verschiedenen Gouvernements ist, so wenig ist sie es bisweilen in handelspolitischer Beziehung. Von der Weichselgruppe z. B., die das ehemalige Königreich Polen, also im allgemeinen das Handelsgebiet Danzigs umfafst, gehören die Gouvernements Lomssa und Ssuwalka dem Königsberger, die Gouvernements Kielzy und Kalisch sowie die südliche Hälfte des Gouvernements Petrokow dem Stettiner Handel an. In dieser letzteren aber hat die polnische Industrie gerade ihre gröfste Ausdehnung erreicht. Im Gouvernement Petrokow allein befinden sich nicht weniger als 1979 Etablissements mit 35 622 Arbeitern

Es erhellt aus der Tabelle, dafs die nächst den russischen Häfen Königsberg zufallenden Gouvernements der industriellen Gruppe in dieser Beziehung dem Weichselgebiet weit überlegen, in landwirtschaftlicher Beziehung nur schwach entwickelt sind, während in dieser wieder die drei Schwarzerdgruppen das Weichselgebiet weit übertreffen. Danzig aber kann dieses letztere höchstens in die südwestliche Schwarzerdgruppe hinein erweitern, was ihm aber erstlich nicht viel nützt, da trotz der gröfsten relativen Fruchtbarkeit dieses Gebiet wegen seiner geringen Ausdehnung im ganzen doch wieder nur verhältnismäfsig wenig produziert, was ihm aber auch jetzt wenigstens wegen der oben besprochenen Tarifverhältnisse fast unmöglich ist, da dies Gebiet schon jenseits Kowel liegt. Es hat also Königsberg in seinem Gebiet überall den Vorzug gröfserer Intensität der Produktion, sei es der landwirtschaftlichen, sei es der industriellen, vor Danzig voraus.

Dazu kommt, dafs Danzig von grofsen Städten mit einer konsumtionsfähigen Bevölkerung eigentlich nur Warschau sein nennen kann, Königsberg aufser dem schon allein vielmal so viel wichtigeren Moskau noch eine ganze Anzahl anderer, wie Wilna, Kowno, Grodno, Minsk, Smolensk u. a. Es kann daher seine Einfuhr nicht nur gröfser sein als die Danzigs, sondern auch wertvoller, kann aufser Kolonialwaren auch noch in viel gröfserem Mafsstabe die Rohmaterialien der Industrie umfassen. In dem Umfange freilich, wie z. B. in Stettin, kann das nicht der Fall sein, da dazu die russische

---

und einer Jahresproduktion im Werte von 60410900 Rubeln, wovon mindestens ⅔ mit 1260 Etablissements, 23748 Arbeitern und 40273934 Rubeln Jahresproduktion auf die Steinkohlendistrikte der südlichen Schlesien benachbarten Hälfte des Gouvernements entfallen dürften; zieht man diese nebst den Zahlen für die Gouvernements Kalisch, Kielzy, Lomssa, Ssuwalka von den Zahlen der „Weichselgruppe" in unserer Tabelle ab, so bleiben für Danzig nur noch 2256 Etablissements mit 43868 Arbeitern und 61903966 Jahresproduktion. Die Zahlen beziehen sich übrigens bei den industriellen Verhältnissen auf den Stand in 1879, bei den landwirtschaftlichen auf den Durchschnittsertrag der Jahre 1870—1879 ausschliefslich der Aussaat, der Ertrag pro □ km selbstverständlich nur auf einen □ km beackerten Landes, das in den verschiedenen Gouvernements einen gröfseren oder geringeren Teil des gesamten Areals einnimmt.

Der Umfang des Weichselgebiets ist schon genannt. Die südwestliche Schwarzerdgruppe umfafst die Gouvernements Kiew, Podolien, Wolhynien, die südliche Charkow, Woronesh, Poltawa, die nördliche Tula, Rjäsan, Orel, Kursk, Tambow, Pensa, Tschernigow, die industrielle Gruppe Twer, Moskau, Smolensk, Kaluga, Wladimir, Jaroslaw.

Industrie auch in ihren thätigsten Fabrikbezirken noch zu weit hinter der deutschen zurücksteht. So kann sie auch den Königsberger Export durch ihre Fabrikate nicht nur nicht vergröfsern, sondern mufs sogar dulden, dafs Königsberg noch beträchtliche Mengen Industrie-Erzeugnisse für Rufsland importiert und ihr dort Konkurrenz damit macht, wenn auch in den letzten Jahren schon immer weniger. Die Güter, die Rufsland zum Export nach Königsberg bringt, werden natürlich zum gröfsten Teile rohe Naturprodukte sein, wie wir das schon in Danzig fanden. Aber der Holzhandel, der dort in höchster Blüte stand, entwickelt sich in Königsberg erst in der neuesten Zeit mehr. Er hat in Danzig und Memel die bequeme Wasserverbindung mit dem Hinterlande, auf der er sein Material heranflöfsen kann, während die Wasserverbindung Königsbergs durch den grofsen Friedrichsgraben für Flöfse sehr unbequem ist, die Eisenbahn aber so teuer, dafs sie für den Grofshandel überhaupt selten in Betracht kommt. Dazu treten noch verschiedene andere Gründe, die alle zusammen einen lebhaften Holzhandel in Königsberg noch heutigen Tages unmöglich machen.

An die Stelle des Holzes ist aber hier ein anderes Naturprodukt Rufslands getreten, das Danzig nicht hat: Flachs und Hanf. Es ist schon erwähnt, dafs beide Artikel durch ihre Natur und die klimatischen und wirtschaftlichen Verhältnisse, die sie verlangen, mehr auf die nördlichen und mittleren Gegenden Rufslands angewiesen sind, d. h. diejenigen, mit denen Königsberg vermittelst der Ostbahn in Verbindung steht, und so sehen wir denn bis zu dem Zeitpunkt, wo gerade an dieser Seite die Tarifpolitik der russischen Bahnen dem Königsberger Handel die Axt an die Wurzel legt, den Flachshandel des Platzes in einem Grade[1]) sich entwickeln, dafs man ihn für diesen Artikel als einen Welthandelsplatz bezeichnen kann. Seitdem hat Flachs allerdings an Bedeutung für Königsberg stark verloren, Getreide hat sie aber behalten.

Die folgende Tabelle zeigt, wie sehr bei der Ausfuhr die Rohprodukte der Landwirtschaft, bei der Einfuhr die Kolonialwaren, die Erzeugnisse des Bergbaues und der Industrie überwiegen.

---

[1]) Noch 1881 betrug Rufslands gesamter Export von Flachs und Hanf 290155 Tonnen. (Das russische Reich S. 288.) Davon gingen nach Deutschland (ibid.) 111384 Tonnen, nach Königsberg allein (s. Bericht von 1881) 65416 Tonnen. Auch in „Das russische Reich", S. 288, ist bezüglich Hanf wenigstens bemerkt, dafs $^2/_3$ des ganzen Exports über Grajewo und Wirballen gehen.

	1869		1873		1886	
	Import	Export	Import	Export	Import	Export
	%	%	%	%	%	%
Rohprodukte der Landwirtschaft	2,1	91,4	2,3	90,9	0,6	89,5
Kolonialwaren und Konsumtibilien	41,3	0,7	27,6	4,7	22,4	5,8
Mineralien, Chemikalien, Öle	40,1	2,3	49,1	1,6	68,1	1,1
Textilwaren und ähnl.	3,1	3,2	1,0	2,1	1,3	3,2
Verschiedenes	1,3	0,4	0,7	0,1	1,1	0,2
Metalle und Metallwaren	12,1	2,0	19,3	0,6	6,5	0,2

Es sind dabei zwei Jahre gewählt, die als einigermafsen normale gelten können, 1869, wo die Konkurrenz Revals und Rigas Königsberg noch nicht den Verkehr mit den wichtigsten Teilen seines Hinterlandes erschwert hatte, 1873, wo die russischen Südwestbahnen eben das südliche Rufsland Königsberg erschlossen hatten, und aufserdem zum Vergleiche das letzte Jahr. Immer sind es die landwirtschaftlichen Produkte, die durch ihre überwiegende Masse dem Handel Königsbergs die Signatur geben. Es ist klar, dafs von ihnen Rufsland eine aufserordentlich grofse Menge erzeugen kann und mufs, während es von den wichtigsten Import-Artikeln, namentlich Kolonialwaren, nicht die dieser Ausfuhr entsprechende Menge aufnehmen und konsumieren kann.

Schon oben bemerkten wir, dafs der Import von Rohmaterialien für die Industrie den Umfang wie in Stettin z. B. nicht erreichen kann.

Es mufs mithin auch in Königsberg wie in Danzig der Export den Import an Gewicht und Menge übertreffen, dieser aber wertvollere Artikel umfassen als jener. Die Tabelle VI der Anlage zeigt in der That dies Verhältnis. Sie bietet ein möglichst genaues Bild der Entwickelung des Königsberger Handels. Um dieselbe noch weiter zurück verfolgen zu können, fügen wir für die Jahre vor 1863, in denen der Seehandel nicht zahlenmäfsig festgestellt wurde, eine Tabelle des Schiffs-Ein- und -Ausganges in Pillau bis zum Jahre 1865 hinzu. Vergl. Tabelle VII der Anlage.[1)]

Von den furchtbaren Verwüstungen, die sie in der napoleonischen Zeit erlitten hatte, vermochte sich die Provinz nur sehr langsam zu

---

[1)] Die Angaben für die Jahre 1829—1843 sind der Schrift: Zum Jubiläum der Korporation der Kaufmannschaft von Königsberg i/Pr. (Königsberg 1873)

— 107 —

erholen. Dazu kam, dafs die weiten Gebiete des benachbarten Polens, welche durch die verschiedenen polnischen Teilungen an Preufsen gekommen waren, auf dem Wiener Kongrefs Rufsland zufielen, das seine Grenze somit wieder näher an Königsberg heranschob und sie überdies allen ausdrücklichen Stipulationen [1]) zum Trotz mit hohen

---

S. 24 ff. entnommen. Seit 1849 erscheinen die gedruckten Berichte der Kaufmannschaft, deren erster die betreffenden Angaben zurückgreifend seit dem Jahre 1843 enthält. Von da ab sind sie den entsprechenden Berichten entnommen. Obgleich schon weit aufserhalb des Rahmens dieser Darstellung liegend, mögen hier noch die folgenden Zahlen Platz finden, die dem Taschenbuch für Königsberg, Königsberg 1829, entnommen sind.

Königsberg hatte danach:

Jahr	einlaufende	auslaufende Schiffe
1762	550	558
1768	763	777
1773	861	870
1777	683	691
1780	910	908
1783	1869	1819
1784	1964	1989
1791	1135	1159
1792	1720	1667

1793 bis 1806 durchschnittlich 1275 Schiffe.

In Pillau

Jahr	eingegangen	ausgegangen
1813	678 Schiffe	664 Schiffe
1817	1096	1085
1818	825	843
1819	792	784
1820	700	684
1821	651	679
1822	579	584
1823	312	332
1824	288	279
1825	342	385
1826	306	305
1827	583	573
1828	623	642

wovon ca. $^5/_7$ auf Königsberg kommen sollen. 1784 und 1824 zeigen das Maximum resp. Minimum des Königsberger Schiffsverkehrs bis zum Jahre 1829.

[1]) Die Wiener Schlufsakte bestimmte, dafs die den verschiedenen Staaten zugefallenen Teile des ehemaligen Königreichs Polen in freiem Handelsverkehr miteinander bleiben sollten, und der preufsisch-russische Handelsvertrag vom 19. Dezember 1818 setzte fest, dafs Ausfuhrverbote, ja sogar Änderungen der Zolltarife nur mit gegenseitiger Zustimmung erfolgen dürften. Nichtsdestoweniger

Schutz- ja Prohibitivzöllen umgab. Seit dem „Handelsvertrage" mit Preufsen von 1825, der eigentlich mehr ein „Nicht-Handelsvertrag" war, wurde das System in einer Weise verschärft, dafs für Königsberg aller Handel nach Rufsland unmöglich war. Diese traurigen Verhältnisse zusammen mit dem damals aufserordentlich niedrigen Preise von Königsbergs Hauptausfuhrartikel „Getreide" [1]) bewirkten, dafs der Handel der Stadt kümmerlich sein Dasein fristete. Im Anfang der dreifsiger Jahre macht sich die nach der Julirevolution in ganz Europa herrschende freiere hoffnungsvollere Stimmung bemerkbar: die Getreidepreise steigen und so auch die Schiffsfrequenz des Pillauer Hafens. Aber diese Blüte ist ebenso kurzlebig wie die Flitterwochen des Juli-Königtums. Schon 1833 sind die Getreidepreise wie die Schiffsfrequenz wieder auf einem uns heute unglaub-

---

wurde schon in demselben Jahre die Einfuhr von Kolonialwaren und Getränken auf die Wasserwege beschränkt und der Charakter von Rufslands Prohibitiv-Zollsystem trat immer schärfer hervor. Den Vertrag von 1825 benutzte Rufsland nur, sich gegen ganz unwesentliche Erleichterungen das 1818 aufgegebene Recht einseitiger Zollerhöhungen und Ausfuhrverbote zu revindizieren, von denen es dann einen so ausgedehnten Gebrauch machte (Zölle bis 80 % ad valorem und mehr, neben zahlreichen Verboten), dafs aller legale Handel aufhören mufste. Früher waren die russischen Rohprodukte in Königsberg regelmäfsig gegen Kolonialwaren und Fabrikate ohne das Dazwischentreten von Geld eingetauscht. Das wurde jetzt sehr erschwert. Nur die Bewohner der Grenzgouvernements brachten die eingetauschten Waren — zollfrei zurück: unter der lebhaftesten Beteiligung der Grenzbewohner auf beiden Seiten blühte der Schmuggel unglaublich. Aller regelmäfsige loyale Handel wurde unmöglich. Dadurch erklärt sich der merkwürdige Passus, der sich noch viel später in dem Königsberger Bericht von 1873 findet: der Schmuggel habe für den Handel im grofsen nicht mehr (!) die geringste Bedeutung. Vergl. die Festschrift zum Jubiläum der Königsberger Kaufmannschaft 1873 S. 39, 56, auch Stettin 1854 S. 6. Dazu kam das Verbot der Einfuhr von russischem Papier-, der Ausfuhr von russischem Metallgeld.

1851 wurde das Königreich Polen, das bis dahin in zollpolitischer Beziehung ein selbständiges Ganze gebildet hatte, in die russische Zollgrenze einbezogen. Doch läfst sich nicht erkennen, welche Wirkung diese Mafsregel auf den Handel der Ostseeplätze gehabt hätte. Nach dem Danziger Bericht von 1850 S. 14 und 17 scheint einer Zollermäfsigung bei einigen Artikeln eine Erhöhung bei anderen die Wage gehalten zu haben; höchstens dafs es jetzt mehr als früher möglich war, auch über Polen hinaus ins eigentliche Rufsland zu importieren. Dafs der Zoll wirklich als ein Hindernis des Verkehrs empfunden wurde, geht auch daraus hervor, dafs, als 1863 die polnische Insurrektion den Grenzkordon stellenweise fortgefegt hatte, Königsbergs Handel nach Polen sofort zunahm.

[1]) Es betrugen auf dem Königsberger Markt nach der im Bericht von 1886 S. 3 veröffentlichten Übersicht die Jahresdurchschnittspreise in Mark pro 1000 kg

— 109 —

lich niedrig erscheinenden Niveau angekommen und sinken noch weiter. Eine neue Preissteigerung Ende der dreifsiger Jahre ist auch wieder von einem Wachsen der Schiffsfrequenz begleitet. Als dann Peel die Kornzölle in England 1843 bedeutend ermäfsigen mufste und die Königsberger Marktpreise nach einem anfänglichen, durch Überfüllung der englischen Märkte hervorgerufenen Rückschlag infolge des lebhaften Geschäftes nach England stiegen, da hob sich auch die Schiffsfrequenz bedeutend, um auf das Niveau der dreifsiger Jahre, von weniger als 400 Schiffen, nie mehr zurückzusinken.

In das Jahr 1849 fiel freilich auch die dänische Blokade, die den Hafen bis zum August schlofs, während ein früher Winter dasselbe von November ab that: daher die kleine Zahl der eingekommenen und ausgegangenen Schiffe, die kleinste seit 1835 erlebte. Dann aber wächst bei der enorm gesteigerten Nachfrage nach Getreide in England Königsbergs Handel ganz bedeutend, zwei Mifsernten hintereinander unterbrechen diese gedeihliche Entwickelung, aber der Krimkrieg bringt von neuem einen ganz kolossalen Aufschwung, der freilich mit dem Frieden bald genug wieder aufhört. Aber nicht ganz — wie der Bericht von 1857 hervorhebt: einmal angeknüpfte Verbindungen lösen sich nicht sogleich wieder völlig. Vieles, zu dessen Gewinnung die aufserordentlichen Umstände nur die zufällige Veranlassung gewesen, durch die längst vorhandene Verhältnisse in Wirkung gesetzt wurden, bleibt vermöge dieser tiefer

	Weizen	Roggen		Weizen	Roggen
1815	155,3	105	1832	141	95
1816	174	115	1833	108	85
1817	254	160	1834	106	83
1818	228	140	1835	94	83
1819	150	107	1836	89	65
1820	120	77	1837	92	67
1821	101	65	1838	134	95
1822	108	77	1839	162	80
1823	82	75	1840	170	87
1824	80	40	1841	172	105
1825	70	45	1842	172	102
1826	77	67	1843	124	90
1827	96	80	1844	120	82
1828	127	72	1845	150	127
1829	164	67	1846	181	147
1830	134	75	1847	226	180
1831	176	105	—	—	
			1886	153,50	118,54

liegenden Ursachen dem Platze auch künftighin nach dem Aufhören der besonderen Umstände erhalten. Noch viel wichtiger aber war eine andere Folge des Krimkrieges. Es ist schon oben erwähnt, welche Wirkung er nach aufserhalb, auf die übrigen Staaten Europas hatte.

Aber nicht geringer war der Einfluſs, den sein Ausgang auf die Gestaltung der inneren Verhältnisse Rufslands selbst ausübte. Bis dahin hatte sich das Reich in einer fast gänzlichen Versteinerung befunden; das wurde jetzt anders. Rufsland fing an sich zivilisatorisch, wirtschaftlich gewaltig zu regen: Eisenbahnen wurden nach allen Richtungen und mit mehr System als in irgend einem westeuropäischen Staat gebaut,[1]) die Leibeigenschaft wurde abgeschafft, der Handel allen Fremden freigegeben, dem Zollsystem anstatt des Charakters eines Prohibitiv- der eines **mäfsigen** Schutzzollsystems gegeben.[2]) Es war natürlich, dafs dieser Aufschwung, der aufserdem mit der Aufhebung des Sundzolles, dem Eisenbahnanschluſs in Wirballen und der neuen Ära in Preuſsen zusammenfiel, auf Königsbergs Handel einen ganz besonders starken Einfluſs ausüben mufste. So sehen wir die Zahl der eingelaufenen Schiffe, die früher nur ausnahmsweise 1000 überschritten hatte, seit dem Krimkriege nie mehr unter diese Zahl herabgehen, ja im Jahre 1860 schon das zweite

---

[1]) Sax, Verkehrsmittel II, 538. Von den übrigen Staaten erscheint selbst Frankreichs Netz nicht einwandfrei; vergl. Wagner, Finanzwissenschaft, 3. Auflage V, 671. N.

[2]) Dieser wesentlich freihändlerische Tarif von 1857 wurde jedoch schon am 1. Januar 1869 wieder durch einen starr schutzzöllnerischen ersetzt. Der Unterschied, den das in der Praxis macht, ist übrigens geringer als man denken sollte: das schlimmste war und ist immer die Art, wie der ganze ausländische Verkehr in Rufsland behandelt wird. Eine dem Bericht von 1873 angehängte Denkschrift bespricht dies Thema ausführlich und erwähnt namentlich folgendes: die prekäre Stellung aller Ausländer, namentlich der deutschen Juden, in Rufsland; das Verbot ausländischer Versicherungsgesellschaften in Rufsland, wodurch den russischen ein Monopol verliehen wurde, das sie gründlich ausnutzten; die ungenügende Regulierung der Wasserstrafsen; der Mangel an Konsulaten; die Schwierigkeit des Pafsverkehrs; die Kompliziertheit der Zollabfertigung; die geringe Zahl und Kompetenz der Ämter; die Menge und doch Unklarheit der Positionen des Zolltarifs, auf der anderen Seite die hohen Strafen für falsche Deklaration; die Tantiemen der Beamten für jedes entdeckte Versehen; die Unzuträglichkeiten bei Erhebung der Zölle ad valorem; die kostspieligen Vorsichts- und Kontrollmafsregeln mit Plomben etc.; die hohen Löhne der durch ein Monopol geschützten Arbeiterkompanieen (Artells) in den Zollämtern; ebenso die privilegierten Spediteure; das Verbot, Sola-Wechsel aufser von der Messe von Nishny-Nowgorod aus an ausländische Ordre zu adressieren, und vieles andere.

Tausend überschreiten, gewifs eine beispiellos schnelle Entwickelung. Nun aber Rufsland innerlich den westeuropäischen Staaten ähnlicher geworden, in engere Verbindung mit ihnen getreten war, konnte es auch gegenüber den wirtschaftlichen Ereignissen in jenen nicht mehr dieselbe steinerne Ruhe wie früher bewahren: es hat jetzt auch seine Krisen, seine Preisfluktuationen an der Börse, seine Gründerperioden, seine volkswirtschaftlichen Strömungen und Gegenströmungen.

Hierin aber zeigt es sich nun noch viel mehr als bei Danzigs Handel, wie sehr derjenige Königsbergs einzig von Rufsland abhängt. Danzig, durch seine gröfsere Nähe noch eher in die Möglichkeit eines intimeren Handelsverkehrs mit Deutschland versetzt, hat diese Abhängigkeit wohl nie so klar empfunden wie Königsberg, in dessen Berichten schon früh sehr deutlich auf diese hingewiesen wird. Während 1850 der Verkehr mit dem Innern des Zollvereins als „nur durch unnatürliche politische Handelsverhältnisse hervorgerufen" bezeichnet wird, findet sich 1851, da der Bau der Ostbahn rüstig fortschreitet, der folgende interessante Passus: „Diese Verbindung (mit Berlin nämlich) ist für uns bei den eingegangenen Handelsverhältnissen, in welchen wir uns mit Polen und Rufsland im Osten und mit Grofsbritannien im Westen (unseren natürlichen Handelsverbindungen) befinden, doch jedenfalls immer eine Aushilfe (!) zum Verkehre nach Westen, und wenn sie uns auch keine Verbindung bringt, welche unsere geographische Lage uns anweist, so wird sie doch immer für unsere Provinz zum Heile gereichen. Jedenfalls würde aber die Eisenbahn auch unsern Verkehr nach Osten beleben, wenn dieselbe, wie wir es in den nächsten Jahren verhoffen, von hier aus zum Anschlufs mit der russischen Bahn fortgesetzt werden würde." Dem geschraubten Stil des ersten Satzes fühlt man die Mühe an, die es den Schreiber kostet, der Bahn, um nicht undankbar zu erscheinen, eine gute Seite abzugewinnen, und schliefslich mufs er sie doch nur für einen Notnagel erklären. Der zweite Satz hingegen spricht mit unerkünstelter und unbedingter Anerkennung von dem Werte einer östlichen Fortsetzung der Bahn für Königsberg. So hören auch die Berichte der nächsten Jahre nie auf zu erklären, dafs das an der ganzen Bahn für Königsberg Wichtigste ihre Fortsetzung nach Rufsland sei. Ja, nachdem infolge der Eröffnung von Konkurrenzrouten in Rufsland der Verkehr dorthin allerdings nicht mehr ganz den früher gehegten Erwartungen entsprach, geht man 1870, als die Verbindung mit Südrufsland in Aussicht stand, so weit, zu erklären, dafs die Ostbahn als Verbindung mit dem Zentrum des Staates noch mehr von politischer als von kommerzieller Bedeutung sei. „In wirtschaftlicher Beziehung steht die Verbindung der ostpreufsischen Südbahn mit Rufsland bis zum Schwarzen Meer hin für uns unbedingt höher. Denn sie ist es, welche uns endlich zu bequemem Verkehr mit unserm natürlichen Handelsgebiet verhelfen wird, das nur zum bei weitem kleinsten Teil in Preufsen, zum vielfach gröfseren in Rufsland liegt." So ganz unrichtig ist diese Taxierung auch gewifs nicht, soweit sie den Wert des russischen Handels im ganzen für denjenigen Königsbergs betrifft. Leider läfst sich sein Anteil an diesem fast nur bezüglich eines Artikels, allerdings des wichtigsten, feststellen: des Getreides. Hier aber geht schon aus unserer nachstehenden Tabelle unwiderleglich hervor, dafs Königsberg unbedingt von Rufsland abhängig ist.[1])

Im Jahre	Es wurden seewärts ausgeführt	Darunter war Getreide	Davon aus Rufsland
1.	2.	3.	4.
Tonnen			
1870	302 568	279 963	86 310
1871	347 957	311 125	99 777
1872	241 212	206 368	66 035
1873	407 373	332 552	162 529
1874	426 687	356 985	308 236
1875	463 058	413 109	296 986
1876	350 280	303 219	269 079
1877	687 701	593 452	563 275
1878	654 661	576 078	462 969
1879	463 853	386 665	276 878
1880	301 386	191 301	100 726
1881	407 697	282 073	221 816
1882	645 397	502 095	335 373
1883	611 557	468 861	374 771
1884	468 008	337 204	299 718
1885	519 236	436 019	385 028
1886	357 836	232 117	123 314

[1]) Die Tabelle ist in sofern etwas ungenau, als die Kolonne 4 eigentlich nicht das unter der Ausfuhr befindliche russische Getreide angibt (das nicht zu ermitteln ist), sondern nur das in dem betreffenden Jahre aus Rufsland zugeführte. Doch kann der dadurch entstandene Fehler wie ersichtlich nur sehr klein sein, da per Bahn nur verhältnismäfsig sehr kleine Quantitäten exportiert werden. Noch 1868 heifst es: „Die gewöhnliche Beteiligung unsers polnisch-russischen Hinterlandes — am Getreide-Export — ist mit ¹/₃ hoch veranschlagt!" 1870: bis jetzt habe Rufsland nur halb soviel Getreide geliefert als die Provinz; künftig

Ganz exorbitant ist das Verhältnis während des Orientkrieges im Jahre 1877, und wenn es sich später wieder bedeutend ändert, so ist das eine **Folge** teils der russischen Eisenbahnpolitik, teils des neuen deutschen Zollsystems, und ist der **Grund** des Rückganges des Königsberger Handels überhaupt. Es dokumentiert gerade das die Abhängigkeit Königsbergs von Rufsland: in dem Jahre nach Einführung des deutschen Schutzzolltarifs, 1880, ist die russische Zufuhr, die Getreide- und gleichzeitig die Gesamtausfuhr Königsbergs die kleinste der letzten 14 Jahre. So zeigt es sich nun auch in unserer obigen Tabelle der gesamten Ein- und Ausfuhr Königsbergs, wie dieser Platz aufs tiefste von allen Wirtschaftskrisen Rufslands in Mitleidenschaft gezogen wird.

Seit dem Krimkrieg sehen wir — cf. die Tabelle über den Schiffseingang in Pillau — Königsbergs Handel ununterbrochen wachsen bis zum Jahre 1863. Dann kommt der dänische Krieg, in dessen Gefolge vom 19. April bis zum 12. Mai und vom 27. Juni bis zum 20. Juli 1864 der Hafen von Pillau in Blockadezustand erklärt war,[1] was aber alles nicht solche traurigen Wirkungen gehabt hätte,[2] wenn es nicht mit einer Mifsernte in Preufsen und zugleich auch in Rufsland zusammengetroffen wäre, an die sich in beiden Ländern eine schwere Geldkrisis schlofs. Aber in Rufsland wenigstens, wie das dort meistens zu geschehen pflegt,[3] blieb die eine Mifsernte nicht allein, sondern wurde von mehreren anderen gefolgt. In Preufsen waren die nächsten beiden Ernten zwar auch schon nicht sehr schön, die von 1867 aber eine Mifsernte allertraurigster Art und hatte eine Hungersnot in fürchterlichster Gestalt in Preufsen zur Folge.[4] Unter einer solchen litten gleichzeitig auch die benach-

---

werde das Verhältnis umgekehrt sein. 1873 wird dann die Erfüllung dieser Prophezeiung konstatiert. Ähnlich ist es beim Import: vergl. z. B. 1879 S. 48 bei Eisen, S. 51; überall ist der russische Handel mafsgebend.

[1] 1864 S. 6.

[2] Namentlich da Dänemark diesmal, wie schon 1849, mit Rücksicht auf Rufsland Memel wieder von der Blockade freigelassen hatte, so dafs Königsberg einen nicht unbedeutenden Teil seines Handels über Memel weiter betreiben konnte. 1864 S. 5.

[3] „Das Russische Reich" S. 181 erklärt das dadurch, dafs nach einer guten Ernte mehr, nach einer schlechten weniger ausgesät wird, weshalb die folgende Ernte auch in einem Jahr mit normaler Witterung wieder etwas über resp. unter dem Durchschnitt ausfalle.

[4] Vergl. über den damaligen Notstand u. a. den Königsberger Bericht pro 1867 S. 3 ff. Eine Mittelernte = 100 angenommen, ergab diejenige von 1867 im

barten Teile Rufslands. 1868 brachte wieder in Preufsen nur eine schwache Mittel-, in Rufsland eine so völlige Mifsernte, dafs sogar aus Preufsen Getreide dorthin importiert werden mufste. Dazu kamen in Rufsland die nächsten, volkswirtschaftlich sehr traurigen Folgen der Bauernemanzipation: das völlige Daniederliegen der Landwirtschaft infolge Mangels an Arbeitskräften; die Folgen der schwindelhaften Gründungen in der ersten Epoche des Eisenbahnbaues: allgemeine Kreditunsicherheit, und die des letzten Orientkrieges: ein aufserordentlich niedriger und doch noch schwankender Kurs der russischen Valuta,[1] kurz alle Übel eines volkswirtschaftlichen und politischen Übergangsstadiums.

Wie Königsberg darunter litt, zeigt der immer kleiner werdende Umfang seines Handels. Erst Ende der sechziger Jahre erholt er sich wieder. Die Zahlen des Jahres 1869 sind sehr charakteristisch.

Die Ausfuhr nimmt bedeutend zu: die gute Ernte kommt, besonders bei der allgemeinen Geldnot, sofort zur Versendung; die Einfuhr aber nimmt sogar nochmals eine Kleinigkeit ab: eine gute Ernte kann eben die Wunden noch nicht wieder heilen, die eine ganze Reihe von schlechten geschlagen hat. kann die verminderte Konsumtionsfähigkeit des Volkes so schnell nicht wieder herstellen. Dann aber wächst Einfuhr wie Ausfuhr rapide und schnellt mit dem Jahre 1873 gewaltig empor;[2] es ist das Datum des Anschlusses der Südbahn an die russische Südwestbahn. In 1876 erst, dem Jahre der Fusion der Landwarowo-Romnyer und der Libauer Eisenbahn, tritt ein kleiner Rückschlag ein, der weiterhin aber sofort durch den letzten Orientkrieg paralysiert wird: 1877 ist eins der — äufserlich wenigstens — glänzendsten Jahre, die Königsberg erlebt hat. Da aber kam 1878 der Berliner Kongrefs und der Groll Rufslands gegen Deutschland, dem es die Schuld seiner diplomatischen Niederlage beimafs, ein Jahr darauf der deutsche Zolltarif, der, an

---

Regierungsbezirk Königsberg bei Weizen 28, Roggen 58, Kartoffeln 39, im Regierungsbezirk Gumbinnen bei Weizen 40, bei Roggen 48, bei Kartoffeln 31, und das in zwei Bezirken, in denen 45,4 resp. 67,7 % der ganzen Bevölkerung ausschliefslich von der Landwirtschaft lebten!

[1] Nach dem Bericht von 1866 S. 55 bewegte er sich in diesem Jahre zwischen 205,75 und 260.

[2] Der Bericht von 1873 spricht ganz berauscht davon: das Wachstum sei so gewaltig, dafs plötzlich alle vorhandenen Anstalten und Mittel zur Bewältigung der Gütermassen zu klein seien. Alles habe um Hunderttausende von Zentnern und Millionen von Thalern gegen das Vorjahr zugenommen, welches doch seinerseits alle früheren Jahre schon weit überragt hätte.

und für sich dem Handel nachteilig genug, diesem Groll noch erwünschte Veranlassung gab, sich in einer leidenschaftlichen Bekämpfung des legitimen deutschen Handels Luft zu machen: es kam die allgemeine Erhöhung des russischen Zolltarifs um 10%,[1]) es kam der Sackzoll[2]) und das Projekt des Schiffszolls,[3]) es kamen die Ausweisungen von in Rufsland lebenden Deutschen[4]) und die Begünstigung Libaus namentlich zum Nachteil Königsbergs. Dazu traten in derselben Zeit die immer weiter um sich greifenden nihilistischen Verschwörungen,[5]) die Ermordung des Kaisers und die agrarischen Unruhen, um die Besitzenden in bange Sorge wegen der nächsten Zukunft zu versetzen. Eine allgemeine Unsicherheit, ein vorsichtiges Fernhalten von allen weiter aussehenden Spekulationen, ein Geschäft von der Hand in den Mund griff Platz und lastete lähmend auf Handel und Verkehr.

Die Wirkung speziell der Judenverfolgungen schildert ein russischer Gewährsmann[6]) kurz so: „Die Moskauer Kaufleute sowie die in- und ausländischen Fabrikfirmen hatten den Juden Waren im Werte von vielen Millionen auf Kredit zum Vertriebe übergeben. Nun kam die Judenhetze; die Hebräer erlitten viele Verluste und konnten entweder wirklich nicht zahlen, oder benutzten (was sehr häufig vorkam) diese Lage der Dinge, um ihre Zahlungsverpflichtungen abzuschütteln. Die ehrlicheren stellten ihre geschäftliche Thätigkeit einfach ein; und da der ganze Zwischenhandel Rufslands fast ausschliefslich in jüdischen Händen liegt und sich nicht gleich Ersatz fand, so vermochten die Grofshändler und Gewerbetreibenden ihre Waren gröfstenteils nicht abzusetzen." So unser Gewährsmann. Eine ganz ähnliche Wirkung mufste dann die Ausweisung der russisch-jüdischen Händler aus Deutschland haben, über die der Bericht von 1885 [7]) sagt:

„Die Heranziehung des russischen Getreides ist vornehmlich Sache dieser russisch-jüdischen Kommissionäre. Infolge ihrer Genügsamkeit und Gewandtheit, ihrer emsigen Rührigkeit und ihrer Kenntnis von Land und Leuten in Rufsland, hauptsächlich aber in-

---

[1]) 1880 S. 22.
[2]) 1883 S. 19.
[3]) 1882 S. 16.
[4]) 1881, 1880 S. 23, 1882 S. 5.
[5]) Vergl. den Bericht von 1881, öfters.
[6]) Das Russische Reich in Europa, S. 145.
[7]) S. 16.

folge ihrer verwandtschaftlichen und sonstigen persönlichen Beziehungen zu ihren Auftraggebern in Rufsland, sind sie in der Lage, das Getreide so billig heranzuschaffen, wie kaum ein anderer. Beim Fortgange dieser Personen von Königsberg würde daher unzweifelhaft ein grofser Teil unserer russischen Getreidezufuhren uns verloren gehen." Inzwischen sind denn in der That die Ausgewiesenen nach Libau und Odessa zu der Konkurrenz übergegangen.

Und während die Verbindungen mit Rufsland erschwert werden, mufs man doch gestehen, dafs man es braucht. Der Bericht von 1881 konstatiert ein „Gefühl einer gewissen Abhängigkeit von Rufsland" und erklärt, dafs Königsberg das russische Getreide jetzt gar nicht mehr entbehren könne, weil aus den benachbarten Gegenden zu wenig an den Markt komme.

So sinkt denn der Handel im ganzen 1880, hebt sich infolge zweier guter Ernten wieder etwas, um dann wieder zu sinken und schliefslich 1886 auf einem sehr tiefen Niveau anzulangen, das er wohl auch schon 1885 erreicht hätte, wenn nicht damals die Verwickelungen in der afghanischen Frage eingetreten wären. Schiffe nach Rufsland wurden in jener Zeit schon vielfach mit Kriegsklausel gechartert, ja russische Schiffe wurden in England nicht befrachtet, stündlich erwartete man den Ausbruch eines englisch-russischen Krieges und die Blockirung der russischen Häfen durch eine englische Flotte, deren Befehlshaber schon ernannt sein sollte, und so schlug der gröfste Teil des russischen Ostseehandels während der wenigen Wochen, die die Verwickelung anhielt, den Weg über Königsberg ein, dem Handel dieses Platzes einen Umfang verleihend, den er sonst in diesem Jahre sicher nicht erreicht hätte.

Also wieder und immer wieder ist es Rufsland, von dem das Wohl und Wehe des Königsberger Handels abhängt. Prüfen wir, welchen Einflufs die deutschen Ereignisse auf den Handel der Stadt haben, so finden wir bisweilen merkwürdige Erscheinungen.

In 1848 ist zwar ein Rückgang zu bemerken, aber er erscheint mehr als die natürliche Folge der fieberhaften Spekulation des Vorjahres, denn der inneren Wirren dieses Jahres selbst. Das Jahr 1857 resp. 1858, sonst überall durch einen empfindlichen Rückgang markiert, macht sich in Königsberg gar nicht bemerklich: der Handel wächst ununterbrochen weiter; zwar klagt auch der Königsberger Bericht über die Geldkrisis, aber es scheint doch, als wenn sie nur mehr die in Königsberg wohnenden Kaufleute persönlich, nicht ihren Handel im Hinterland getroffen habe: dieses blieb unberührt.

Der Krieg von 1864 mit seiner effektiven Blockade von längerer Dauer ist natürlich bemerkbar, aber der von 1866 geht fast spurlos vorüber: die Einfuhr zeigt eine ganz unbedeutende Abnahme, die Ausfuhr dagegen sogar eine vielmal gröfsere Zunahme. 1870 wachsen sogar beide ganz bedeutend, und niemand würde aus dieser Tabelle erraten, dafs in dem Jahre Deutschland einen der gröfsten Kriege des Jahrhunderts geführt hat. Wirkungslos für den Seehandel geht auch die Gründerzeit vorüber, und gerade da, wo anderwärts der Krach seine verheerenden Wirkungen übt, beginnt eine der glänzendsten Epochen für Königsbergs Handel. Die Jahre 1879 und 1880, anderwärts durch einen vorübergehenden Aufschwung infolge der amerikanischen Eisen-Hausse bemerkenswert, zeigen in Königsberg einen Rückgang, und während sonst der Handel in den letzten Jahren wenigstens der Quantität der beförderten Güter nach ganz bedeutend zunimmt, tritt das Wachstum in Königsberg nur hin und wieder, und sofort von Rückschlägen gefolgt, in ganz schwachem Mafse ein. Ähnliche Erscheinungen zeigt auch der Durchschnittswert der Ein- und Ausfuhr. Der der Einfuhr sinkt in der Krisis der sechziger Jahre bedeutend, steigt 1867, wo viel Getreide sogar zur See importiert wurde, und erreicht 1869 seinen höchsten Stand: es ist das Jahr, in dem nach einer guten Ernte endlich wieder wenigstens ein Teil der Bevölkerung Rufslands gröfsere Kaufkraft für die Luxusartikel des Auslandes entwickelt. Allerdings ist es nur ein Teil des gesamten Volkes, und deshalb sinkt die Einfuhr quantitativ sogar noch etwas. Dazu kommt namentlich, dafs damals Königsberg als Speditionsvorort Rufslands während des Winters noch nicht mit der Konkurrenz Revals zu kämpfen hatte: es kam alles über Königsberg, auch gerade die wichtigen und wertvollen Theesendungen. Dann aber sinkt infolge der russischen Konkurrenz, die sich natürlich der wertvollsten Güter am meisten zu bemächtigen sucht, der Wert der Einfuhr im grofsen und ganzen ziemlich konstant. Die Steigerung infolge des Anschlusses der russischen Südwestbahn in 1873 ist nur vorübergehend, und 1885, in dem Jahre der afghanischen Wirren, sinkt der Wert auf den niedrigsten während der letzten 24 Jahre eingenommenen Standpunkt.

Der Wert der Ausfuhr, in den sechziger Jahren bei den dauernd schlechten Ernten anhaltend steigend, fällt in der folgenden Zeit wieder ganz erheblich und bezeichnet dadurch die fortschreitende

Entwertung der landwirtschaftlichen Produkte. Da er im höchsten Grade von der Ernte, also vom Wetter abhängig ist, so wechselt er ebenso oft wie dieses und innerhalb der konstant weichenden Tendenz ist ein Schwanken zu verzeichnen, das aller Analyse spottet. Selbst in 1877, dem Jahre des Orientkrieges, ist der Wert der Ausfuhr ein ganz besonders niedriger. Immer aber bleibt, wenn auch der Gesamtwert der Ausfuhr wegen ihrer gröfseren Masse häufig höher ist als der der Einfuhr, der Durchschnittswert der letzteren höher als der der ersteren, manchmal 3—4 mal so hoch, und die Jahre, in denen die beiden Gröfsen sich einander bedenklich nähern, sind bezeichnenderweise mit die schlechtesten, die Königsberg in neuerer Zeit gehabt hat.

Dem Verhältnis zwischen Ausfuhr und Einfuhr entspricht natürlich auch wieder das der Ballastschiffe beim Aus- und Eingange, wie die Tabelle VIII der Anlage zeigt. Dieselbe gibt den Schiffseingang in Pillau an. Zwar nicht alle in Pillau ein- und ausgegangenen Schiffe gehören dem Königsberger, einige vielmehr auch dem Elbinger und Braunsberger, sowie dem eignen Handel Pillaus an, indessen sind das nur verschwindend wenige. Bedeutender ist die Zahl derjenigen, die nicht nur einen Teil der Ladung in Leichterfahrzeuge überladen und dann nach Königsberg herauffahren, sondern vielmehr, wie das im Winter regelmäfsig geschehen mufs, die ganze Ladung in Pillau löschen und per Bahn nach Königsberg schicken.

Weil trotz ihrer bedeutenden Anzahl diese Schiffe, deren Güter doch dem Königsberger Handel angehören, in den Königsberger Schiffslisten nicht verzeichnet sind, so war es unmöglich, auf diese zurückzugehen, vielmehr geboten, mit Ignorierung des kleineren Fehlers, der aus der Aufnahme des Elbinger, Braunsberger und Pillauer Seehandels entsteht, die Pillauer Schiffslisten zur Grundlage zu nehmen. Leider geben diese aber die Ballastschiffe erst seit dem Jahre 1861 an, und teilen wir daher, um einen weiteren Rückblick zu gewähren, für die früheren Jahre die Zahlen der Königsberger Schiffsliste — in der Tabelle VIIIa der Anlage — mit, setzen jedoch zur Kontrolle die der Pillauer, soweit sie vorhanden, daneben.

Auch hier, wie in den oben mitgeteilten Tabellen, finden wir das Spekulationsjahr 1847 ausgezeichnet — durch die grofse Anzahl der Ballastschiffe beim Eingang wie beim Ausgang: der Krach überraschte eben das Frachtgeschäft in der lebhaftesten Thätigkeit, so dafs Schiffe in beiden Richtungen unvermutet leer gehen mufsten.

1848 ein Schiffsverkehr in engen Grenzen, aber mit möglichster Ausnutzung des Raumes, ein getreues Spiegelbild der ängstlichen wirtschaftlichen und politischen Verhältnisse und Stimmungen; 1849 unter dem Druck der dänischen Blockade ein weiteres Sinken der Schiffsfrequenz, während beim Eingang der Prozentsatz der Ballastschiffe bedeutend steigt: ein deutliches Zeichen, wie sich der Konsum einschränkt. Bei der Ausfuhr hingegen, die ihre Waren um jeden Preis aufser Landes und damit aufser Gefahr bringen will, eine Ausnutzung des vorhandenen Schiffsraumes bis zum äufsersten: nie ist, weder vorher noch nachher, ein so geringer Prozentsatz von Ballastschiffen vorhanden gewesen.

In den fünfziger Jahren hebt sich infolge Beseitigung der Kornzölle in England die Zahl der im Hafen verkehrenden Schiffe so bedeutend, dafs dem gegenüber selbst die relative Zunahme der Ballastschiffe nicht viel bedeutet. Für die interessante Periode des Krimkrieges fehlen leider alle Daten. Auch hier zeigt sich dann im Beginn der sechziger Jahre der Aufschwung, die folgende Krisis u. s. w., wie wir das alles schon oben besprochen haben.

Der Prozentsatz der Ballastschiffe ist beim Ausgang stets aufserordentlich gering, beim Eingang schwankend, aber im allgemeinen gröfser als beim Ausgang. Diejenigen Fälle, in denen das umgekehrte Verhältnis stattfindet, bezeichnen die schlimmsten Jahre für Königsbergs Handel, denn sie sind nicht etwa durch das — volkswirtschaftlich ja nur zu wünschende — Steigen der Einfuhr herbeigeführt, infolgedessen der ganze zur Ausfuhr benötigte Schiffsraum in Ladung einkommen könnte, sondern stets dadurch, dafs im Hinterlande die Produktion stockt, wodurch einerseits beim Ausgang die Zahl der beballasteten Schiffe vermehrt wird, während anderseits, sowie dieses Mifsverhältnis in der Handelswelt bekannt wird, die Schiffer diesen Hafen möglichst meiden, so dafs nicht viel mehr als die zur Hereinschaffung der Einfuhr unbedingt nötigen Schiffe einkommen, die Ballastschiffe hier also naturgemäfs abnehmen. So ist während der ganzen Krisis der sechziger Jahre das Verhältnis derart, dafs der Prozentsatz der Ballastschiffe beim Ausgange gröfser ist als beim Eingange. Auch 1872 ist durch eine nur schwache Ernte und den entsprechenden Getreideexport markiert.

Auch darin ist Königsberg Danzig wieder ähnlich, dafs seine Ausfrachten im Verhältnis zu den Einfrachten hoch sind: die Schiffe müssen eben sehen, sich für die Reise nach Königsberg in Ballast bei der Ausreise mit Ladung bezahlt zu machen. Auch hier lassen sich darüber leider keine zahlenmäfsigen Nachweisungen geben.

Der Stellung Königsbergs in der Mitte zwischen Danzig und Stettin, indem es nicht so ausschliefslich wie jenes, aber doch stärker als dieses rohe Naturprodukte handelt, entspricht auch der Dampferverkehr Pillaus, den die Tabelle IX der Anlage nachweist.

Auch hier fehlen leider wieder gerade für den Krimkrieg die erforderlichen Daten in der gehörigen Genauigkeit, was um so bedauerlicher ist, als auch in Bezug auf den Dampferverkehr der Krimkrieg epochemachend für Königsberg ist. Während des Krieges, als fast der ganze russische Import und Export über diesen Hafen ging, verkehrten englische, französische, dänische grofse Dampfer in früher unerhörter Anzahl in dem preufsischen Hafen, um von der günstigen Frachtkonjunktur zu profitiren. Einen derartigen Aufschwung zeigt auch unsere Tabelle, die nur leider nicht die Gröfse der Schiffe und für einige der folgenden Jahre nicht einmal ihre Anzahl angibt. Diese nämlich sank nach dem Friedensschlufs nicht wieder auf das frühere Niveau zurück: die Dampfer hatten einmal den Weg nach Königsberg gefunden, der Handel hatte sich an dieses schnellere, wenngleich teurere Beförderungsmittel gewöhnt, er verlangte es auch fernerhin, und so sehen wir denn nach einem Abfalle im Jahre 1857, wie er nach so aufserordentlichen Ereignissen nie ausbleibt, im Jahre 1861 die Dampfer schon wieder in einer bis dahin unerreichten Anzahl. Schon damals ist sie absolut und relativ gröfser als in Danzig, und bleibt es von nun an dauernd. Von der Krisis der sechziger Jahre wird der Dampferverkehr weniger betroffen, als man glauben sollte: es war damals für die Dampfer noch eine gute Zeit, die Überproduktion in ihnen noch nicht so grofs wie heute. Wer unter den damaligen schlimmen Zeiten litt, das waren die kleinen Segler, die auch in Pillau jährlich in geringerer Zahl einliefen. Einen erneuten Aufschwung des Dampferverkehrs weisen 1877 und die letzten achtziger Jahre auf, während das Jahr 1886 sich auch hier wieder als ein ganz besonders schlechtes zeigt: zum erstenmal sinkt die Zahl der Dampfer wieder unter 1000. Freilich sind selbst in diesem Jahre 63 % aller eingelaufenen Schiffe schon Dampfer, in Danzig erst 60 %.

Als Hafen der industriellsten Gegend Rufslands — unter gewissen Bedingungen wenigstens — hat natürlich Königsberg, sowie diese Bedingungen zutreffen, auch ein bedeutendes Speditionsgeschäft in den Massen-Konsumartikeln dieser Industrie, Baumwolle und

Eisen. Neben dieser Erwerbsverzehrung ist die Genufsverzehrung in Rufsland nur erst in sehr geringem Grade konzentriert, in bedeutenderem wohl nur bei dem einzigen Artikel des Auslandes, der in Rufsland wirklich einen Massenkonsum beim Volke vorfindet: in Thee, der denn auch in grofsen Massen über Königsberg spediert wird.

Aber auch das ist in hohem Grade davon abhängig, dafs die russischen Häfen zufrieren: bleiben sie offen, so ziehen sie trotz ihrer gröfseren Entfernung weitaus die meisten Speditionen an sich, frieren sie zu, so tritt Königsberg in seine natürlichen Rechte als nächster Hafenplatz ein, und erst dann zeigt es sich, wie das Speditionsgeschäft blühen müfste, wenn es nicht durch künstliche Mittel unterdrückt würde. Dann gehen Eisenbahnmaterialien, Garne und Baumwollenwaren, Öle, Südfrüchte und Thee über Königsberg nach Rufsland, Zucker, Spiritus und Hanf kommen von dort. 1869, als das noch regelmäfsig geschah, schreibt der Bericht:[1] „Es scheint, als wenn unsere russischen Nachbarn sich allmählich daran gewöhnen, den Winterverkehr über hier als etwas Selbstverständliches zu betrachten und ihre Häfen nur während der Sommermonate für ihre Importen zu benutzen." Diese schöne Hoffnung wurde indes leider getäuscht.

Für die Spedition ist der östliche Flügel des Königsberger Hinterlandes der wichtigste, und gerade er wurde durch die Tarifpolitik der russischen Bahnen Königsberg entfremdet: der südliche, so wichtig er für den Getreideexport und damit für Königsbergs Gesamthandel ist, steht mit seiner anspruchslosen Landbevölkerung für die Spedition erst in zweiter Linie. Es fehlt hier die Industrie und es fehlen die grofsen Städte des östlichen Teils. Hier tritt daher die Kollispedition mehr in den Vordergrund und reicht bis nach Kieff und Charkoff. Immerhin dürfte auch im Speditionshandel Königsberg absolut wie relativ Danzig übertreffen, hinter Stettin zurückbleiben.

Auf die Ausbildung der Verkehrsmittel hat der Spediteur in Königsberg jedoch nicht ganz den günstigen Einflufs wie in Stettin ausüben können, namentlich eine den modernen Anforderungen entsprechende Verbindung mit dem Hinterlande mittels einer regelmäfsig funktionierenden Flufsdampfschiffahrt hat er wegen der auf russischem Gebiet völlig ungenügenden Regulierung des Niemen

---

[1] 1869 S. 84.

nicht ins Leben zu rufen vermocht: was davon existiert, die Linie nach Tilsit u. ähnl., trägt nur mehr den Charakter eines erweiterten Revierverkehrs.[1])

Regelmäfsige Dampferlinien sind schon frühe ins Leben gerufen: schon 1863 werden solche nach Stettin, Kiel, Amsterdam via Kopenhagen, Gothenburg oder Leer, nach London resp. Hull erwähnt.

Die Durchfrachttarife hingegen, die Stettin so vielfach sich geschaffen hat, Danzig aber noch gar nicht besitzt, hat Königsberg zwar auch seit 1880, aber es hat sie infolge des Widerstrebens der russischen Bahnen, die sie dann nicht einmal gewissenhaft einhielten, erst zwei Jahre später erhalten als Libau, Riga und Reval, und ein solcher Vorsprung ist im Handel sehr schwer wieder einzubringen. So ist auch der Nutzen, den diese direkten Seetransittarife dem Königsberger Speditionsgeschäft gewähren, sehr gering, obgleich die Tarife sowohl über den preufsischen als über die russischen Häfen so niedrig normiert sind, dafs sie gar nicht mehr unterboten werden können.

Fassen wir alles kurz zusammen, so ergibt sich zur Charakteristik des Königsberger Handels kurz folgendes: Wie $^9/_{10}$ seines Gebietes in Rufsland liegen, so ist auch Königsberg mehr noch ein russischer als ein deutscher Handelsplatz und sein Handel daher durchaus nach russischen Verhältnissen zu beurteilen. So müfste es in bedeutendem Mafse Naturprodukte exportieren, Industrieprodukte und Kolonialwaren importieren, thut beides aber seit der zweiten Hälfte der siebziger Jahre infolge der Feindseligkeit der russischen Bahn- und Regierungspolitik nur in verhältnismäfsig geringem Mafsstabe, in sehr grofsem jedoch wieder, sobald durch Natur- oder politische Ereignisse die russischen Häfen — seien es die der Ostsee, seien es die des Schwarzen Meeres, seien es beide — geschlossen werden. Ebenso entsprechend dem wirtschaftlichen Entwickelungsstadium Rufslands ist der Export quantitativ bedeutend gröfser als der Import, daher in Königsberg viele Schiffe leer ein-, weniger leer ausgehen, was seinerseits wieder auf die Frachten in der Weise einwirkt, dafs die Ausfrachten hoch, die Einfrachten niedrig sind.

---

[1]) Am 1. August 1883 trat allerdings nicht nur ein Flufsverkehr, sondern schon die nächste Stufe, ein kombinierter Bahn- und Wasserweg von den Umschlagsplätzen am Dnjepr und Pripet in Kraft, aber er ist, weil zu teuer, nicht praktisch geworden. Der letzte Grund war wohl auch hier die ungenügende Stromregulierung. 1883 S. 22.

Entsprechend dem Verhältnis, dafs zwar der Export der Rohprodukte einigermafsen konstant, der Import der Industrieprodukte aber schwankend und von der Willkür Rufslands abhängig ist, hat sich der Dampferverkehr noch nicht zu der Stärke entwickeln können, die er unter anderen Verhältnissen haben würde. Aber er ist absolut und relativ stärker als in Danzig.

Königsberg ist ein mit den zweckentsprechendsten, modernsten Mitteln, wie Verbandverkehre, Tourdampfer, Durchfrachttarife, aufstrebender Platz, der nur durch Verhältnisse, denen gegenüber er ohnmächtig ist, in seiner Entwickelung zurückgehalten und gehindert wird, die ihm zukommende Stelle nächst Stettin einzunehmen, während er Danzig allerdings schon seit geraumer Zeit überflügelt hat.

IV. Lübeck.

1. Das Handelsgebiet Lübecks.

Ganz eigentümlich und völlig abweichend von denen der anderen grofsen deutschen Ostseehäfen mufsten sich vermöge seiner geographischen Lage die Handelsbeziehungen Lübecks gestalten.

Jene Plätze stehen auf eine gewisse gröfsere Entfernung ohne eine ebenbürtige Konkurrenz da, sie haben ein Hinterland, ein gröfseres Gebiet, für das sie die einzige Ausgangs- wie Eingangspforte nach dem alles verbindenden Weltmeer sind. In diesem ihrem Handelsgebiet ist jede Stadt die Herrscherin, das erste Zentrum, das alle die anderen kleinen Handelszentren in den Provinzialstädten beherrscht.

Die Entfernung Lübeck-Stettin beträgt 295, diejenige Stettin-Danzig 371, und selbst diejenige Danzig-Königsberg i. Pr. immer noch 196 Bahnkilometer.

Von diesen Plätzen hat also jeder Raum genug, seine Handelsbeziehungen auszudehnen, keiner kann das ganze Gebiet des andern verschlingen. Lübeck aber ist von Hamburg nur 63 Bahnkilometer entfernt, in 80 Minuten bringt der Kurierzug den Reisenden von einer Stadt zur andern. Dadurch ist Lübecks Handel wesentlich bedingt: es ist in seinem Bezirk, ja es ist im eignen Heim, innerhalb seiner eignen Mauern nicht einmal die unbestrittene Herrin, es hat überhaupt kein eignes Handelsgebiet, es ist nur ein Handelszentrum zweiten Ranges im Bezirke Hamburgs.

Für dieses aber ist es das wichtigste Glied in seinen Handelsbeziehungen. Denn über Lübeck versorgt Hamburg die Ostseeländer, namentlich die aufserdeutschen, mit allem, was wir unter dem Begriffe Kolonialwaren zusammenfassen.

Alle diese Güter, die teils von ihren Hauptsammelplätzen: London, Rotterdam und Amsterdam, teils aus ihren Ursprungsländern nach Hamburg strömen, nehmen ihren Weg, um nach Rufsland, Finnland und Schweden zu gelangen, zum grofsen Teil über Lübeck, da der Weg um Dänemark herum einerseits weiter und anderseits auch gefährlicher, daher die Assekuranz-Prämie höher ist. So ist Lübeck der Speditionsvorort Hamburgs für alle überseeischen Waren.

Aufserdem ist es allerdings auch der Exporthafen einer Reihe wirklich im deutschen Inlande produzierter Artikel, und die Gegenden, die ihm diese Artikel liefern, könnten wir ebenso, wie bei den vorher besprochenen Plätzen, sein Handelsgebiet nennen, wenn — wieder Hamburg nicht wäre, als dessen Hinterland sie zu betrachten sind, so dafs sie nach Lübeck nur sehr bedingungsweise liefern.[1]) Es sind dies die Stationen der Köln-Mindener, der Bergisch-Märkischen und der Rheinischen Eisenbahn, sowie diejenigen des Preufsisch-Braunschweigischen-Niederdeutschen Eisenbahnverbandes, also wesentlich die Rheinprovinz, Westfalen, Hannover, Braunschweig.

Es ist ersichtlich, dafs, wenn diese Gegenden einen überseeischen Export treiben wollen, sie sich dazu nicht an die Häfen der Ostsee, sondern an jene der Nordsee wenden müssen, die ihnen näher liegen und sie direkt mit dem Weltmeer in Verbindung setzen.

Nur in dem Falle kommen auch die Ostseehäfen in Betracht, wenn es sich um den Export nach den Ostseeländern handelt. Denn einem Transporte über Hamburg und durch den Sund stehen die schon oben erwähnten Schwierigkeiten entgegen.

Das Hamburger Hinterland exportiert also nach allen übrigen Richtungen zwar über Hamburg, nach den Ostseeländern jedoch über Lübeck.

Aber nicht das ganze Hamburger Gebiet fällt diesem für den Ostseehandel zu, es konkurriert hier mit dem mächtigen Stettin, das ihm die östliche Hälfte desselben bis etwas westlich der Elbe vermöge seines ausgedehnten Handels und seines bedeutenden Kapitals abgenommen hat. Denn wo der Seeverkehr lebhaft, Schiffe, zum Ausfahren bereit, immer zu haben, Frachten also billig, und so auch die Assekuranz-Prämien niedrig sind, wo ferner eine kapitalkräftige Kaufmannschaft weitgehenden Kredit gewährt und geniefst, da

---
[1]) Vergl. auch Rau: Vergl. Statist. d. Handels d. deutschen Staaten, S. 43.

wendet sich der Export lieber hin, als nach einem Hafen, wo einer dieser Vorzüge sich in auch nur etwas geringerem Maſse findet.

Nur die westlichen Teile des Hamburger Handelsgebietes hat Lübeck sich erhalten, die doch zu weit entfernt sind, als daſs Stettin, selbst mit allen seinen Vorzügen, sie hätte an sich ziehen können.

In dem äuſsersten westlichen Teil Deutschlands droht ihm freilich wieder eine andere Konkurrenz: die der groſsen holländischen Handelsemporien Rotterdam und Amsterdam. Denn wenn auch natürlich die See-Frachten von diesen Häfen nach den nördlichen Ostseeländern höher sind als die von dem näher gelegenen Lübeck, so ist anderseits der Landweg von den Rheinlanden näher nach Rotterdam als nach Lübeck — und die Bahnfracht ist immer relativ höher als die Seefracht, ein Entfernungsunterschied in ihr also viel fühlbarer, als in dieser.

Es ist denn auch gar nicht zweifelhaft, daſs nur ein Teil des rheinischen Exports nach den nördlichen Ostseeländern über Lübeck geht, ein anderer, gröſserer, über Rotterdam, und daſs, wenn dieses Verhältnis nicht noch mehr zu Ungunsten Lübecks sich gestaltet hat, dies jedenfalls nur einer nationalen Eisenbahnpolitik zuzuschreiben ist, die die Entfernungsunterschiede durch billige Tarife einigermaſsen ausgeglichen hat, sowie der Nachbarschaft Hamburgs, das vermöge der Anziehungskraft, die es naturgemäſs auf den Export wie Import ausübt, solche billigen Tarife gerade nach dieser Richtung erst rentabel und möglich gemacht hat, von denen nun das nahe Lübeck mitgenieſst.

Die Tabelle X der Anlage zeigt deutlich, wo Lübecks Hinterland zu suchen ist.

Sie enthält die Zahlen für die Einfuhr und Ausfuhr einiger Haupthandelsartikel Lübecks in einer willkürlich ausgewählten Periode von 5 Jahren. Das Verhältnis bleibt in allen Jahren, von momentanen Schwankungen abgesehen, ziemlich gleich, und war es daher gestattet, sich auf 5 beispielsweise ausgewählte Jahre zu beschränken. Die erste Rubrik enthält die Mengenangaben (in Tonnen à 1000 kg) der Ausfuhr zur See einiger für dieselbe in Lübeck wichtigster Artikel.[1]

---

[1] Als solche sind diejenigen betrachtet worden, die in Mengen von 1000 kg und darüber regelmäſsig ausgeführt werden. Es sind also diejenigen nicht aufgenommen, die, wenn auch wiederholt, doch nur hin und wieder in solchen Mengen auftreten, wie Manufakturwaren, Mehl, Mineralien, verschiedene Saaten, Papier u. a. — Nicht aufgenommen sind auch diejenigen Artikel, die zur See

Die zweite Rubrik der Tabelle gibt an, wieviel von dieser Ausfuhr durch Zufuhren bahnwärts gedeckt ist (der etwa fehlende Restbetrag durch Bestände vom Vorjahre oder Zufuhren seewärts).

Die drei letzten Rubriken endlich zeigen, wieviel von dieser gesamten Zufuhr auf jedes der drei Hauptbezugsgebiete Lübecks im Inlande fällt.

Die den lübischen Handelsberichten beigegebenen Tabellen bezeichnen diese als „Hamburg", „Preufsen und Braunschweig. Stationen des Niederdeutschen Eisenbahnverbandes" und „Preufsen, Oldenburg und Freistaat Bremen. Stationen des Rheinisch-Niederdeutschen Eisenbahn-Verbandes via Harburg-Hamburg und Buchholz-Lüneburg".

Der letztgenannte Verband trägt 1876 und 1877 die Bezeichnung „Hanseatischer und Bergisch-Märkisch-Westfälisch-Hanseatischer Eisenbahnverband via Harburg-Hamburg und Lüneburg-Buchholz", vor 1876 „Stationen der Köln-Mindener und Rheinischen Eisenbahn im Hanseatischen Verbande via Hamburg-Harburg und Lüneburg-Buchholz".

Da offenbar der Verband immer wesentlich derselbe geblieben ist, so gibt uns diese verschiedene Bezeichnung die genügendste Auskunft über die in ihm enthaltenen Bahnen.

Es sind im wesentlichen die Köln-Mindener, die Bergisch-Märkische und die Rheinische Eisenbahn, die über die Lübeck-Büchener Bahn nach Lübeck liefern. Das Hinterland, das sie umfassen, besteht in der Hauptsache aus der Rheinprovinz und Westfalen, und haben wir danach der Kürze halber die Rubrik unserer Tabelle benannt.

Der Niederdeutsche Verband schliefslich umfafst in der hier in Betracht kommenden Relation den Eisenbahn-Direktions-Bezirk Hannover mit Ausnahme der südlich von Kassel belegenen Strecken, den Eisenbahn-Direktions-Bezirk Magdeburg, die Braunschweigische Eisenbahn, die Strecken Minden-Halle, Berlin-Blankenheim und einige kleinere Eisenbahnen, d. h. im wesentlichen die Provinz

---

aus-, aber auch zur See eingeführt werden, wie Holzwaren, Thee, Pech u. a., oder solche, die meist aus den unmittelbar benachbarten holsteinischen und mecklenburgischen Gegenden stammen, wie Käse und Ziegel, ferner solche, die unter einer generellen Bezeichnung zu verschiedene Waren enthalten, als dafs man sich über sie ein Urteil bilden könnte, wie „Spirituosen", „Sammelladungen", und schliefslich hat auch der bei der See-Ausfuhr ziemlich stark beteiligte Salpeter nicht aufgenommen werden können, weil er bei der Bahnzufuhr sich nicht nachweisen läfst, vielleicht sich unter der generellen Bezeichnung Salz oder Chemikalien und Droguen verbirgt.

Hannover und die links-elbischen Teile der Provinz Sachsen und der anhaltischen, sowie die braunschweigischen und lippeschen Lande. Denn wenn auch einige der genannten Bahnen zum Teil bis auf das rechte Elbufer hinüberreichen, so dürfte doch gerade von diesen Strecken derselben weniger nach Lübeck kommen. Ja selbst ein ziemlich breiter Streifen des linken Elbufers wird noch zum Stettiner Handelsgebiet zu rechnen sein, da, wie wir sahen, die Produkte der Stafsfurter Bergwerke z. B. in beträchtlichen Mengen über diesen Hafen gehen, wohin sie, dank den Kanälen in der Mark, auf dem billigeren Wasserwege gelangen können, während sie mit Lübeck nur durch die trotz aller direkten Tarife doch teureren Bahnwege verbunden sind.

Diese Bahnen umfassen also in der That dasjenige Gebiet, als dessen natürlichsten Hafen im Ostseehandel wir weiter oben Lübeck bezeichneten, und dafs sie wirklich die beim Export Lübecks am stärksten beteiligten sind, zeigt unsere Tabelle. Man vergleiche zu dem Zweck nur die Zahlen des Gesamtimports mit den auf die einzelnen Gegenden entfallenden: von Eisen, Eisenwaren und Kohlen kommt fast die ganze Zufuhr aus der Rheinprovinz und Westfalen, von Zement, Salz, Zucker, Schwerspat, Gips im allgemeinen der überwiegende Teil auf die sächsischen Gegenden. Alle Artikel, die wegen ihrer klimatischen oder volkswirtschaftlichen Produktionsbedingungen von auswärts über See bezogen werden müssen, oder es doch regelmäfsig thatsächlich werden, wie Baumwolle, Kaffee, Chemikalien, Düngemittel, Farbeholz, Farbewaren, Felle, Früchte, ausländische Nutzhölzer, Leder, Maschinen, Petroleum, Reis, Taback, Wein, die alle in der Ausfuhr Lübecks eine wichtige Rolle spielen, kommen, wie unsere Tabelle zeigt, zu einem so überwiegenden Teile aus Hamburg, dafs einzelne Ausnahmen (wie die bei Reis und Taback 1883, die wohl auf eine starke Zufuhr von Bremen zurückzuführen sind) gar nicht ins Gewicht fallen.

Dabei zeigt es sich, wie der Import einiger Artikel (z. B. Düngemittel und Maschinen) von Hamburg abnimmt, während er gleichzeitig von den innerdeutschen Stationen zunimmt: ein deutliches Zeichen, dafs die inländische Produktion die ausländische vom Markt verdrängt.

Auch für die benachbarten Gegenden Holsteins und Mecklenburgs ist Lübeck das Hauptzentrum des Handels, soweit er Ostseehandel ist.

Dafs Stettin, speziell Mecklenburg, soweit dessen Handel nicht schon von den kleineren dazwischen liegenden Plätzen absorbiert wird, Lübeck nicht hat entreifsen können, obgleich es ihm doch so nahe liegt, hat seinen Grund wohl zum Teil in der Stammesverwandtschaft, die den Mecklenburger mehr nach Lübeck als nach Stettin zieht, zum Teil auch darin, dafs Stettin bis zum Jahre 1867 ohne jede Eisenbahnverbindung mit Mecklenburg war, während Lübeck eine solche schon seit 1851 besafs. Nirgends aber ist es schwerer, einmal verlorene Verbindungen wieder anzuknüpfen, als gerade im Handel.

Den Export und Import der Provinz Brandenburg hat Lübeck auch nur zum Teil an sich zu ziehen vermocht, ebenso denjenigen der drei süddeutschen Staaten und der Schweiz: auch hier hat die Konkurrenz der Nordseehäfen einerseits, der Bahnen auf dem Landwege anderseits dem Verkehr mit den Ostseeländern andere Routen eröffnet.

Immerhin geht ein nicht unbedeutender Teil desselben über Lübeck, als dessen Handelsgebiet[1]) wir mithin alle Teile des Deutschen Reichs westlich des Meridians von Magdeburg und südlich einer Linie Hamburg-Wesel bezeichnen dürfen.

2. Charakteristik und Geschichte des lübeckischen Handels.

Auch bei der Charakterisierung des lübeckischen Handels finden wir, wie bei der Darstellung seines Handelsgebietes, ganz andere Verhältnisse vor, als bei den andern Plätzen.

Konnten wir, ihren Handel zu charakterisieren, von ihrem

---

[1]) Die Entwickelung desselben läfst sich hier leider nicht so verfolgen, wie bei den andern Plätzen, da die Berichte der Handelskammer erst seit 1865 erscheinen und auch dann noch über die Verhältnisse, die Verbindungen und die Entwickelung des lübeckischen Handels fast gar nichts enthalten. Auch die beigegebenen statistischen Tabellen, so geradezu mustergültig sie in andern Beziehungen sind, lassen hier im Stich. Sie geben den Bahnverkehr nicht nach Provinzen oder Städten, sondern nach Verbandverkehren geordnet an. Diese aber ändern sich ihrem Umfange nach so häufig, dafs kaum je in zwei aufeinander folgenden Jahren alle Verbandverkehre gleich bleiben. Aufserdem kommt es dabei sehr häufig vor, dafs eine und dieselbe Gegend an zwei und mehr Verbandverkehren beteiligt ist. Alles dieses macht es unmöglich, selbst die dort angegebenen Zahlen zu benutzen und auf ihnen eine Darstellung der Entwickelung des Lübecker Handelsgebietes aufzubauen.

Hinterlande ausgehen, so müssen wir im Gegenteil bei Lübeck den Charakter seines Handelsgegners zu Grunde legen.

Lübeck treibt, wie wir sahen, für sein Hinterland nur den Ostseehandel, während den Weltverkehr desselben Hamburg und andere Ost- und Nordseehäfen vermitteln. Stettin, Danzig und Königsberg können ihrem Hinterlande alle seine Produkte abnehmen, weil ihnen ziemlich die ganze Welt offen steht, um für jedes den konsumierenden Markt aufzusuchen. Sie können anderseits ihr Hinterland mit seinem gesamten Bedarf versorgen, weil ihnen die ganze Welt offen steht, jeden Zweig desselben an einem produzierenden Markt zu decken.

Lübeck kann seinem Hinterlande nur diejenigen Produkte und nur diejenigen Quantitäten abnehmen, welche es in den Ostseeländern absetzen kann, es kann anderseits sein Hinterland nur mit denjenigen Bedarfsartikeln versorgen, die es an den Ufern der Ostsee erhalten kann. Es fragt sich also bei Lübeck nicht: was konsumiert und produziert das Hinterland, sondern: was konsumieren und produzieren die Ostseeländer. Denn deren gesamte Konsumtion und Produktion kann Lübeck in der That befriedigen und aufnehmen, da die ganze Welt im gewissen Sinne sein Hinterland ist: in sofern nämlich, als Hamburg zu Lübecks Hinterland gehört, über welches es jedes Produkt an den Weltmarkt bringen und vom Weltmarkt beziehen kann, wenn auch zunächst auf dem Landwege. Es kehrt sich also hier das Verhältnis, das wir bei den andern Häfen vorgefunden haben, gewissermafsen um: nannten wir dort stets diejenigen Gegenden, die auf dem Land- oder doch Binnenwasserwege mit einem Hafen regelmäfsig verkehrten, sein „Hinterland", da in der That der Handel dieser Gegend es war, der hinter dem ganzen Handel des Seeplatzes stand, der ihn unterhielt und seinen Charakter bestimmte, so müssen wir bei Lübeck vielmehr die Länder, mit denen es überseeisch verkehrt, sein „Hinterland" nennen, da diese ganz speziell es sind, die Lübecks Handel ernähren und ihm den Stempel aufdrücken.

Prüfen wir nun, in welcher Art der lübeckische Handel so gekennzeichnet wird, so finden wir, dafs die Ostseeländer fast nur Rohprodukte, zum Teil sogar einer der primitivsten Formen der Bodenbenutzung, der Waldwirtschaft, produzieren. Getreide, Saaten, Flachs und Hanf, Holz nebst Harz, Pech und Teer, die Nebenprodukte der Viehwirtschaft: Felle, Häute, Borsten, Haare und Talg, schliefslich die Bergbauprodukte Finnlands, Schwedens und

Norwegens: Eisen und Kupfer — das sind die wichtigsten Erzeugnisse und Exportartikel der Ostseeländer.

Diese Rohmaterialien der Industrie importiert Lübeck, und nur diese, — nicht auch die sonstigen, die aus anderen Zonen über See bezogen werden müssen, nicht z. B. Baumwolle, nicht Farbehölzer, nicht Jute, die vielmehr über Hamburg nach Lübecks Handelsgebiet kommen.

Anderseits müssen die Ostseeländer nach dem Stande ihrer wirtschaftlichen Entwickelung neben Kolonialwaren Industrieprodukte importieren. Beides exportiert also Lübeck dahin, indem es die letzteren aus den westlichen preufsischen Provinzen, die ersteren aus Hamburg bezieht. Da nun aber die Konsumtionsfähigkeit eines grofsen Theiles der Ostseeländer für diese Artikel noch gering ist, sie dieselben auch direkt oder auf anderen Wegen beziehen, so kann Lübecks Export, der wesentlich aus ihnen besteht, nur klein sein, während sein Import, entsprechend der sehr starken Produktion der genannten Rohprodukte, grofs sein mufs. Aber dieser besteht aus weniger wertvollen, jener aus zum Teil sehr wertvollen Gütern, und das zeigt sich natürlich auch in der Statistik, diesmal sogar mit ganz ausnahmsweiser Schärfe.

Vergl. Tabelle XI der Anlage.

Dieselbe zeigt die ungeheure, bisweilen das vierfache betragende Differenz zwischen den Quantitäten und die verhältnismäfsig nicht weniger bedeutende — regelmäfsig auf das doppelte sich belaufende — der Werte der Ein- und Ausfuhr, so dafs eine Tonne der Ausfuhr bis fast achtmal soviel wert ist, als eine Tonne der Einfuhr. Es ist das ein deutlicher Fingerzeig, woraus die Einfuhr, woraus die Ausfuhr besteht; jene aus den allerrohesten Naturprodukten, diese aus Industrieerzeugnissen und Artikeln des Luxuskonsums.

Gehen wir etwas näher auf die Tabelle ein, so finden wir zunächst 1857, in dem Jahre der Freigabe des Sundes, nur eine ganz unbedeutende Vermehrung der Einfuhr: sehr begreiflich, da wegen der Lage des Platzes Lübecks Handel überhaupt nur zum geringen Teil über den Sund hinausreicht, und also, wie früher durch das Bestehen des Zolls nicht wesentlich geschädigt, so jetzt durch seinen Fortfall auch nicht sonderlich gefördert werden konnte. Ja, da es, wie schon oben klargestellt, der natürliche Alliierte Hamburgs in der Ostsee ist, so mufste die Aufhebung des Sundzolls, die zunächst nur Hamburg schädigte, indirekt auch Lübeck treffen. Vielleicht wirkte das auch mit zu dem plötzlichen starken Abfall der Einfuhr in 1858, der in erster Linie allerdings durch die Krisis von 1857 verursacht wurde, deren Hauptherd in Deutschland ja gerade Hamburg war. Die Entwertung aller Waren, die sie bewirkte, zeigt sich noch lange in unserer Tabelle.

Der Wert der Einfuhr steigt erst 1865 wieder über den Stand von 1857, obwohl ihre Quantität diejenige von 1857 schon lange bei weitem übertraf. Denn der glückliche Aufschwung der ersten sechziger Jahre macht sich natürlich in Lübeck ebenso geltend, wie in den anderen Städten. Aber der Rückschlag, der in diesen seit 1864 folgt, bleibt in Lübeck aus: 1864 und 1866 sinkt die Menge der Einfuhr ganz unbedeutend; ihr Wert steigt sogar, was sich durch eine stärkere Zufuhr des wertvollsten Importartikels — Getreide — erklärt. Auch in den Berichten spiegelt sich eine grofse Seelenruhe gegenüber den Ereignissen dieser politisch bewegten Zeit wider: der Bericht von 1866 erwähnt den Krieg kaum hie und da. Es ist das auch ganz natürlich: an dem dänischen Kriege beteiligte sich Lübeck aktiv gar nicht, und wenn infolge desselben die preufsischen Häfen lange Zeit blockiert waren, so konnte das Lübeck nur angenehm sein, und der Zuwachs, den es hier erhielt, wog den Verlust wohl auf, der dadurch entstand, dafs der sonst lebhafte Handel mit Schleswig-Holstein und Dänemark fortfiel. 1866 liefs Lübeck allerdings ein Bataillon zum preufsischen Heere stofsen. Aber diese geringe Beteiligung kostete dem lübeckischen Staat weder an Menschen noch an Geld noch an freundschaftlichen Verbindungen mit andern Staaten solche Opfer, dafs das auf den Handel hätte zurückwirken können.

Anderseits waren zwar nach dem hannöverschen Kriegsschauplatz seine Handelsbeziehungen sehr lebhaft, aber gerade dort wurde auch der Krieg sehr rasch, ohne grofse Verwüstungen und nachhaltige Beschädigungen von Eigentum, Handel und Verkehr zu Ende geführt; mit Ausnahme davon, dafs das Land einen andern Herrscher bekam, änderte sich momentan fast nichts; weder erlitten die Valutaverhältnisse, noch der Eisenbahnverkehr eine gröfsere Störung, wie es zu Stettins Schaden in Österreich der Fall war.

Über die Mainlinie hinüber aber reichen die Handelsbeziehungen Lübecks selbst jetzt nur in geringem Mafse. So erklärt es sich, dafs trotz des Krieges Lübecks Einfuhr der Menge nach 1866 kaum kleiner, dem Wert nach sogar bedeutend gröfser ist, als im Vorjahr. Der starke Abfall des Wertes in 1867 bei bedeutend gestiegener Menge erklärt sich dadurch, daſs bei gänzlicher Miſsernte in Ostpreuſsen und Ruſsland der dem Westen selbst in einem guten Erntejahre noch fehlende Betrag an Getreide per Bahn von Ungarn zugeführt wurde, wobei Lübeck leer ausging. Immerhin war es nur ein Handelszweig, der darunter litt, und im ganzen finden wir von der langjährigen Krisis, unter der die preuſsischen Häfen in den sechziger Jahren so schwer litten, in Lübeck nichts. Es wirkten dazu vielerlei Ursachen zusammen.

Der dänische Krieg und die mit ihm verbundene Blockade hatten dem preuſsischen Seehandel einen Stoſs gegeben, den er nicht so schnell verwinden konnte, und der viel schwerer war, als man im Binnenlande ahnte. Die Wegnahme von Schiffen und Ladungen, für die nach Friedensschluſs eine kärgliche Entschädigung geleistet wurde, war noch das kleinste Unglück. Viel schlimmer waren die Verluste, die dadurch entstanden, daſs eingegangene Verkäufe nach dem Auslande bei der Unmöglichkeit der Verschiffung rückgängig gemacht wurden, die Verkäufer ihr Getreide und Holz behielten, und den ganzen Zins-, Wert- und Konjunktur-Verlust zu tragen hatten, daſs überhaupt aller Handel stockte.[1])

An den damals erlittenen Schäden krankte der Handel der preuſsischen Häfen noch jahrelang. Dazu kam nun die schwierige Lage im Innern, wo gerade der Verfassungskonflikt tobte und beim Ausbruch des Krieges von 1866 jederman den Eindruck hatte, man spiele va banque.

Bei solcher Lage der Dinge ist es natürlich, daſs eine fast bei-

---

[1]) Eine andere schlimme Folge des Krieges kam in andern Fällen dazu. Danzig — in viel geringerem Grade auch Stettin und Königsberg — ist von der See aus so leicht zugänglich, daſs es der Gefahr eines Bombardements durch eine feindliche Flotte im höchsten Grade ausgesetzt ist. Deshalb wurden in Kriegsfällen die groſsen Läger von Getreide und Holz dadurch vor der Vernichtung zu retten gesucht, daſs man sie kommissionsweise nach dem Auslande schickte (konsignierte), noch ehe die Feindseligkeiten zum Ausbruch kamen. Aber bei der groſsen Nachfrage und dem groſsen Risiko stiegen die Frachten jedesmal rapide, infolge der eintretenden Überfüllung der auswärtigen Märkte sanken dort die Preise ebenso rapide, und aus beiden Umständen ergab sich, daſs der Versuch, die Güter vor dem materiellen Verderben zu schützen, meist mit wirtschaftlichen Verlusten verbunden war. Vergl. Danziger Bericht von 1859, wo Preuſsen nahe daran war, in die italienischen Wirren gezogen zu werden, S. 3, 1870 S. 4 und 22. Der Krieg von 1864 begann, als die Schiffahrt noch durch Eis geschlossen war, es konnte also an eine Versendung der Läger ins Ausland nicht gedacht werden, und 1866 sah man davon ab, weil die österreichische Flotte nicht sehr zu fürchten und auch im Mittelmeer in Anspruch genommen war.

spiellose Geldkrisis¹) und Geschäftsstockung eintrat, wie der Stettiner Bericht von 1866 sie bezeichnet.

Nichts von alledem in Lübeck: im Hinterlande Hannover Ruhe, denn der gelinde Verfassungskonflikt, der dort herrschte, war bereits zur süfsen Gewohnheit geworden und irritierte niemand mehr; ebenso in Hessen. Im eignen Staat aber fand Lübecks Handel nicht nur Ruhe und Frieden, sondern auch eine hilfreiche Förderung mit allen Mitteln, wie sie der preufsische Staat damals seinem Handel noch nicht angedeihen liefs. Die einzige von allen in den andern Ostseehäfen so schwer gefühlten Kalamitäten, die sich auch in Lübeck fühlbar machte, war die Geldkrisis, die aber bei der Nähe eines Bankplatzes wie Hamburg leichter überwunden wurde. Dazu kam nun noch, dafs man im Auslande während des kurzen Krieges gar nicht recht zu wissen schien, dafs Lübeck auch daran beteiligt war. Denn während sonst in den preufsischen Häfen, da das Ausland von den Verzichten der kriegführenden Parteien auf die Wegnahme feindlichen Privateigentums zur See nicht rechtzeitig Mitteilung erhielt, resp. denselben nicht recht traute, die Schiffahrt verödete und die Frachten bedeutend stiegen, weifs der Lübecker Bericht davon nichts, und auch die Tabellen über den Schiffsverkehr weisen für 1866 keinen Ausfall aus.

Auch nach 1866, als die ganze Geschäftswelt in Preufsen vor der Revanche Napoleons bangte und die Besorgnis vor ihr alle Handelsunternehmungen lähmte, war man in Lübeck sehr ruhig.

Man war sich zwar einiger Mitschuld an dem „Verbrechen" von Sadowa bewufst, aber doch nur einer sehr geringen, derentwegen man eine besonders schwere Strafe von Napoleon nicht zu befürchten hatte. Und selbst wenn es zum Schlimmsten kam, konnten Hannover, Hessen-Kassel, Braunschweig, das eigentliche Handelsgebiet Lübecks, damals wohl aus guten Gründen auf die Milde des französischen Siegers rechnen. So machten auch die auf 1866 folgenden, für die preufsischen Handelsplätze noch so traurigen Jahre auf Lübeck wenig Eindruck. Immer war es sein Glück, dafs es keine preufsische Stadt war: **deshalb** blieb es von dem ersten und folgenschwersten Unglück, der dänischen Blockade 1864, **deshalb** von der Panik

---

¹) Einige Daten über diese finden sich im Königsberger Bericht von 1866 S. 54. Die Bank von England erhöhte den Diskont, nachdem ihre Reserve von 6 auf 3 Mill. £ zusammengeschmolzen war, auf 19 %, die preufsische Bank den ihrigen auf 9 %, während er Ende des Jahres wieder 4 % betrug. Preufsische 3½ % Pfandbriefe fielen auf 63.

auf dem Frachtmarkt, von der Geschäftsstockung, von der schlimmsten Form der Geldkrisis 1866 und in den folgenden Jahren verschont. Von den großen Vorteilen, die Stettin von seiner Zugehörigkeit zur preußischen Monarchie hatte, hätte Lübeck bei seiner Lage im äußersten, der Nordsee zunächst gelegenen Winkel der Ostsee, in unmittelbarer Nähe Hamburgs, doch keinen genießen können, auch wenn es preußisch gewesen wäre, von den Nachteilen dieser Zugehörigkeit blieb es verschont. Eine Krisis gibt es also in den sechziger Jahren in Lübeck nicht, vielmehr wächst der Handel in dieser Zeit ruhig weiter.

1870 findet sich ein Rückgang, aber lange nicht in dem Maße, wie man erwarten sollte. Denn wenn freilich diesmal auch Lübeck ernsthaft blockiert war, so dauerte die Blockade doch nur von Mitte August bis Mitte September, also nur etwa einen Monat. Wenn aber bei den andern Städten, deren Handel über die Nordsee hinausreicht, noch immer die Gefahr vorhanden war, daß ihre Schiffe von den Franzosen in jenen entfernteren Meeren genommen würden, und sie deshalb ihre Schiffahrt noch weiterhin beschränkten, so konnte Lübeck, dessen Beziehungen sich nicht wesentlich über die Ostsee hinaus erstreckten, nachdem die französische Flotte am 25. September Skagen passiert hatte, seinen Handelsverkehr sofort wieder in vollem Umfang aufnehmen. Nur ein Monat war dem Handel verloren gegangen, und zwar einer, der so wie so nicht gerade zu den lebhaftesten gehört, weil die alte Ernte nicht mehr, die neue noch nicht zur Verschiffung gelangt. So erklärt es sich, daß der Abfall in 1870 wieder nur gering ist.

Dann kommt die Milliardenzeit, die sich auch in Lübeck sehr scharf von der vorangehenden und nachfolgenden Periode unterscheidet. Die Einfuhr sowohl wie die Ausfuhr steigen auf mehr als das doppelte ihrer früheren Höhe, und zwar nicht nur an Menge, sondern auch an Wert. Der Kausalzusammenhang liegt auf der Hand: der hochgesteigerte Preis der Industrieprodukte, der den hohen Durchschnittswert der Ausfuhr veranlaßte, lockte zu vermehrter Produktion derselben, die dann durch vermehrte Nachfrage auch den Preis der Rohmaterialien steigerte und dadurch den hohen Durchschnittswert der Einfuhr Lübecks veranlaßte.

Erst 1875, wie in allen Ostseeplätzen, macht sich in Lübeck der Krach fühlbar. In unserer Tabelle spiegelt er sich am deutlichsten in dem gesunkenen Durchschnittswert der Ein- und Ausfuhr wieder, der anfangs tief herabsinkt. Dann aber verhalten sich

Ein- und Ausfuhr in sehr charakteristischer Weise verschieden, wie wir das schon in Stettin beobachtet haben. Die Ausfuhr wächst an Menge immer weiter, aber ihr Durchschnittswert sinkt ebenso konstant: die Überproduktion konnte eben nicht mit einem Male ungeschehen gemacht werden, sie mufste einen Abflufs suchen und ihre Produkte, wenn auch zu Schleuderpreisen, exportieren.

1879 tritt zuerst wieder eine charakteristische momentane Änderung ein: die Ausfuhr ist kleiner, aber ihr Durchschnittswert etwas gröfser; es ist die Zeit des Zolltarifs und gleichzeitig der plötzlichen von Amerika ausgehenden Haussebewegung auf dem Eisenmarkt.

Infolge der Hoffnungen, die sich an die beiden Ereignisse knüpften, stiegen die Preise, der Export nach den Ostseeländern brauchte nun nicht mehr forciert zu werden, und das verursachte dann die erwähnte Erscheinung in Lübecks Ausfuhr. Indes war diese tröstliche Zeit nur sehr kurz: schon 1880 ist die amerikanische Hausse vorbei, die Ausfuhr steigt wieder enorm und verliert in demselben Grade an Wert.

Damit scheint die Krisis aus dem akuten in den chronischen Zustand übergegangen, die wirtschaftliche Lage der Stagnation verfallen zu sein.

1881 läfst die Ausfuhr wieder bedeutend nach, aber es hilft jetzt alles nichts mehr: ihr Wert sinkt nur um so tiefer, um in den nächsten Jahren keine wesentlichen Veränderungen mehr zu erfahren. Immer mehr wird ersichtlich nach dem Grundsatz, dafs die Masse es bringen müsse, mit ganz minimalem Gewinn weiter produziert, um nur die Fabriken in Gang zu halten.

Dafs das geschieht — und es mufste ja freilich geschehen — zeigt das Verhalten der Einfuhr, das von dem der Ausfuhr ganz verschieden ist. Waren bis 1875 beide bedeutend gestiegen, so besteht die nun eintretende Veränderung bei der Einfuhr darin, dafs sie anstatt, wie die Ausfuhr, zu wachsen, auf dem einmal erreichten Standpunkte stehen bleibt: von weiterer Ausdehnung der Industrie ist natürlich keine Rede mehr, aber sie kann sich auch nicht wieder in die früheren engen Grenzen zurückziehen, kann also ihren Konsum an Rohmaterialien bedeutend nicht einschränken.

So bleibt Lübecks Einfuhr wesentlich konstant an Menge, wenn sie auch an Wert abnimmt, da die Industrie durch den niedrigen Preisstand ihrer Produkte genötigt ist, auch den Preis ihrer Rohmaterialien herabzudrücken.

Eine besondere Stellung nimmt wieder das Jahr 1879 ein:

der Import nimmt bedeutend zu, aber sein Durchschnittswert nimmt ab. Letzteres ist ein Beweis, dafs von Lübecks wertvollstem Importartikel, Getreide, sich wenig, von den weniger wertvollen Rohmaterialien der Industrie viel darunter befand, und das entspricht ganz dem Bilde, das wir eben von dem Jahre 1879 entwarfen; bei einem erneuten Aufschwung bedurfte die Industrie natürlich auch einer vermehrten Einfuhr von Rohmaterialien. Dadurch, dafs in diesem Jahre die Einfuhr bedeutend steigt, die Ausfuhr sinkt, wird der zwischen beiden schon immer vorhandene Abstand noch weiter verschärft.

Durch das Verhältnis beider wird auch der Charakter des Schiffsverkehrs im Lübecker Hafen bestimmt: da die Einfuhr so bedeutend gröfser ist als die Ausfuhr, so werden viele Schiffe, die mit Ladung einkommen, leer, resp. in Ballast ausgehen müssen.

Vergl. die Tabelle XII der Anlage.

Immer ist die Zahl der Ballastschiffe beim Schiffseingang absolut und relativ kleiner als beim Ausgang. Je „besser" die Zeit, desto weniger Ballastschiffe sehen wir einkommen. Aber da auch in diesen guten Zeiten die Ausfuhr mit der Einfuhr nicht Schritt halten kann, so müssen gleichzeitig um so mehr Schiffe in Ballast ausgehen. So sehen wir 1873, wo der Krach in Lübeck noch nicht wirkte, die Zahl der eingegangenen Schiffe auf 2815 steigen, die höchste überhaupt erreichte, die Ballastschiffe darunter auf 12 fallen, die absolut und relativ niedrigste dagewesene Zahl, während beim Schiffsausgang die Zahl der Ballastschiffe auf 1264, die absolut und fast auch relativ höchste, steigt. Die namentlich seit 1876 so bedeutende Vermehrung der Ballastschiffe beim Eingang erklärt sich wohl durch die immer wachsende Überproduktion der Reederei, deren Schiffe nun Ladung suchend von Hafen zu Hafen fahren.

Auch in dieser Tabelle macht sich die kritische Zeit in der zweiten Hälfte der sechziger Jahre gar nicht, der Aufschwung im Beginne der siebziger Jahre hingegen sehr bedeutend, wie schon erwähnt, und die kleine Besserung nach 1878 auch wenigstens etwas bemerkbar durch die Abnahme der Ballastschiffe beim Eingang, während ihre Beteiligung am Ausgang konstant bleibt.

Es erhellt aus dem Gesagten, dafs die Frachten nach Lübeck, wie die nach Stettin, verhältnismäfsig hoch, die von Lübeck aber, die Ausfrachten, sehr niedrig sein müssen. Leider läfst sich das mit Beweismaterial nicht belegen, da die Berichte in dieser Hinsicht völlig schweigen.

Dieselben Gründe ferner, die in Stettin schon zeitig eine lebhafte Dampfschiffahrt hervorriefen, wirkten noch früher bereits in Lübeck. Das nahe Hamburg diente hier begreiflicherweise als Vorbild und veranlaſste, daſs alle modernsten Hilfsmittel des Handels und Verkehrs, deren Hamburg sich bediente, soweit die Verhältnisse es erlaubten, auch bald auf Lübeck übertragen wurden.

Die Tabelle XIII der Anlage zeigt, wie früh in Lübeck schon eine lebhafte Dampfschiffahrt sich entwickelt. Ein Vergleich mit den Zahlen des Stettiner Verkehrs ergibt, daſs Lübeck sich an der Dampfschiffahrt sehr viel früher und energischer als dieses beteiligte.[1]

1862 setzt die Stettiner Tabelle mit 21,4% Dampfern ein, während Lübeck damals schon 28,5%, im Vorjahr sogar schon 29% aufweist. Die schlimmen sechziger Jahre lassen in Stettin den Dampferverkehr sinken: in Lübeck schnellt er bedeutend in die Höhe. Erst 1873 holt Stettin Lübeck mit 34,2% ein, um ihm 1874 sofort wieder zu weichen, 1875 es wieder zu überholen und ihm nun mit Ausnahme des Jahres 1878 überlegen zu bleiben, aber immer nur um ganz wenige Prozent. Denn die absoluten Zahlen der eingekommenen Dampfer in beiden Häfen zu vergleichen, wäre bei dem so verschiedenen Umfang des Verkehrs in beiden ganz unzulässig. Ist doch die Zahl der in Lübeck überhaupt eingelaufenen Schiffe im allgemeinen nur $1/2 - 2/3$ mal so groſs, als die entsprechende in Stettin. Um so bewunderungswerter ist die Rührigkeit Lübecks, die bei so beschränkten Verhältnissen dem Dampferverkehr zu einem so starken Anteil am Gesamtschiffsverkehr verholfen hat, daſs es darin mit dem gröſsten deutschen Ostseeplatz fast auf der gleichen Stufe steht, ja, ihn zeitweise noch neuerdings übertrifft. Ebenso tapfer mit der Zeit mitgehend, wie das groſse Stettin, hat auch das kleine Lübeck seine Segelflotte energisch abgestoſsen.

Wie wichtig Lübeck als Speditionsplatz ist, ist schon oben erwähnt.

Leider sprechen die Berichte vom Speditionshandel überhaupt gar nicht, obwohl er doch von so elementarer Wichtigkeit für Lübeck ist, oder vielleicht gerade deshalb, weil er es in so hohem Maſse ist, daſs der gröſste Teil des Warenverkehrs als selbstverständlich im Speditionswege den Platz berührend betrachtet wird.

Daſs in Lübecks deutschem Hinterlande mehr als in dem irgend eines andern deutschen Ostseehafens Konsumtions- und Produktions-

---

[1] Das bemerkt schon 1860 Rau. Vergl. Statistik des Handels der deutschen Staaten S. 48.

zentren vorhanden sind, welche einen ausgedehnten Speditionshandel ermöglichen, liegt auf der Hand. Ähnlich ist es aber auch mit Rufsland, mit Skandinavien, mit Dänemark. Die Fabriken in den Industriebezirken von Moskau, Tula, Kaluga, Kostroma kaufen ganz bedeutende Posten von Wolle, Baumwolle, Garnen, Roheisen, Maschinen, die Handelshäuser in Petersburg, Riga, Reval beordern oft grofse Sendungen der verschiedensten Metall- und Manufakturwaren aus Deutschland über Lübeck, und umgekehrt schicken die Getreideexporteure in den russischen Häfen grofse Posten ihres Korns über Lübeck nach Hamburg oder den Handelsmühlen an der Weser.

Das Eingangsthor zu dem Landweg nach Rufsland ist nur für einen Teil dieser Sendungen Königsberg, für den bei weitem gröfseren schon deshalb Reval, Riga, Libau und Petersburg, weil von diesen Plätzen, mit denen Lübeck einen lebhaften Verkehr unterhält, am leichtesten Rückfracht dahin zu erhalten ist.

Lübeck steht also hier im Bunde mit Königsbergs schlimmsten Konkurrenten, und gerade wenn bei diesen der Handel am meisten blüht, hat auch Lübeck den gröfsten Nutzen davon.

Im Verkehr mit Skandinavien und Dänemark kommen bereits sehr starke direkte Warenbezüge hinüber und herüber vor, die einen lebhaften Speditionshandel in Lübeck zu unterhalten auch wohl schon allein genügen würden.

Dazu tritt noch ein anderer Umstand: Die drei östlichen Häfen haben eine mehr oder minder lebhaft betriebene Flufsschifffahrt nach dem Binnenlande, die in Lübeck fehlen mufs, da Trave, Wackenitz und Stecknitz zu unbedeutende Wasserläufe sind, um einen gröfseren Flufsverkehr zuzulassen.

Dafür haben aber die beiden östlichen Häfen wenigstens fast gar keine Küstenfrachtfahrt von einiger Lebhaftigkeit nach den benachbarten Häfen, weil es eben solche benachbarte Häfen in gröfserer Nähe gar nicht gibt: Königsberg und Danzig liegen ziemlich vereinsamt an ihren Küsten.

Anders ist das schon in Stettin, das in seiner Nachbarschaft eine ganze Zahl kleiner Häfen zweiten und dritten Ranges hat, mit denen es in lebhaftem Verkehr steht.

Vor Lübeck aber breitet sich das ganze dänische Inselreich aus, mit seinen zahllosen Buchten und Häfen, Reeden und Inseln. Durch dieses Labyrinth fährt nun eine grofse Zahl regelmäfsiger Tourdampfer, die alle kleinen Städte an diesen Küsten an Lübecks Handel anknüpfen, und so denselben Dienst verrichten, den Chausseen und Eisenbahnen im Binnenlande thun. Hier ist recht das Gebiet der Kolli-Spedition.

Jeder Kaufmann in der kleinen Inselstadt, der ein Faſs Nägel aus der Fabrik bezieht, muſs den Spediteur in Arbeit setzen, dessen Mühe dabei freilich gering (da die Frachten der Tourdampfer ebenso fest stehen wie ihre Abfahrtszeiten, die Konjunkturen des Frachtmarktes also nicht zur Geltung kommen), dessen Spesen dementsprechend niedrig sind, der aber bei der groſsen Menge derartiger Geschäfte doch seine Rechnung findet.

Wir haben schon oben erwähnt, daſs Hamburg seinen bedeutenden Handel mit den Ostseeländern gröſstenteils über Lübeck treibt. Aber mehr noch als der Eigenhandel benutzt der Speditionshandel Hamburgs diesen Weg.

Eine groſse Welthandelsstraſse, die England, ja Amerika mit dem tiefsten Innern Ruſslands und selbst Asiens verbindet, betritt bei Hamburg den Kontinent, um über Lübeck nach Petersburg, Riga, Reval zu gehen.

Da gibt nun die Weiterbeförderung der ungeheuren von Hamburg per Bahn ankommenden Gütermassen dem Speditionshandel reiche Nahrung. Freilich sind auch auf dieser Route Durchfrachttarife eingerichtet, die, so sehr sie den Verkehr fördern und die Menge der transportierten Güter vermehren, doch demjenigen Spediteur zum mindesten, der, wie das bei Lübeck der Fall ist, in der Mitte einer solchen Route sitzt, weniger angenehm sind, weil sie seine Spesen auf einen meist minimalen Betrag ein für allemal festnageln.

Die Durchfrachtverkehre, deren sich Lübeck erfreut, sind die ausgedehntesten, die in Europa, wenn nicht überhaupt, vorkommen, und erwähnen wir als Beispiel nur den einen schon oben berührten, der, von New York, resp. London, Hull und andern Nordseehäfen beginnend, über Hamburg-Lübeck-Riga-Zarizyn, von da per Dampfer die Wolga hinunter nach den persischen Häfen am Südrande des Kaspischen Meeres, Meschedesser, Asterabad und Enseli geht.

Fassen wir alles zusammen, so ergibt sich zur Charakteristik des Lübecker Handels ungefähr folgendes:

Lübeck ist der Ostseehafen der industriellsten Gegend Deutschlands. Es exportiert daher Industrieerzeugnisse und wegen der Nähe Hamburgs auch Kolonialwaren, importiert dafür Rohprodukte, jedoch, weil sein Seehandel durch seine geographische Lage auf die Ostsee beschränkt ist, nur solche, welche es in den Ostseeländern vorfindet, und zwar exportiert es — teils vielleicht wegen der noch nicht ganz genügenden Produktionsfähigkeit seines Hinterlandes, teils wegen der geringen Konsumtionsfähigkeit seiner Absatzländer — weniger, als es importiert.

Durch seine unbequeme Lage in einem Winkel der Ostsee ist sein Handel in sehr enge Schranken gezwängt.

So ist die Stadt unter den grofsen deutschen Ostseehäfen die kleinste, ihr Handel am wenigsten umfangreich, dafür aber relativ der wertvollste von allen, was seine Exportartikel wenigstens betrifft, und mit einer Energie, mit einem Verständnis für die zeitgemäfsen Forderungen des Verkehrs betrieben, die diesen kleinsten Platz den gröfsten würdig an die Seite stellt.

Anlagen.

I.

Stettin.

	Quantität (in tons)		Wert (in Mark)		Durchschnittswert pro ton	
	der Einfuhr.	der Ausfuhr.	der Einfuhr.	der Ausfuhr.	der Einfuhr.	der Ausfuhr.
1868	404 485	376 964	143 578 983	113 675 040	352,49	301,55
1869	425 356	356 964	141 912 663	109 171 278	333,63	305,52
1870	356 131	153 336	102 928 737	50 718 315	289,01	330,77
1871	562 691	169 051	212 850 132	75 570 207	378,27	447,03
1872	696 430	195 227	243 388 419	85 148 106	349,48	436,15
1873	735 598	225 103	260 105 748	85 739 355	353,60	381,00
1874	668 220	233 476	208 642 169	95 403 351	312,23	408,58
1875	532 179	254 210	146 568 865	107 318 307	275,41	422,16
1876	706 611	239 911	168 248 691	103 354 994	238,11	430,81
1877	616 803	317 372	152 149 286	108 985 659	246,67	343,40
1878	543 019	386 114	117 347 567	106 399 268	216,10	275,56
1879	793 928	427 589	168 761 869	108 638 084	212,57	254,17
1880	833 754	406 997	209 912 941	141 816 431	251,77	348,45
1881	683 608	338 733	150 862 561	118 391 851	220,75	349,51
1882	692 358	320 385	152 837 771	116 344 097	220,75	363,14
1883	917 478	384 471	179 851 130	114 011 934	196,03	296,54

Staatswissenschaftliche Studien. II.

II.

Stettin.

	Eingegangene Schiffe.					Ausgegangene Schiffe.					
	Im ganzen.		Leer oder in Ballast.		Prozentsatz der letzteren Kategorie		Im ganzen.		Leer oder in Ballast.		Prozentsatz der letzteren Kategorie
	Anzahl.	Gröfse in cbm.	Anzahl.	Gröfse in cbm.	nach d. Zahl.	nach d. Gröfse.	Anzahl.	Gröfse in cbm.	Anzahl.	Gröfse in cbm.	nach d. Zahl.	nach d. Gröfse.
1850	1 878	609 818	182	39 207	9,7	6,4	1 959	661 664	477	242 710	24,3	36,7
1851	2 068	651 238	115	32 626	5,5	5,0	1 977	623 920	503	222 519	25,4	35,7
1852	2 132	677 467	217	49 544	10,1	7,3	2 133	698 010	689	332 712	32,3	47,6
1853	2 398	753 986	175	47 140	7,3	6,3	2 259	719 841	488	234 828	21,6	32,6
1854	2 435	709 029	152	40 343	6,2	5,7	2 430	748 109	592	243 248	24,4	32,5
1855	2 409	800 045	125	32 037	5,2	4,0	2 310	753 473	639	316 969	27,7	42,1
1856	3 031	1 016 149	297	72 020	9,8	7,1	3 011	1 032 138	1 218	559 510	40,5	54,2
1857	3 050	1 202 773	344	74 598	11,2	6,2	3 163	1 195 650	668	393 874	21,1	32,9
1858	3 007	1 148 993	204	61 734	6,8	5,4	2 943	1 178 228	1 285	693 672	43,7	58,9
1859	2 957	990 421	232	68 942	7,8	6,9	2 902	983 527	1 037	472 594	35,7	48,1
1860	2 709	923 963	175	38 914	6,5	4,2	2 925	1 030 574	484	287 713	16,5	27,9
1861	3 056	1 183 515	432	74 802	14,1	6,3	3 190	1 143 137	337	212 898	19,6	18,6
1862	3 219	1 213 513	271	34 505	8,4	2,9	3 508	1 243 036	537	323 456	15,3	26,0
1863	3 441	1 227 878	342	50 286	9,9	4,1	3 669	1 276 630	616	374 633	16,8	29,3
1864	1 972	683 280	165	29 429	8,4	4,3	1 974	727 134	293	172 771	14,8	23,8
1865	3 193	1 176 010	178	30 252	5,6	2,6	3 303	1 184 397	900	484 839	27,3	40,9
1866	3 136	1 112 771	510	88 230	16,3	7,9	3 259	1 116 909	667	373 268	20,5	33,4
1867	3 097	1 126 618	332	57 443	10,7	5,1	3 247	1 167 895	625	363 758	19,2	31,1
1868	3 835	1 359 700	882	147 161	22,9	10,9	3 942	1 383 728	569	341 451	14,4	24,7
1869	3 988	1 472 903	819	126 699	20,5	8,6	4 060	1 451 212	656	396 914	16,2	27,4
1870	2 779	1 275 531	197	47 912	7,1	3,8	2 715	1 249 583	883	617 254	32,5	49,4
1871	3 739	1 798 900	241	26 614	6,4	1,5	3 638	1 787 740	1 315	907 254	36,1	50,8
1872	4 209	1 915 220	187	32 211	4,5	1,7	4 199	1 994 635	1 825	1 236 841	43,5	62,0
1873	3 810	1 983 654	136	32 245	3,6	1,6	3 680	2 000 194	1 411	1 029 794	38,3	51,5
1874	3 378	2 019 757	257	41 806	7,6	2,1	3 304	1 984 811	1 043	993 008	31,6	51,0
1875	3 013	1 777 178	298	64 270	9,9	3,6	3 052	1 792 194	917	845 501	30,0	47,2
1876	3 300	2 060 155	274	49 088	8,3	2,4	3 346	2 085 132	1 092	1 074 138	32,6	51,5
1877	3 227	2 130 135	380	92 026	11,8	4,3	3 288	2 148 463	851	971 703	25,9	45,2
1878	3 384	1 944 187	587	133 390	17,3	6,8	3 429	1 932 844	749	659 019	21,8	34,1
1879	3 815	2 569 478	402	117 988	10,5	4,6	3 839	2 567 259	1 097	1 156 252	28,6	45,0
1880	4 098	2 651 033	399	99 645	9,7	3,8	4 118	2 665 008	1 096	1 033 003	26,6	38,8
1881	3 265	2 311 600	314	93 622	9,6	4,0	3 300	2 357 421	794	903 162	24,1	38,3
1882	3 543	2 563 522	309	93 287	8,7	3,6	3 558	2 611 250	881	995 507	24,8	38,0
1883	3 825	3 121 075	349	105 336	9,1	3,4	3 767	3 131 723	1 057	1 253 310	28,1	40,0
1884	4 120	3 616 089	367	131 490	9,0	3,6	4 136	3 599 910	1 282	1 643 212	31,0	45,7
1885	3 851	3 429 653	339	137 612	8,8	4,0	3 901	3 460 940	1 042	1 283 887	26,7	37,1
1886	3 878	3 661 650	299	174 368	7,7	4,7	3 802	3 658 735	1 047	1 336 961	27,5	36,5

III.

Stettin.

	Eingekommene Schiffe.		Davon Dampfer				In Danzig betrug d. Dampfereingang % des Gesamteinganges	
					also % des Gesamteinganges			
	Anzahl.	Gröfse in cbm.	Anzahl.	Gröfse in cbm.	nach d. Zahl.	nach d. Gröfse.	nach d. Zahl.	nach d. Gröfse.
1862	3 219	1 213 513	690	409 143	21,4	33,8	5,6	11,1
1863	3 441	1 227 878	756	396 003	22,0	32,3	6,3	14,5
1864	1 972	683 280	387	234 290	19,6	34,3	7,1	16,1
1865	3 193	1 176 010	488	320 955	15,3	27,3	8,2	16,1
1866	3 136	1 112 771	501	342 940	16,0	30,8	9,9	20,7
1867	3 097	1 126 618	654	443 822	21,1	39,4	13,2	23,9
1868	3 835	1 359 700	842	570 199	22,0	41,9	15,2	27,7
1869	3 988	1 472 903	897	627 936	22,5	42,6	16,7	32,6
1870	2 779	1 275 531	711	579 570	25,6	45,4	18,0	35,6
1871	3 739	1 798 900	1 021	820 470	27,3	46,0	15,5	29,0
1872	4 209	1 915 220	1 234	947 882	29,3	49,5	15,7	26,4
1873	3 810	1 983 654	1 302	1 153 009	34,2	58,1	16,3	27,5
1874	3 378	2 019 757	1 306	1 363 327	38,6	67,5	17,9	34,3
1875	3 013	1 777 178	1 171	1 160 271	38,9	65,3	20,2	37,8
1876	3 300	2 060 155	1 442	1 455 710	43,7	70,7	19,6	38,9
1877	3 227	2 130 135	1 472	1 600 992	45,6	75,2	27,1	50,6
1878	3 384	1 944 187	1 438	1 383 387	42,5	71,2	31,2	55,1
1879	3 815	2 569 478	1 873	1 987 884	49,1	77,4	36,4	59,9
1880	4 098	2 651 033	1 902	1 965 623	46,4	74,1	32,0	54,9
1881	3 265	2 311 600	1 682	1 767 766	51,5	76,5	40,3	62,5
1882	3 543	2 563 522	1 998	2 051 880	56,4	80,0	43,2	64,2
1883	3 825	3 121 075	2 309	2 626 575	60,4	84,2	52,3	73,2
1884	4 120	3 616 089	2 577	3 089 836	62,5	85,4	52,1	74,7
1885	3 851	3 429 653	2 467	2 919 967	64,1	85,1	56,3	69,9
1886	3 878	3 661 650	2 490	3 161 161	64,2	86,1	60,8	79,4

IV.

Danzig.

	Eingegangene Schiffe.			Ausgegangene Schiffe.		
	Anzahl überhaupt.	Davon leer, resp. in Ballast,		Anzahl überhaupt.	Davon leer, resp. in Ballast,	
		Anzahl.	also %.		Anzahl.	also %.
1852	1 151	386	33,5	1 185	73	6,2
1853	1 739	872	50,1	1 756	37	2,1
1854	1 504	803	53,4	1 500	51	3,4
1855	1 297	572	44,1	1 305	71	5,4
1856	1 420	577	40,6	1 427	105	7,3
1857	1 888	1 081	57,3	1 843	27	1,5
1858	1 734	885	51,0	1 785	53	3,0
1859	1 848	1 029	55,7	1 835	44	2,4
1860	2 535	1 529	60,3	2 565	33	1,3
1861	2 699	1 610	59,7	2 649	24	0,9
1862	3 151	2 030	64,4	3 200	24	0,8
1863	3 103	1 912	61,6	3 065	29	0,9
1864	2 151	1 226	57,0	2 211	24	1,1
1865	2 490	1 376	55,3	2 526	47	1,9
1866	2 063	1 104	53,5	2 049	34	1,6
1867	1 700	540	31,8	1 767	38	2,2
1868	1 704	491	28,8	1 744	41	2,4
1869	1 792	455	25,4	1 834	92	5,0
1870	1 590	490	30,8	1 543	65	4,2
1871	2 233	575	25,8	2 241	55	2,5
1872	1 844	262	14,2	1 873	112	6,0
1873	1 839	353	19,2	1 820	98	5,4
1874	1 845	438	23,7	1 826	97	5,3
1875	1 669	362	21,7	1 645	132	8,0
1876	1 646	295	17,9	1 710	204	11,9
1877	1 712	426	24,9	1 721	155	9,0
1878	1 999	675	33,8	2 029	112	5,5
1879	1 740	420	24,1	1 754	110	6,3
1880	1 894	349	18,4	1 876	190	10,1
1881	1 640	338	20,6	1 711	217	12,7
1882	2 123	637	30,0	2 080	120	5,8
1883	2 042	626	30,7	2 063	226	11,0
1884	1 790	296	16,5	1 805	357	19,8
1885	1 821	448	24,6	1 824	157	8,6

V.

Danzig.

	Eingekommene Schiffe		Davon Dampfer		also % des Gesamt-Einganges	
	Anzahl	Größe in cbm	Anzahl	Größe in cbm	nach der Zahl	nach der Größe
1860	2 535	1 122 891	147	93 725	5,8	8,3
1861	2 699	1 252 915	181	159 669	6,7	12,7
1862	3 151	1 330 690	175	147 683	5,6	11,1
1863	3 103	1 299 543	196	166 742	6,3	12,8
1864	2 151	1 031 159	175	165 126	8,1	16,0
1865	2 491	1 148 208	204	185 690	8,2	16,1
1866	2 063	971 960	204	201 353	9,9	20,7
1867	1 700	813 935	224	194 437	13,2	23,9
1868	1 709	886 223	260	245 606	15,2	27,7
1869	1 803	909 231	300	296 681	16,7	32,6
1870	1 607	851 616	290	304 461	18,0	35,8
1871	2 246	1 264 435	349	366 662	15,5	29,0
1872	1 844	985 482	289	260 225	15,7	26,4
1873	1 839	1 060 563	299	291 981	16,3	27,5
1874	1 845	1 138 488	330	390 250	17,9	34,3
1875	1 669	1 113 559	337	420 792	20,2	37,8
1876	1 646	1 090 894	319	405 301	19,4	37,1
1877	1 712	1 295 290	464	654 914	27,1	50,6
1878	1 999	1 440 735	623	794 336	31,2	55,1
1879	1 740	1 341 487	634	804 145	36,4	59,9
1880	1 894	1 405 004	607	771 654	32,0	54,9
1881	1 640	1 304 338	661	815 451	40,3	62,5
1882	2 123	1 707 944	918	1 097 426	43,2	64,2
1883	2 042	1 838 849	1 068	1 346 734	52,3	73,2
1884	1 790	1 677 628	906	1 252 604	50,6	74,7
1885	1 821	1 660 833	1 025	1 262 782	56,3	76,0
1886	1 684	1 599 132	1 025	1 270 108	60,8	79,4

VI.

Königsberg.

	Quantität (in tons)		Wert (in Mark)		Durchschnittswert pro ton	
	der Einfuhr	der Ausfuhr	der Einfuhr	der Ausfuhr	der Einfuhr	der Ausfuhr
1863			66 453 000			
				34 140 000		
1864	82 927		42 569 400		513,33	
		192 009		25 982 460		135,31
1865	125 163		50 505 831		403,52	
		118 505		21 313 500		179,85
1866	115 438		46 568 400		403,41	
		181 349		33 986 100		187,41
1867	126 176		60 693 810		481,02	
		150 241		36 743 715		244,56
1868	119 520		63 324 819		529,83	
		129 896		35 615 133		274,18
1869	114 321		68 100 441		595,69	
		177 695		40 119 003		225,77
1870	124 556		50 608 050		406,30	
		302 568		49 976 700		165,17
1871	187 921		74 926 410		398,71	
		347 957		69 474 360		199,66
1872	189 458		89 572 470		472,78	
		241 212		57 162 000		236,97
1873	139 789		70 383 600		503,49	
		407 373		91 914 390		225,62
1874	263 778		76 940 900		291,69	
		426 687		97 804 460		229,21
1875	319 582		77 645 853		242,96	
		463 058		97 778 560		211,15
1876	312 949		76 543 702		244,59	
		350 280		79 050 785		225,67
1877	346 270		88 734 465		256,26	
		687 701		138 160 740		200,90
1878	342 245		92 702 085		270,87	
		654 661		122 813 662		187,59
1879	314 082		81 571 582		259,71	
		479 332		96 388 646		201,09
1880	332 668		74 584 461		224,20	
		301 386		68 577 312		227,54
1881	271 153		66 456 671		245,09	
		407 697		89 582 220		219,72
1882	296 964		63 259 776		213,02	
		645 397		112 972 125		175,04
1883	308 635		68 715 979		222,64	
		611 557		101 054 019		165,24
1884	357 004		74 461 305		208,57	
		468 008		76 878 722		164,26
1885	324 871		64 451 498		198,39	
		582 236		92 658 978		159,14
1886	336 641		69 571 245		206,66	
		357 836		62 823 914		175,56

VII.

Königsberg.

	Eingegangen		Ausgegangen	
	Anzahl	Größe (in Last)	Anzahl	Größe (in Last)
1829	672		662	
1830	1032		1053	
1831	764		756	
1832	709		696	
1833	378		381	
1834	354		366	
1835	358		366	
1836	680		688	
1837	776		781	
1838	779		782	
1839	1189		1202	
1840	928		928	
1841	722		726	
1842	896		889	
1843	1560	99 577	1552	99 119
1844	1010	62 845	1034	67 012
1845	822	44 300	831	45 163
1846	808	50 063	813	51 263
1847	951	54 139	962	57 388
1848	664	45 793	676	49 352
1849	622	45 853	582	42 920
1850	1295	85 252	1318	87 145
1851	1346	72 811	1376	76 234
1852	880	49 729	852	49 729
1853	1009	49 372	1014	52 355
1854	1145	78 658	1064	70 647
1855	1321	106 469	1334	112 325
1856	1187	73 734	1211	78 027
1857	1305	88 481	1327	90 373
1858	1607	94 610	1589	92 461
1859	1574	97 412	1608	98 425
1860	2059	113 698	2052	115 314
1861	1975	125 242	1972	124 718
1862	1982	106 807	1949	107 202
1863	1799	108 148	1822	110 177
1864	1444	94 684	1426	96 363
1865	1278	88 794	1239	87 934

— 152 —

Königsberg.

VIII.

	Eingegangene Schiffe					Ausgegangene Schiffe				
	Überhaupt		Davon leer oder in Ballast		also %	Überhaupt		Davon leer oder in Ballast		also %
	Anzahl	Größe in cbm	Anzahl	Größe in cbm	nach der Zahl	nach der Größe	Anzahl	Größe in cbm	Anzahl	Größe in cbm	nach der Zahl	nach der Größe

	Anzahl	Größe in cbm	Anzahl	Größe in cbm	nach der Zahl	nach der Größe	Anzahl	Größe in cbm	Anzahl	Größe in cbm	nach der Zahl	nach der Größe
1861	1975	531026	736	184622	37,3	34,8	1972	528804	22	8212	1,1	1,5
1862	1982	452861	592	109048	29,9	24,1	1949	454536	80	29383	4,1	6,5
1863	1799	458547	379	84482	21,1	18,4	1822	467150	45	11905	2,5	2,5
1864	1444	401460	520	131011	36,0	32,6	1426	408579	78	30816	5,5	7,5
1865	1278	376486	80	19554	6,3	5,2	1239	372840	268	99254	21,6	26,6
1866	1399	435409	341	94081	24,4	21,6	1386	440705	81	44346	6,0	10,0
1867	1603	473569	317	62514	19,8	13,2	1507	463957	266	102913	17,6	22,2
1868	1284	458064	87	39304	6,8	8,6	1218	453836	230	112266	18,9	24,7
1869	1353	543296	120	55921	8,9	10,3	1313	538649	247	118067	18,8	21,9
1870	1658	636067	405	144185	24,4	22,7	1610	611768	77	51384	4,7	8,4
1871	2030	786778	375	142896	18,5	18,2	2030	807092	199	203426	9,8	25,2
1872	2055	758565	104	79211	5,1	10,4	1956	740320	264	176939	13,5	23,9
1873	2176	1026182	396	252932	18,2	24,6	2077	999851	168	122141	8,1	12,2
1874	2266	1185432	467	234370	20,6	19,8	2212	1160106	212	175858	9,6	15,1
1875	2424	1284741	576	308274	27,9	24,0	2316	1273878	228	196023	9,8	15,4
1876	2108	1128841	342	178801	16,2	15,8	2089	1121025	243	246255	11,6	22,0
1877	2967	1727308	1161	643373	39,1	37,2	2994	1689619	133	162311	4,4	9,6
1878	3100	1594663	711	399371	23,0	25,0	2973	1614753	349	208353	11,7	12,9
1879	2147	1243112	286	280632	13,3	22,6	2034	1219954	184	142650	9,0	11,7
1880	1831	1114356	236	217414	12,9	19,5	1792	1100328	222	191304	12,4	17,4
1881	1884	1180690	425	264703	22,6	22,4	1860	1173869	125	129370	6,7	11,0
1882	2498	1580561	750	503343	30,0	31,8	2429	1540139	101	127958	4,2	8,3
1883	2103	1587007	558	480129	26,5	30,3	2133	1614134	145	188239	6,8	11,6
1884	1973	1447807	321	267514	16,3	18,5	1919	1428490	223	243677	11,6	17,0
1885	2018	1560216	541	388535	26,8	24,9	2007	1562004	115	168073	5,7	10,7
1886	1542	1276700	204	193010	13,2	15,1	1516	1279463	186	235138	12,3	18,4

VIII a.

	Eingegangene Schiffe			Ausgegangene Schiffe			
	In Pillau	In Königsberg		In Pillau	In Königsberg		
	Überhaupt	Überhaupt	Davon leer und in Ballast also %	Überhaupt	Überhaupt	Davon leer und in Ballast	also %
1846	808	599	143	24,0	813	603	22	3,6
1847	951	734	266	36,2	962	726	48	6,6
1848	664	530	66	12,4	676	532	8	1,5
1849	622	466	141	30,3	582	447	3	0,7
1850	1295	1044	419	40,1	1318	1060	3	0,3
1851	1346	1066	441	41,4	1376	1057	—	—
1852—57	—	—	—		—	—	—	—
1858	1607	1375	445	32,4	1589	1375	23	1,7
1859	1574	1366	277	20,3	1603	1377	12	0,9
1860	2059	1803	534	29,6	2052	1803	10	0,6

IX.

Königsberg.

	Eingekommene Schiffe		Davon Dampfer		also % des Gesamt-Einganges	
	Anzahl	Größe in cbm	Anzahl	Größe in cbm	nach der Zahl	nach der Größe
1851	1346		40		2,9	
1852	880		65		7,4	
1853	1009		47		4,6	
1854	1145		55		4,8	
1855	1321		80		6,1	
1856	1187		102		8,6	
1857	1305		50		3,8	
1858	1607					
1859	1574					
1860	2059					
1861	1975	531 026	261	179 843	13,2	33,9
1862	1982	452 861	179	114 352	9,0	25,2
1863	1799	458 547	298	185 966	16,6	40,5
1864	1444	401 460	218	143 172	15,1	35,6
1865	1278	376 486	191	134 632	14,9	35,7
1866	1399	435 409	272	210 410	19,4	48,3
1867	1603	473 569	286	218 826	17,8	46,2
1868	1284	458 064	307	249 108	23,9	54,4
1869	1353	543 296	372	325 275	27,5	59,9
1870	1658	636 067	408	374 612	24,6	58,9
1871	2030	786 778	461	429 783	22,7	54,6
1872	2055	758 565	475	409 482	23,1	53,9
1873	2176	1 026 182	679	669 615	31,2	65,2
1874	2266	1 185 432	776	833 236	34,2	70,3
1875	2424	1 284 741	726	852 622	30,0	66,2
1876	2108	1 128 841	665	755 369	31,6	66,9
1877	2967	1 727 308	1021	1 255 901	34,4	72,7
1878	3100	1 594 663	985	1 146 377	31,8	71,9
1879	2147	1 243 112	730	897 323	34,0	72,2
1880	1831	1 114 356	663	739 167	36,2	66,3
1881	1884	1 180 690	878	865 332	46,6	73,3
1882	2498	1 580 561	1255	1 294 729	50,2	81,9
1883	2103	1 587 007	1146	1 355 651	54,5	85,4
1884	1973	1 447 807	1083	1 232 882	54,9	85,1
1885	2018	1 560 216	1187	1 353 885	58,8	86,8
1886	1542	1 276 700	973	1 115 075	63,1	87,3

— 154 —

Lübeck.

X.

	Ausfuhr seewärts	1883 im Ganzen	1883 Zufuhr landwärts von Hamburg	1883 Zufuhr landwärts von Hannover und Braunschweig	1883 Zufuhr landwärts von West-falen und Rheinland	Ausfuhr seewärts	1882 im Ganzen	1882 Zufuhr landwärts von Hamburg	1882 Zufuhr landwärts von Hannover und Braunschweig	1882 Zufuhr landwärts von West-falen und Rheinland	Ausfuhr seewärts	1881 im Ganzen	1881 Zufuhr landwärts von Hamburg	1881 Zufuhr landwärts von Hannover und Braunschweig	1881 Zufuhr landwärts von West-falen und Rheinland
1. Baumwolle	7 319	8 014	7 103	894	6	5 894	6 684	6 476	—	203	4 547	4 738	3 393	—	1 335
2. Kaffee	7 897	8 948	8 910	24	—	8 842	10 432	10 402	2	16	6 855	8 225	8 187	1	22
3. Zement	1 484	4 691	25	3 429	149	1 619	4 141	73	2 961	53	2 711	5 905	955	4 242	111
4. Chemikalien	1 712	3 357	2 087	559	10	1 426	3 155	1 522	654	167	831	2 860	1 291	438	286
5. Düngemittel	1 577	4 430	1 782	2 333	7 228	576	3 451	1 422	20	30	1 884	4 465	1 261	50	40
6. Eisen u. Stahl	7 759	9 827	853	1 066	10 415	6 564	7 263	623	366	5 555	5 023	7 541	770	137	6 178
7. Eisen u. Stahlwaren	6 710	12 561	551	716		6 692	12 765	466	469	10 149	6 908	12 253	568	311	9 988
8. Farbeholz	1 086	2 456	2 424	22	162	1 081	1 803	1 801	—	1	1 941	2 120	2 120	—	—
9. Farbewaren	2 200	1 694	532	327		2 234	1 912	773	179	131	2 472	1 788	788	230	97
10. Felle u. Häute	2 137	2 385	2 299	53		2 057	2 334	2 165	44	37	1 933	2 099	1 987	27	11
11. Früchte	3 130	3 692	2 863	140	80	3 800	4 297	3 413	148	30	3 846	4 040	3 339	77	5
12. Leder	1 198	1 394	843	38	987	1 410	1 643	984	12	51	1 257	1 507	906	9	61
13. Maschinen	4 163	6 633	1 788	1 482	7	4 428	5 385	1 434	536	809	3 777	4 404	1 118	450	633
14. Petroleum	1 214	3 022	2 297	711		675	1 927	745		1 175	1 659	3 308	1 870		1 433
15. Reis	1 477	2 349	1 214	1 133		1 671	2 929	1 882		1 046	1 053	2 432	1 195		1 237
16. Salz	5 000	6 035	147	5 851	—	2 600	4 692	156	3 470	—	4 259	5 878	186	3 643	9
17. Kohlen u. Koks	5 692	41 366	2 265	20	38 960	15 276	40 000	860	90	38 910	11 986	39 531	843	60	38 250
18. Taback	1 861	2 140	290	1 759	13	1 689	2 037	373	5	1 581	1 804	2 286	233	20	1 491
19. Wein	2 382	3 686	2 479	113	54	2 036	3 046	1 973	20	151	2 016	2 971	1 951	20	152
20. Zucker	7 313	10 284	680	7 651	90	5 297	8 501	377	3 415	110	4 271	6 827	512	1 882	26
21. Schwerspat	144	160	9	59	10	1 571	1 490	1 060	3 415	10	3 140	3 206	21	3 056	10
22. Gips	822	1 005	4	842	—	640	1 199	12	974	—	1 309	1 495	7	1 824	—

— 155 —

Lübeck.

X.

		1880					1879			
	Ausfuhr seewärts	im Ganzen	Zufuhr landwärts			Ausfuhr seewärts	im Ganzen	Zufuhr landwärts		
			von Hamburg	von Hannover und Braunschweig	von Westfalen und Rheinland			von Hamburg	von Hannover und Braunschweig	von Westfalen und Rheinland
1. Baumwolle	1 506	1 634	999	—	635	1 215	894	755	—	139
2. Kaffee	18 423	8 225	8 210	2	11	8 308	7 592	7 568	1	3
3. Cement	1 508	3 415	152	2 655	282	26	1 140	110	607	1
4. Chemikalien	970	3 732	2 282	358	6	735	4 274	2 234	591	370
5. Düngemittel	13 601	4 552	1 882	471	9 892	877	4 778	2 458	32	101
6. Eisen und Stahl	1 366	12 638	1 804	324	10 255	8 755	9 224	1 072	197	7 738
7. Eisen- und Stahlwaren	8 961	12 920	920	—	—	6 129	11 677	863	276	9 579
8. Farbeholz	1 339	1 925	1 923	—	—	1 803	1 811	1 810	—	—
9. Farbewaren	2 899	1 769	725	229	83	3 725	2 056	1 077	193	129
10. Felle und Häute	2 372	2 703	2 588	20	7	8 400	5 403	5 215	72	5
11. Früchte	2 406	3 236	2 553	40	35	2 448	2 512	2 074	60	1
12. Leder	1 366	1 643	1 062	8	79	1 447	1 689	1 141	14	54
13. Maschinen	3 474	4 821	1 576	460	709	3 363	3 052	833	338	465
14. Petroleum	816	2 246	1 975	—	267	1 487	1 419	1 331	—	86
15. Reis	1 284	2 098	1 467	—	629	942	2 011	1 826	—	184
16. Salz	1 219	4 381	227	3 641	—	3 228	8 795	184	3 222	39
17. Kohlen und Koks	13 839	36 669	2 246	460	33 840	10 498	38 568	4 704	339	33 464
18. Taback	1 039	1 973	332	26	1 543	1 727	2 259	461	28	1 653
19. Wein	2 342	3 515	2 583	17	188	2 654	3 428	2 653	14	70
20. Zucker	3 668	7 053	436	1 571	146	3 922	6 037	276	2 313	38
21. Schwerspat	2 613	2 722	7	2 654	10	1 493	2 242	—	2 156	30
22. Gips	590	792	12	633	—	1 247	1 339	1	1 239	—

XI.

Lübeck.

	Quantität (in tons)		Wert (in Mark).		Durchschnittswert (pro ton.)	
	der Einfuhr	der Ausfuhr	der Einfuhr	der Ausfuhr	der Einfuhr	der Ausfuhr
1856	114 375		21 927 408			
1857	116 606		27 342 816			
1858	94 316		15 328 285			
1859	115 586		19 864 036			
1860	123 115		19 921 237			
1861	127 850		20 496 526			
1862	134 558		23 998 738			
1863	138 725		24 442 558			
1864	136 219		26 150 568			
1865	158 323		30 501 334			
1866	157 903		35 185 429			
1867	183 208		25 842 790			
1868	175 798		28 329 868			
1869	185 235	43 546	26 619 697	41 947 622	143,71	963,29
1870	162 527	33 050	27 110 218	33 512 375	166,80	1 013,96
1871	244 422	60 223	37 286 938	73 480 736	152,55	1 220,14
1872	247 743	63 340	40 635 363	75 606 377	164,02	1 193,66
1873	318 853	74 128	51 006 103	90 759 126	159,96	1 224,36
1874	330 492	79 555	60 292 454	116 501 961	182,43	1 464,42
1875	287 594	81 570	48 367 395	95 845 439	168,18	1 175,00
1876	368 209	86 064	54 245 019	97 803 510	147,32	1 136,40
1877	301 614	106 080	46 356 501	99 240 748	153,69	935,52
1878	295 710	130 782	47 524 536	118 807 032	160,71	908,43
1879	430 846	120 411	68 131 718	120 284 418	158,13	998,94
1880	327 247	145 699	60 747 248	126 253 718	185,63	866,54
1881	321 283	122 042	57 174 874	101 407 487	177,95	830,92
1882	388 768	124 809	67 422 355	110 202 361	173,43	882,97
1883	302 860	128 592	62 414 915	116 645 129	206,08	907,09
1884	352 198	136 531	60 134 693	105 445 687	170,74	772,32
1885	310 974	126 084	56 626 330	97 910 312	182,09	776,55
1886	332 162	135 715	59 276 648	78 733 029	178,46	580,13

— 157 —

Lübeck. XII.

	Eingekommene Schiffe						Ausgegangene Schiffe					
	Im ganzen		Davon leer oder in Ballast				Im ganzen		Davon leer oder in Ballast			
					also %						also %	
	Anzahl	Größe in cbm	Anzahl	Größe in cbm	nach der Zahl	nach der Größe	Anzahl	Größe in cbm	Anzahl	Größe in cbm	nach der Zahl	nach der Größe
1864	1484	489 551	58	18 838	3,9	3,8	1484	489 872	436	133 393	29,4	27,2
1865	1765	592 663	36	2 863	2,0	0,5	1758	589 873	490	155 899	27,9	26,4
1866	1829	615 143	61	14 259	3,3	2,3	1840	620 240	535	181 413	29,0	29,2
1867	1639	499 714	58	18 309	3,5	3,7	1630	496 167	567	193 174	34,8	38,9
1868	1618	483 585	71	16 414	4,4	3,4	1618	489 915	494	185 017	30,5	37,7
1869	1775	518 166	67	9 463	3,7	1,8	1769	520 023	535	182 851	30,2	35,1
1870	1694	425 145	29	3 540	1,7	0,8	1663	418 416	517	143 537	31,1	34,3
1871	2260	624 730	22	1 533	0,9	0,2	2296	638 772	771	243 366	33,6	38,1
1872	2356	654 376	39	11 511	1,6	1,8	2337	645 019	685	221 489	29,3	34,3
1873	2815	832 723	12	5 277	0,4	0,6	2807	838 181	1264	385 848	45,0	46,0
1874	2432	870 693	98	32 587	4,0	3,7	2457	871 991	937	384 084	38,1	44,0
1875	1923	700 556	38	16 449	2,0	2,3	1915	697 257	717	276 377	37,4	39,6
1876	2537	926 691	163	39 611	6,4	4,3	2520	921 974	1189	420 426	47,2	45,6
1877	2296	859 497	255	45 477	11,1	5,3	2327	876 346	924	326 284	39,7	37,2
1878	2246	861 455	246	38 390	10,9	4,4	2228	853 978	826	273 778	37,1	32,1
1879	2505	974 222	168	22 566	6,7	2,3	2470	969 840	1122	414 907	45,4	42,8
1880	2314	890 649	178	26 828	7,7	3,0	2358	909 949	854	287 650	36,2	31,5
1881	2116	875 167	167	28 064	7,9	3,2	2118	867 783	673	271 565	31,8	31,3
1882	2167	1 057 401	94	19 611	4,3	1,9	2171	1 063 505	654	318 276	30,1	29,9
1883	2012	1 030 872	120	30 858	6,0	3,0	2015	1 025 399	487	269 709	24,1	26,3
1884	2269	1 221 552	146	45 543	6,4	3,7	2281	1 243 713	622	375 565	27,3	30,4
1885	2198	1 173 664	71	19 598	3,2	1,7	2224	1 190 322	571	359 113	25,7	30,2
1886	2208	1 180 653	53	23 437	2,4	2,0	2219	1 191 360	583	318 933	26,3	26,8

XIII.

Lübeck.

	Eingekommene Schiffe		Davon Dampfer			
	Anzahl	Gröfse in cbm	Anzahl	Gröfse in cbm	also % des Gesamt-Einganges	
					nach der Zahl	nach der Gröfse
1850	1153	301 124	207	110 375	17,9	36,6
1851	1096	273 895	155	81 433	14,1	29,7
1852	1022	262 537	193	99 127	18,8	37,7
1853	1018	257 631	184	88 099	18,0	34,1
1854	1053	247 930	177	87 836	16,8	35,4
1855	972	234 773	183	87 594	18,8	37,3
1856	1078	274 167	212	96 218	19,7	35,1
1857	1131	310 308	255	120 051	22,5	38,6
1858	940	280 662	228	124 448	24,2	44,3
1859	1056	335 342	278	158 161	26,3	47,1
1860	1134	353 858	278	163 346	24,5	46,1
1861	1074	364 546	311	171 465	29,0	47,3
1862	1251	375 363	357	175 994	28,5	46,9
1863	1302	388 621	373	173 505	28,6	44,6
1864	1484	489 551	578	281 091	38,9	57,4
1865	1765	592 663	755	341 456	42,8	57,6
1866	1829	615 143	824	363 881	45,0	59,1
1867	1639	499 714	532	216 859	32,5	43,4
1868	1618	483 585	533	221 095	32,9	45,7
1869	1775	518 166	574	235 909	32,3	45,5
1870	1694	425 145	454	187 925	26,8	44,2
1871	2260	624 730	698	287 527	31,0	46,0
1872	2356	654 376	776	313 175	32,9	47,8
1873	2815	832 723	918	431 535	32,6	51,8
1874	2432	870 698	959	534 242	39,4	61,4
1875	1923	700 556	712	391 874	37,0	55,9
1876	2537	926 691	936	511 438	36,9	55,1
1877	2296	859 497	988	546 253	43,0	63,7
1878	2246	861 455	1033	579 001	46,0	67,2
1879	2505	974 222	1000	603 503	39,9	61,9
1880	2314	890 549	1014	597 944	43,8	67,1
1881	2116	875 167	1072	625 093	50,7	71,4
1882	2167	1 057 401	1133	778 119	52,3	73,6
1883	2012	1 030 872	1167	805 302	58,0	78,1
1884	2269	1 221 552	1335	971 475	58,8	79,5
1885	2198	1 173 664	1414	982 105	64,3	83,7
1886	2208	1 180 653	1394	970 579	63,2	82,2